19. August 2022

Liebste Athena,
Liebster Marcel!

Zur standesamtlichen Hochzeit ist dieses Buch ein Symbol dankbar & bewusst zu leben und vielleicht eine kleine Unterstützung eure Ehe im größtmöglichen Glück zu gestalten.

AMRA

Wir haben Euch lieb
Mama & Papa

KABIR JAFFE • RITAMA DAVIDSON
MARGARETHA BESSEL • CHRISTIANE BECHT

# Deine ENERGIE in AKTION!

»Energy Balancing«
fürs tägliche Leben

Illustriert von Antonia Baginski

**Besuchen Sie unseren Shop:**
**www.AmraVerlag.de**

*Ihre 80-Minuten-Gratis-CD erwartet Sie.*
*Unser Geschenk an Sie … einfach anfordern!*

Eine Originalausgabe im AMRA Verlag
Auf der Reitbahn 8, D-63452 Hanau
Hotline: +49 (0) 61 81 – 18 93 92
Service: Info@AmraVerlag.de

| | |
|---:|:---|
| Herausgeber & Lektor | Michael Nagula |
| Einbandgestaltung | Murat Karaçay |
| Layout & Satz | Birgit Letsch |
| Druck | FINIDR s.r.o. |

ISBN Printausgabe 978-3-939373-85-8
ISBN eBook 978-3-95447-065-5

Copyright © 2013-2022 by AMRA Verlag & Records

Die Übersetzung aus dem Amerikanischen erfolgte
durch Eva D. Hofmann und Margaretha Bessel.

Ein Video von Kabir Jaffe & Ritama Davidson zum Thema
Indigo-Erwachsene finden Sie auf https://youtu.be/Z6uXqsIDxM8.

Einen kostenlosen Download des Gratis-PDF-eBooks
*Indigo-Erwachsene. Indigos und Partnerschaft* gibt es auf
www.AmraVerlag.de (nicht im gleichnamigen Buch enthalten).

Ebenfalls von Kabir Jaffe & Co. ist bei uns erhältlich:
*Indigo-Erwachsene. Wegbereiter einer neuen Gesellschaft*
*Herz-Meditation. Für mehr Bewusstheit und Wachheit (CD)*
*Deine Energie in Aktion! (Hochglanz-Wandposter Format DIN-A1)*

Die hier vorgestellten Informationen, Ratschläge und Übungen sind natürlich subjektiv. Sie wurden zwar nach bestem Wissen und Gewissen geprüft, dennoch übernehmen Verfasser und Verlag keinerlei Haftung für Schäden gleich welcher Art, die sich direkt oder indirekt aus dem Gebrauch der Informationen, Tipps, Ratschläge oder Übungen ergeben. Im Zweifelsfall sollte ärztlicher Rat eingeholt werden.

Alle Rechte der Verbreitung vorbehalten, auch durch Funk, Fernsehen und sonstige Kommunikationsmittel, fotomechanische, digitale oder vertonte Wiedergabe sowie des auszugsweisen Nachdrucks. Im Text enthaltene externe Links konnten vom Verlag nur bis zum Zeitpunkt der Buchveröffentlichung eingesehen werden. Auf spätere Veränderungen hat der Verlag keinerlei Einfluss. Eine Haftung des Verlags ist daher ausgeschlossen.

# Inhalt

Einführung .................................... 7

**Erster Abschnitt**
**Die Welt der Energie und du** .................... 16

1 Die Welt der Energie ........................ 17
2 Deine Sensitivität für Energie ................ 29
3 Reinige dein Energiefeld .................... 39
4 Zentriere dich selbst ....................... 66
5 Die vier Richtungen des Energieflusses ........ 89

**Zweiter Abschnitt**
**Die Horizontale** ............................. 102

6 Energien nach INNEN nehmen ................ 103
7 Energien nicht nach INNEN nehmen ........... 119
8 Energie-Lecks und der »Ring-Pass-Not« ........ 137
9 Das gesunde und das ungesunde INNEN ....... 146
10 Schöpferkraft – deine Macht, zu erschaffen .... 159
11 Die Kunst, eine Wirkung zu erzielen .......... 170
12 Energetische Übergriffe und Verletzungen ..... 186
13 Die Kunst, deine Essenz nach AUSSEN zu bringen ....... 196

**Dritter Abschnitt**
**Die Vertikale** .................................................. 208

14  Nach OBEN – die Veränderung im Bewusstsein ............ 209
15  Das Transzendente – begegne der Magie des Höheren ....... 230
16  Bringe das Höhere nach UNTEN – lass es Wirklichkeit werden . 245
17  Energie und Bewusstsein – deine höhere Berufung .......... 258

**Vierter Abschnitt**
**Orchestriere deine Energien** ........................... 266

18  Unsere grundlegende »Energy Balancing«-Übung ........... 267
19  Symptome und Themen zum schnellen Nachschlagen ........ 278
20  Alle 18 Energie-Prinzipien auf einen Blick .................. 287
21  Index für die wichtigsten Energie-Begriffe .................. 290
22  Alle Energie-Übungen im Überblick ....................... 297

Das »Energy Balancing«-Institut ........................... 301

# Einführung

## Wie alles begann

Im Jahr 1975 erlebte ich, Kabir, eine energetische Explosion. Ich nahm an einem Tai Chi/Chi Gong Workshop teil, der sich mit der Energie des Chi, der Lebenskraft, beschäftigte. Etwas erwachte in mir. Daraufhin konnte ich drei Wochen lang nicht schlafen. Ich lebte in den Bergen, es war ein tief verschneiter Winter, und ich lief im T-Shirt herum. Meine Energie war am Brennen und floss über. Nach drei Wochen ließ die Intensität dieser Erfahrung nach, aber seitdem war mein Leben nicht mehr dasselbe. Eine ganz neue Dimension des Lebens hatte sich mir eröffnet, was viele Veränderungen mit sich brachte.

Ich war mir der Welt der Energie bewusst geworden. In mir und um mich herum gab es mächtige energetische Kräfte, von denen ich zuvor nichts gewusst hatte. Diese Kräfte nahmen nicht nur Einfluss auf mich, sie formten mein Leben in vielerlei Hinsicht auf Gedeih und Verderb.

## »Energy Balancing« – das Ausbalancieren der Energie

Fast 40 Jahre später ist der Umgang mit »Energie« durch »Energy Balancing« auf noch tiefere Weise zur Essenz meines Lebens geworden. »Energy Balancing« ist erwachsen aus der Erkenntnis dessen, wie Energie sowohl innerhalb des menschlichen Energiefelds fließt als auch zwischen uns und der Welt um uns herum. Seine Ursprünge liegen in den »energetischen Wissenschaften«: Energie-Heilung und Energie-Medizin, Energie-Psychologie sowie Energie-Spiritualität, wie sie im Yoga und im indischen Chakrasystem unterrichtet wird.

Das Neue am »Energy Balancing« ist die Anwendung von Energie im täglichen Leben. Es lehrt energetische Fertigkeiten, durch die wir uns im Gleichgewicht und im Zentrum halten können, was zu besseren Beziehungen, größerer Effektivität und zu einem erweiterten Bewusstsein führt. Der Fokus liegt darauf, ein Energie-Bewusstsein für alles, was wir tun, zu erschaffen und energetische Fähigkeiten zu entwickeln, die unser Leben verbessern.

»Energy Balancing« gibt uns kraftvolle Werkzeuge an die Hand, die wir im Alltag nutzen können. Es nutzt die Vielfalt der energetischen Wissenschaften und macht sie uns auf praktische Weise unmittelbar zugänglich.

## Das Ziel dieses Buches

Unser primäres Ziel ist im Wesentlichen praktisch orientiert. Es geht darum, dir die energetischen Fertigkeiten zu vermitteln, die du benötigst, um ein besseres Leben zu führen. Das Buch konzentriert sich auf alltägliche Situationen und die energetischen Kräfte, mit denen du es in diesen Situationen zu tun hast.

Wir erkunden drei Aspekte der Energie:

- deine eigene Energie – was du mit deiner Energie tust und wie du dich ins Gleichgewicht bringen und zentrieren kannst
- Energie in Aktion – dynamische Energie-Werkzeuge, um Lebenssituationen besser gestalten zu können
- Energie in Beziehungen – Werkzeuge für die Interaktion mit anderen

Unser sekundäres Ziel ist es, dir dabei zu helfen, Energie zu verstehen – das Leben mit einem energetischen Verständnis zu betrachten. Dieses Buch ist eine Einführung in die unglaubliche Welt der Energie und darin, wie sie sich in deinem Leben auswirkt. Damit steht dir eine tiefe Einsicht in die mächtigen Kräfte bevor, die dein Leben formen, und es wirft ein Licht auf viele Aspekte dessen, wer du bist, warum du so und nicht anders handelst, fühlst und denkst und warum gewisse Dinge in deiner Umgebung geschehen.

Letztlich hoffen wir, eine Reise in die Welt der Energie zu initiieren, die dich an wundervolle Orte bringt. »Energiebewusst« zu werden eröffnet einen Pfad der Persönlichkeitsentfaltung, der zu einer neuen Form des Lebens und des SEINs führt – unvorstellbar, wundersam, magisch und kraftvoll.

## Die größere Perspektive

»Energy Balancing« ist die Reflexion eines gewaltigen Phänomens, das sich in einem noch nie dagewesenen Ausmaß ereignet. In Millionen von Menschen entwickelt sich eine neue Wahrnehmung: die Fähigkeit, die zuvor verborgene Welt der Energie zu erkennen.

In der Vergangenheit blieb das Phänomen »Energie« weitgehend unbeachtet, obwohl es schon immer vorhanden war. Bestenfalls wurde es als Bauchgefühl, Intuition oder instinktive Reaktion wahrgenommen und entsprechend abgetan. Einige wenige weit entwickelte Seelen – Medizinmänner und Medizinfrauen, Mystiker und Heiler – erfassten mehr mit ihren Sinnen, aber für die Mehrheit der Menschen schlummerte dieser Sinn im Verborgenen.

Seit 100 Jahren findet global eine radikale Veränderung statt. Millionen erkunden plötzlich das Phänomen »Energie«, und ganz neue, auf Energie beruhende Teilgebiete bereits existierender Fachrichtungen treten unübersehbar in Erscheinung: Energie-Medizin, Energie-Psychologie und Energie-Spiritualität. Der tiefere Zweck dieses Buches ist es, die Menschen dabei zu unterstützen, ihre neuartigen Wahrnehmungen zu verstehen und Energie bewusst einzusetzen.

## Energie in Aktion – die auf Erfahrung beruhende Dimension

Dieses Buch ist eine Einladung, sich mehr an der Weiterentwicklung unseres Planeten zu beteiligen, indem du Energie benutzt, um das eigene Selbst reifen zu lassen und das Bewusstsein anzuheben. Wir finden, dass Energie in diesem Prozess des Erweckens von Bewusstsein und der Verbesserung unseres Lebens ungemein kraftvoll ist, und wir glauben leidenschaftlich an unsere Arbeit.

Du kannst dieses Buch einfach nur durchlesen, und es wird dir die Augen für eine andere Dimension des Lebens öffnen, die du vielleicht faszinierend findest und die von großem Wert ist. Wir können dich aber gar nicht genug dazu ermutigen, in die Welt der Energie »einzutauchen« und deine Erfahrung auf eine ganz neue Ebene zu heben, indem du direkt mit den hier vorgeschlagenen Übungen experimentierst.

Die Sensibilität für Energie und die Fähigkeit, Energien zu nutzen, sind etwas, das wächst. Am Anfang fühlst du vielleicht noch gar nichts oder hast nur ganz schwache Empfindungen. Aber nach und nach wird alles so klar, dass du erstaunt sein wirst, dass du all diese Dinge nicht schon viel früher bemerkt hast.

## Online- und Live-Trainings

Wir bieten auch online Unterstützung an, um dieses Material und die vielen lebensnahen Übungen des Buches zu vertiefen:

- Es gibt Videos von vielen der Übungen sowie Vorträge und Illustrationen.
- Für diejenigen, die noch tiefer praktisch einsteigen möchten, bieten wir online einen »Energy Balancing«-Kurs an, der euch hilft, dieses Material noch tiefgehender zu verstehen und zu verarbeiten.
- Darüber hinaus gibt es Live-Trainings innerhalb unserer Schule und in Workshops, in denen du empirisch in die Welt der Energie eintauchen kannst.

Wirf einen Blick auf unsere Website unter www.energybalancing.de.

## Wie dieses Buch entstand

Dieses Buch war Teamarbeit. Wir haben uns aus vier Gründen dafür entschieden, im Team zu schreiben. Erstens bringt jeder von uns seine eigene, einzigartige Erfahrung mit Energie in dieses Buch ein. Zweitens erschafft das Zusammenarbeiten ein »Gruppenfeld«, das größer ist als jeder Einzelne von uns, und das macht das Buch kraftvoller. Drittens ist das »Energy Balancing«-Institut ein Gruppen-Unternehmen, und wir möchten das gesamte Team präsentieren. Und schließlich hat es einfach mehr Spaß gemacht. Wenn ein Team wirklich aufeinander eingestimmt ist, macht es enorm viel Freude, zusammenzuarbeiten. Jeder von uns hat die Stärken der anderen erweitert, und wir erlebten unglaubliche Höhen des Gruppenbewusstseins.

Das Thema Energie ist weit gefächert. Unsere größte Herausforderung beim Schreiben des Buches war es, Themen auszuschließen. Wir hatten zuerst die Tendenz, alle unsere Erfahrungen in ein Buch zu packen – doch das hätte den Leser überwältigt. Wir arbeiteten lange daran, Material zu streichen und zu vereinfachen, um das Buch zugänglicher zu machen. Aus diesem Grund beschlossen wir auch, uns auf die »Feldarbeit« zu konzentrieren, auf die Arbeit mit dem menschlichen Energiefeld. Der andere Hauptbereich der Energie, die »Zentrumsarbeit«, die Arbeit mit Energiezentren oder Chakras, wird in einem folgenden Buch behandelt.

Wir haben in diesem Buch versucht, Energie so akkurat wie möglich abzubilden, und wir wissen, dass unsere Illustrationen bestenfalls »halb akkurat« sind! Wir sagen »halb akkurat«, weil Illustrationen – und wenn die Zeichnerin noch so gut ist – naturgemäß die vereinfachte Darstellung einer unglaublich komplexen, dreidimensionalen Welt sind, von der wir denken, dass es fast unmöglich ist, sie wahrhaft akkurat darzustellen.

# Über uns

### Kabir Jaffe
**Gründer des Essence Training, des »Energy Balancing«-Instituts und der »Science of Human Potential«**

Kabir ist ein spiritueller Wegbereiter innerhalb der Bewegung für »Neues Bewusstsein« und ein Pionier der »Wissenschaft des menschlichen Potenzials«. Er beschreibt sich selbst als »einen Mann mit zwei Flügeln«, als Mystiker und Visionär auf der einen und Psychologe und Naturwissenschaftler auf der anderen Seite. Seine Lebensaufgabe ist seit jeher das Studium der Erleuchtung, der erweiterten Bewusstseinszustände, die bei Mystikern aller Zeitalter zu finden sind.

Kabir glaubt, dass hinter all den vielen Problemen in der heutigen Welt das fundamentale Problem die Gedanken und Gefühle sind, die unsere Handlungen motivieren. Deshalb besteht die größte Notwendigkeit auf dem gegenwärtigen Planeten, diese Gedanken und Gefühle zu verändern – das Bewusstsein zu verändern. Und so betrachtet er es als seine Lebensaufgabe, eine Wissenschaft des heranreifenden Bewusstseins und entsprechende effektive Methoden zu entwickeln.

Gemeinsam mit Ritama schrieb er bereits ein bahnbrechendes Buch über das neue Bewusstsein: *Indigo-Erwachsene. Wegbereiter einer neuen Gesellschaft. Sind Sie eine Indigo-Seele und wissen es nicht?* (Amra Verlag, Hanau 2008). Die beiden arbeiten zurzeit an mehreren weiteren Büchern.

### Ritama Davidson
**Mitgründerin des Essence Training, des »Energy Balancing«-Instituts und der »Science of Human Potential«**

Ritama ist eine passionierte Lehrerin, persönliche Beraterin und Seminarleiterin. Ihre ungewöhnlichen Fähigkeiten im Energielesen gestatten es ihr, präzise den inneren Prozess der Person zu sehen, mit der sie arbeitet, und eine hoch detaillierte und akkurate Anleitung anzubieten. Über ihre Sensitivität hinaus bringt sie ihr mutiges und leidenschaftliches Wesen in die Innere Arbeit mit ein und fordert die Teilnehmer ihrer Seminare liebevoll auf, in ihre Energie, Kraft und Wahrheit zu kommen.

Ritama studiert schon ihr ganzes Leben lang die Beziehung zwischen Körper und Bewusstsein. Sie war professionelle Tänzerin, Choreografin, Shiatsu- und Massagetherapeutin und verfügt über einen reichen Wissensschatz in den Bereichen Ernährung, Bewegung, Gesundheit und Heilen. Sie verbindet dieses Verständnis mit ihrem Wissen über Energie und bietet ihre Unterstützung bei der Heilung von Körper und Seele an.

## Margaretha Bessel
**Rektorin des Essence Training**
**Rektorin und Co-Direktorin des »Energy Balancing«-Instituts**

Margaretha kam zum allerersten Vortrag, der im Jahr 1995 in Deutschland in Frankfurt am Main stattfand. Sie meldete sich sofort zum Essence Training an und hat seitdem an sämtlichen Programmen teilgenommen. Sie begann als Schülerin und wurde zu einer engen Freundin von Kabir und Ritama. Jetzt ist sie Rektorin der Schule, Co-Seminarleiterin sowie Direktorin des »Energy Balancing«-Zertifizierungsprogramms.

Margaretha ist nicht nur eine gefragte Energietherapeutin und Seminarleiterin, sondern auch eine anerkannte professionelle Sängerin, Musikkabarettistin und Stimmtherapeutin in Frankfurt am Main. Sie hat eine neue Trainingsmethode für Sänger entwickelt – *Free your Voice & Sing your Song* –, die auf der Verbindung von energetischen Techniken mit Funktionalem Stimmtraining sowie der Bel Canto-Methode des New Yorker Gesangspädagogen Cornelius L. Reid beruht.

Mehr auf www.Margaretha-Bessel.de und auf YouTube.


## Christiane Becht
**Lehrerin im Essence Training**
**Direktorin des »Energy Balancing«-Instituts**

Christiane ist eine passionierte Seminarleiterin und Trainerin für Selbstentfaltung und Bewusstsein und engagiert sich seit 25 Jahren als Coach. Sie war Geschäftsführerin einer erfolgreichen Unternehmensberatung im Bereich Marketing und Leistungssportlerin im Feldhockey. Jetzt arbeitet sie sehr ambitioniert daran, Bewusstseins- und Energiearbeit einem breiteren Publikum bekannt zu machen. Ihre spirituelle Reise begann, als sie sich der Energiephänomene in Räumen bewusst wurde. Nach Ausbildungen zur Feng Shui-Beraterin und im

Auralesen sammelte sie eine große Bandbreite an Erfahrungen und Schulungen zu Spiritualität, Energie, Medialität und Heilen. Christiane hat das Essence Training absolviert. Sie ist zertifizierte Trainerin für »Energy Balancing« und Gruppenleiterin.

Mehr auf www.Christiane-Becht.de

## »Essence Training Inner Work School« und das »Energy Balancing«-Institut

In den vergangenen 17 Jahren wurde das »Energy Balancing« mit vielen Tausenden von Menschen in der »Essence Training Inner Work School« auf Herz und Nieren geprüft. Essence Training ist ein fünfjähriges Studium der Energie und der Inneren Arbeit und eines der intensivsten Trainingsprogramme zur Persönlichkeitsentfaltung, die derzeit zur Verfügung stehen. Innerhalb dieser Schule bietet das »Energy Balancing«-Institut ein Spektrum von Kursen in »Energy Balancing« an, das von Einführungsprogrammen bis zu Zertifizierungen für fortgeschrittene Therapeuten reicht.

Mehr auf www.energybalancing.de

## Erster Abschnitt

# Die Welt der Energie und du

# 1 Die Welt der Energie

## Das Gewöhnliche ist außergewöhnlich

Kabirs Geschichte:

*Ich sitze mit Grauen beim Abendessen mit meiner Familie. Das Essen steht noch nicht auf dem Tisch, aber ich bin bereits verkrampft und angespannt. Als meine Mutter mit dem Hauptgericht hereinkommt, verstärkt sich meine Beklemmung: Ich weiß, es wird nicht genug gesalzen sein. Sie nimmt nie genug Salz.*

*Es geht nicht wirklich um das Salz. Das Thema ist, darum zu bitten. Das Salz steht am anderen Ende des Tisches. Ich muss etwas sagen, und alle werden mich anschauen.*

*Mein »Problem« ist, dass ich qualvoll schüchtern bin. In der Gegenwart von Menschen bringe ich einfach keinen Ton heraus. Mein Innerstes fühlt sich an, als ob es zu einer Brezel verdreht wurde, und mir scheint, jemand hat die Hände um meinen Hals gelegt und würgt mich. Ich kann nicht atmen, und wenn ich etwas sage, fühlt es sich an, als wäre ich in einer großen, hohlen Trommel; alles dröhnt und hallt wider. Je länger ich die Frage hinauszögere, desto schlechter fühle ich mich. Ich mache mir Vorwürfe: »Was stimmt nicht mit mir? Warum kann ich meinen Mund nicht aufmachen? Alle denken, dass ich solch ein Idiot bin. Ich bin so verkorkst.«*

Wenn ich mich an diesen Jungen zurückerinnere, staune ich über das Wunder, dass ich nun seit 40 Jahren als Seminarleiter und Redner in der Öffentlichkeit vor Gruppen stehe. Ich bin immer wieder dankbar dafür, dass mir Energie und Innere Arbeit begegnet sind.

Meine Transformation fand auf mehrerlei Weise statt.

# Schüchternheit als eine Form des Schutzes

Zuerst lernte ich zu verstehen. Ich erkannte, dass das, was ich damals als Schüchternheit erlebte, in Wirklichkeit eine Form des Schutzes vor den Menschen war, die mich umgaben.

Das klingt seltsam angesichts der Tatsache, dass ich aus einer »guten« Familie komme. Es gab keine größeren Probleme, wie zum Beispiel Alkoholismus oder Gewalt. Meine Eltern waren gebildete, wohlgesittete, kultivierte und sanftmütige Menschen. Die Atmosphäre in der Familie war im Allgemeinen unterstützend und positiv.

Warum also schirmte ich mich so ab?

**Ein alltägliches Familien-Abendessen ...**
Wir leben in einer Welt, die sich größtenteils vertraut anfühlt. Aber noch die alltäglichste Situation ist alles andere als das, wenn man sie aus dem Blickwinkel der Energie betrachtet.

Weil das Bitten um das Salz nie nur das einfache Anliegen war, nach dem es klang. Es ging um die Unterströmungen. Mein Bruder würde unweigerlich eine abfällige Bemerkung machen wie: »Oh, es ist ihm nie salzig genug.« Oder mein Vater, der am nächsten zum Salz saß und mit seinem Tischnachbarn sprach, würde mir einen bösen Blick zuwerfen, weil ich ihn störte.

All diese Dinge schienen keine große Sache zu sein, und dennoch machte ich sie anscheinend zu einer großen Sache. Warum verstörten sie mich so sehr?

**... ist ein außeralltägliches Ereignis,
wenn man es aus dem Blickwinkel der Energie betrachtet**

Es ist überwältigend, was sogar in den einfachsten Situationen wirklich vor sich geht. Energieströme aller Art bewegen sich in und zwischen den Menschen.

## Leben ohne schützende Haut

Weil diese subtil abfälligen Bemerkungen und Irritationen direkt in mich hineingingen. Ich hatte das Gefühl, keine Haut zu haben. Jeder Blick eines anderen Menschen fühlte sich wie ein heißer brennender Widerhaken an, der mich aufspießte. Eine Interaktion mit anderen fühlte sich an, als stieße ich gegen einen Kaktus mit spitzen Stacheln, die mich mit Verurteilung und Verdammung durchdrangen, und das schmerzte noch Stunden später. Es war oft schrecklich, mit Menschen zu tun zu haben.

*Feiner Spott und Irritationen waren nicht einfach nur unterschwellige Dinge. Sie waren mächtige Energiebewegungen, die direkt in mich einströmten.*

Damals hätte ich es nicht in Worte fassen können, aber wenn ich jetzt mit verständnisvolleren Augen zurückschaue, erkenne ich, dass ich in Furcht gelebt habe. Jedermann schien mir gefährlich zu sein. Alle waren voller Ärger, Verurteilungen, Unmut oder Bitterkeit. Es schien, als ob sie in Wolken aus Gefühlen gehüllt waren, aus Schmerz, Depression, Erregung oder Enttäuschung.

Sogar wenn jemand nett war, fühlte es sich nicht nett an. Meine Mutter pflegte zu sagen: »*Warum nimmst du nicht noch etwas Gemüse? Ich habe es extra für dich zubereitet. Es ist so gesund, und du wirst davon groß und stark.*« Obwohl ich spürte, dass sie sich um mich sorgte, fühlte ich noch deutlicher etwas Undefinierbares, auf das ich reagierte.

Später in meinem Leben, als ich auf den Wegen der Inneren Arbeit reiste, um die Quelle meiner Kämpfe aufzuspüren, erkannte ich, dass hinter ihrer Fürsorge ihre eigenen Ängste verborgen lagen. Da sie kurz nach der Weltwirtschaftskrise aufgewachsen war, hatte sie in ihrer Kindheit auf vieles verzichten müssen und war immer wieder krank gewesen aufgrund der Mangelernährung. Ihre Kindheitstraumata lebten in ihr noch weiter. Obwohl wir jetzt ein bequemes Mittelstandsleben führten, durchdrangen ihre Ängste ihre Bemutterung. Sie war immer voller Sorge und hatte Angst, dass nicht genug da sein würde. Wenn sie Essen anbot, wehte ihre unterschwellige Angst toxisch durch ihre Worte, und ihre panische Energie hielt und umgarnte mich.

*Die Fürsorge meiner Mutter schickte mächtige Kontroll- und Bindungskordeln in meinen Körper.*

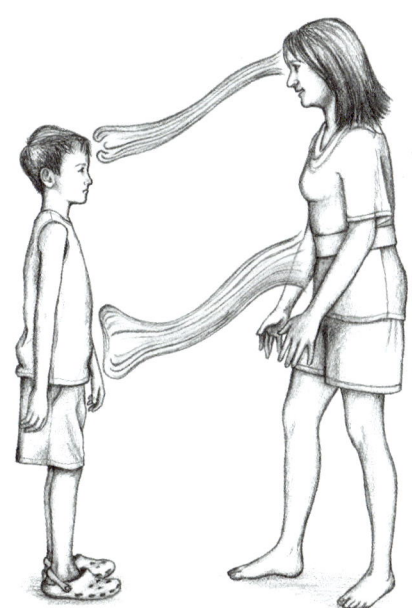

Die Fürsorge einer Mutter

Ich begann zu verstehen, dass meine Schüchternheit ein Schutzmechanismus war, den ich erlernt hatte, um zu überleben: Wenn sie mich nicht sehen können, kriegen sie mich nicht zu fassen. Aufmerksamkeit auf sich zu ziehen, war gefährlich.

Meine Fluchtreaktionen hatten bereits in jungen Jahren eingesetzt. Meine Art der Flucht bestand darin, mich innerlich zu einem festen, verkrampften Ball zurückzuziehen. In dem Moment, in dem ich sprechen musste, löste mein Abwehrsystem den Alarm aus und schrie laut in der einzigen Art und Weise auf, die es kannte: durch Verknotung, Spannungen, das Gefühl, erdrosselt zu werden, Selbstkritik und projizierte Verurteilungen.

Das verwirrte mich wirklich. Warum beeinflussten mich diese Unterströmungen in der menschlichen Natur so sehr? Warum fühlte ich sie so schmerzhaft und wurde so bedroht von Nuancen, die an den meisten Menschen einfach vorbeigingen? Warum hatte ich diesen extremen Schutzmechanismus entwickelt?

## Die Wurzel des Problems: Sensitivität

Als ich mehr über Energie erfuhr, erkannte ich, dass mein eigentliches »Problem« nicht die Schüchternheit, sondern die Sensitivität war. Ich fühlte alles. Ich hatte keine stabile Abgrenzung, und das führte dazu, dass ich in so vielen Interaktionen das Gefühl hatte, meine Grenzen werden überschritten, verletzt, benutzt und missbraucht. Ganz selten fühlte sich jemand für mich »clean« an. Die Momente, in denen ich mich mit einem anderen Menschen sicher fühlte, konnte ich an einer Hand abzählen.

Anfangs fragte ich mich, ob ich etwa paranoide Tendenzen hatte, ob ich Dunkelheit sah, wo keine war, oder eine kleine Nuance nahm und sie unverhältnismäßig übertrieb, also den sprichwörtlichen Elefanten aus einer Mücke machte.

Der Aha-Moment kam, als ich mich umsah und erkannte, dass die meisten Menschen ebenso sensibel sind und dieselben Schmerzen fühlen wie ich. Sie hatten lediglich andere Methoden entwickelt, um damit fertig zu werden. In Situationen, in denen ich mich zurückzog, wurde ein anderer aggressiv, ein Zweiter laut, und ein Dritter zog sich in seine eigene Gedankenwelt zurück und spürte nicht mehr die Verbindung zu seinem Körper. Es schien, dass fast jeder an Schmerzen litt und sich abmühte, zu überleben. Ich erkannte, dass selbst die Dinge, die andere taten und die mir Schmerzen zufügten, aufgrund der Schutzmechanismen geschahen, die jene Menschen übernommen hatten, um überleben zu können.

## Jeder ist in Wolken aus »Zeugs« eingehüllt

Es war kaum zu glauben, was mir da bewusst wurde: Jeder schützt sich und ist in Wolken aus »Zeugs« eingehüllt, die ihn benebeln und entstellen, und all diese Energien wechseln zwischen uns hin und her als Pfeile, Dolche, Staubsaugerrüssel und giftige Wolken. Das war alles sehr seltsam!

Und was es noch seltsamer machte war, dass scheinbar niemand es bemerkte. Niemand redete darüber. Wenn ich es erwähnte, schaute man mich an, als sei ich verrückt. Vielleicht war ich ja verrückt. Es war, als lebte ich in einem bizarren, zweitklassigen Science-fiction-Film, den nur ich sehen konnte.

# Einige übliche energetische Überlebensmechanismen

Jeder ist sensitiv für Energie und kämpft ums Überleben. Hier sind einige der Mechanismen, die wir dafür benutzen:

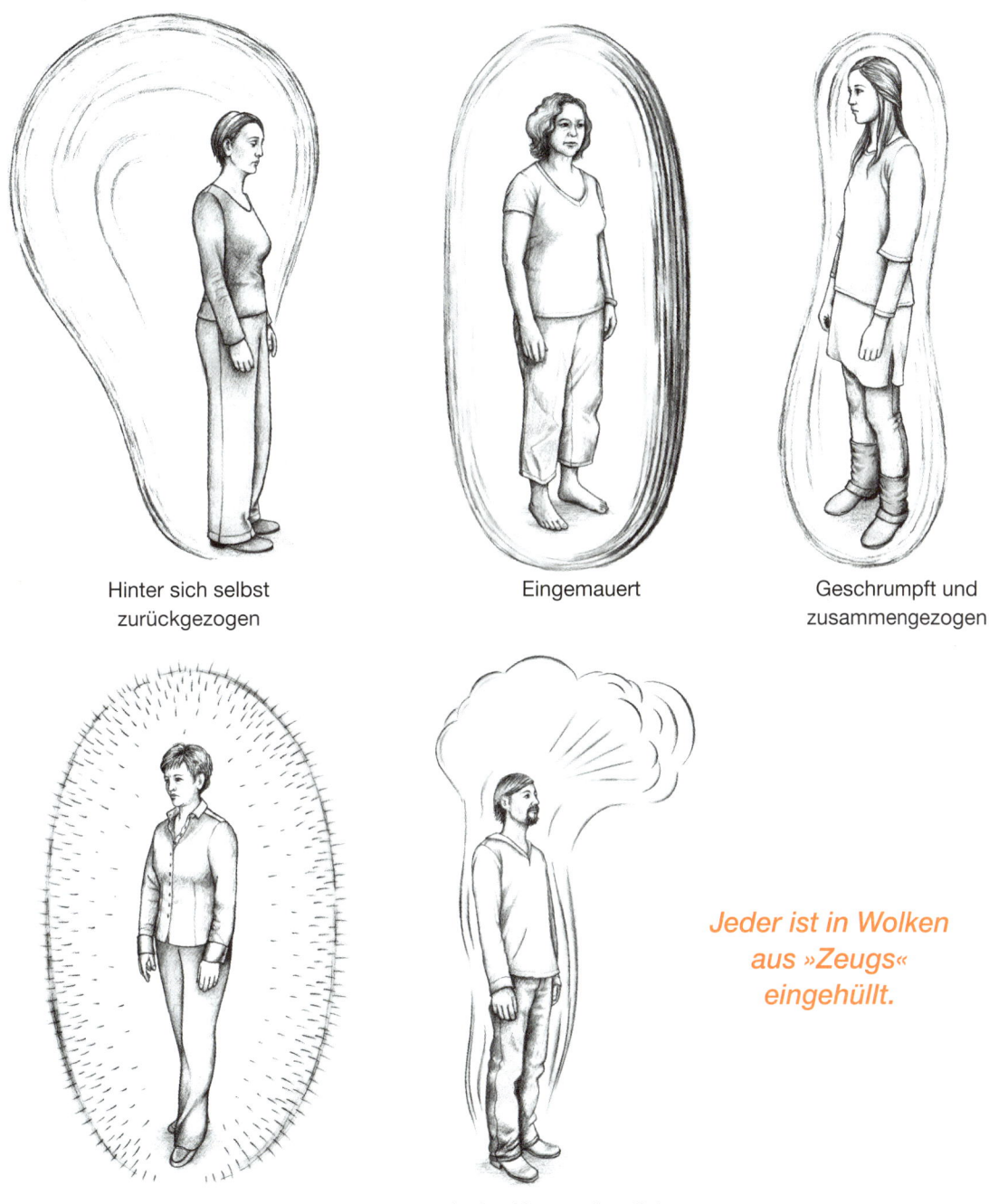

Hinter sich selbst zurückgezogen

Eingemauert

Geschrumpft und zusammengezogen

Kaktus

In den Verstand entflohen

*Jeder ist in Wolken aus »Zeugs« eingehüllt.*

Jeder ist in Wolken aus dichten Energien eingehüllt, die ihn benebeln und entstellen.

Glücklicherweise erkannte ich, dass ich nicht der Einzige war, der dies sah. Ich begegnete anderen, die das Gleiche erfuhren wie ich. Wenn wir zusammen eine Situation erlebten, schauten wir uns an und sagten: »Hast du das gesehen?« – und ja, der andere hatte genau das Gleiche erlebt wie ich!

Das war unglaublich. Es war real! Ich hatte es mir nicht ausgedacht. Meine Güte, auf was war ich da gestoßen?

Diese Frage wurde zum zentralen Punkt in meinem Leben: Was war da los?

Was sind das für energetische Kräfte, die alle mit sich herumtragen, die aber niemand bemerkt? Warum sehen wir sie nicht? Warum beeinflussen sie uns so stark? Und die Millionenfrage: Was kann ich in dieser Hinsicht tun?

Ich war mir der Welt der Energie bewusst geworden.

# Energie

Als ich das Thema erforschte, darüber las und mit anderen sprach, erkannte ich, dass das, was ich jetzt sah, keine neue Entdeckung war, sondern dass in jeder Kultur und in jedem Zeitalter darüber geschrieben worden war. Spirituelle, mystische und heilkräftige Weisheiten handelten davon. Schamanen und Mystiker, Mönche, Meditierende und Heiler richteten ihre Aufmerksamkeit darauf.

Als ich die verschiedenen kulturellen Verpackungen abstreifte, führte der gemeinsame rote Faden zu einer mächtigen Welt der Energien, die in jedem Menschen und auch in der Welt um uns herum existiert. Selbst wenn sie fürs Auge unsichtbar ist und dem normalen Verstand verborgen bleibt, beeinflusst sie uns doch stark. Wenn dieses Phänomen erforscht und studiert würde, könnten wir dafür wach werden und damit arbeiten, um unser Leben tiefgehend zu verändern. Ich begann zu verstehen, dass das, was wir als mystische Erfahrungen, veränderte Bewusstseinszustände und spirituelles Erwachen bezeichnen, alles Zugangswege zur Fähigkeit des Menschen sind, diese subtile Dimension wahrzunehmen und sich mittels verschiedener Methoden dadurch verändern zu lassen.

> *Wir sind Energiewesen, die in einer Welt der Energie leben.*

Das war ja klasse. Mystiker und Medizinmänner. Wow. Ich befand mich in guter Gesellschaft. Es gab nur ein Problem. Ich wollte kein Mystiker und auch kein Medizinmann werden. Ich wollte mich einfach in der Gesellschaft von Menschen und mit mir selbst wohl fühlen und in der Lage sein, ein vernünftiges Gespräch zu führen, ohne mich innerlich zu verknoten. Ich benötigte all diese spirituellen Sachen, um auf ganz unmittelbare Art und Weise unkompliziert hier im 21. Jahrhundert leben zu können. Ich wollte in der Lage sein, das Meeting bei der Arbeit und mein nächstes Gespräch zu überstehen.

## Energie-Bewusstsein: der magische Schlüssel

So begann das unfassbarste Abenteuer. Zunächst lernte ich, die Situationen zu überstehen, in denen ich mich befand. Aber die Reise ging noch so viel weiter. Es ging nicht nur darum, zu überleben, sondern in der wundersamen

Welt der Energie aufzublühen. Dieser winzige Faden, den ich ergriffen hatte, begann ein sehr großes Garnknäuel zu entwirren. Was ich in mir trage, was wir alle in uns tragen, ist faszinierend!

Ich war nicht nur in die Welt der Energie hineingestolpert, ich erkannte auch, dass wir alle magische Energiewesen sind, die in einer magischen Energiewelt leben. Und was es da für ein Spektrum an Energie gibt! Auch wenn es damit begonnen hatte, dass ich mit schwierigeren Energien kämpfte, so erkannte ich doch nach und nach die unglaublich hellen und erhebenden Energien, die wir alle in uns haben. Wenn man sich der Energie bewusst wird, bekommt man einen Schlüssel in die Hand, mit dem man das immense Potenzial an Freude, Fülle, Kreativität und Liebe, das in jedem von uns vorhanden ist, erschließen kann.

Auf welche Weise bietet Energie solch einen magischen Schlüssel, um eine derartige Freude und Fülle zu erschließen?

**Energie verstehen**
*Eine neue Sicht der Welt*

Erstens: Das Verständnis von Energie ist schon an sich überwältigend. Indem du einfach verstehst und lernst, in Begriffen von Energie zu »denken«, erkennst du die weite Welt der Kräfte, die dein eigenes kleines Boot auf einem turbulenten Energiemeer hin- und herschleudern.

**Energie wahrnehmen**
*Sehen, was wirklich vor sich geht*

Zweitens: Du beginnst, mehr auf Energie zu achten, und deine Wahrnehmung der Energie nimmt zu. Du bemerkst Nuancen, die du vielleicht vorher nicht gesehen hast, und deine Wahrnehmung der Energie wird klarer. Stell dir vor, du hast Röntgenaugen und siehst klar in das Herz jeder Situation, in der du dich befindest!

**Energetische Werkzeuge**
*Energie einsetzen, damit das Leben funktioniert*

Drittens: Dieses »Bekommen und Begreifen« von Energie bietet dir eine ganz neue Auswahl an Werkzeugen, um auf gesündere Art und Weise das Leben zu bewältigen. Das erschafft erfülltere Beziehungen und hilft dir, in allen Bereichen deines Lebens im Gleichgewicht, zentriert und »auf Kurs« zu bleiben.

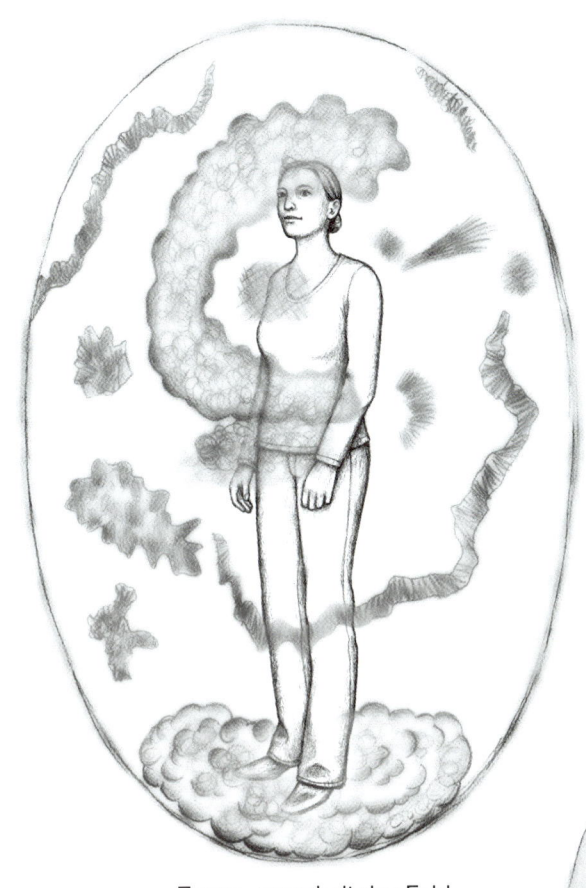

*Ich sah, dass inmitten der dichten Wolken, die uns umhüllen ...*

»Zeugs« vernebelt das Feld

*Energie ist ein magischer Schlüssel, der, wenn er erst einmal entdeckt wurde, das Potenzial hat, jeden Bereich in deinem Leben zu revolutionieren.*

*… wir in unserem Zentrum »Goldene Wesen« aus Licht sind.*

»Goldenes Wesen«

> **Das Zentrum finden**
> *Das Leben läuft besser, wenn du ausgeglichen und ausgerichtet bist*

Viertens: Indem du lernst, Energie einzusetzen, entdeckst du deine Mitte, dein »Zentrum«. Zentrum bedeutet, deine Energie ist ausgeglichen und ausgerichtet. Das ist unschätzbar, wenn das Leben sich überschlägt und du mit gestressten Menschen, schwierigen Situationen und dem »normalen Wahnsinn« der Welt zu tun hast, in der wir leben. Und wenn du in deinem Zentrum bist, wird das zum Ausgangspunkt für eine ganz neue Art zu leben. Dein Denken ist dann klarer, du hast mehr Energie, und deine Handlungen sind direkter und dynamischer. Du erkennst, wie leistungsfähig du eigentlich bist und welche enormen Energien dir zur Verfügung stehen.

> **Du bist ein Energiewesen**
> *Den Zugang finden zu den fantastischen Energien, die wir in uns tragen*

Wir sind unermessliche Wesen. Die Potenziale, die uns an Kreativität, Bewusstsein, Liebe und Kraft zur Verfügung stehen, sind fantastisch. Letztlich initiiert das »Begreifen« von Energie einen Selbstentfaltungsprozess von großer Tragweite. Er eröffnet einen Pfad der inneren Entwicklung, der den Alltag als Übungsgelände für die persönliche Entfaltung nutzt. Er wird dir helfen, die Person zu werden, von der du immer wusstest, dass du sie sein kannst. Und er wird uns allen helfen, eine neue, von gesunden und reifen menschlichen Wesen begründete Welt zu erschaffen, auf die wir stolz sind und in der wir gern leben.

> **Erkenne dein Potenzial**
> *Zu dem Menschen werden, der du sein kannst*

# 2 Deine Sensitivität für Energie

## Sich der Energie bewusst werden

Ziel dieses Buches ist es, dich dabei zu unterstützen, dein erstaunliches Wesen zu entfalten. Der erste Schritt besteht darin, Energie zu begreifen und zu bekommen.

Dafür konzentrieren wir uns auf drei Wege. Der erste besteht darin, Energie zu verstehen. Der zweite darin, deine Sensitivität für Energie zu entwickeln. Und im dritten geht es darum, Energie bewusst einzusetzen.

Eine der wichtigsten Einsichten ist, dass du **schon sensitiv** für Energie bist, nur wusstest du es bisher – wie die meisten von uns – nicht. Du spürst eine Unmenge von Energien, aber der größte Teil dessen, was du fühlst, spielt sich unterhalb der Schwelle bewusster Wahrnehmung ab.

Nun wunderst du dich vielleicht: *»Wie ist das möglich? Wenn etwas so Bedeutungsvolles vor sich geht, wie kommt es dann, dass ich es nicht bemerke?«*

Gut, dann frage dich: Was geschieht alles in deinem Körper, von dem du gar nichts mitbekommst? Millionen, Milliarden von Prozessen laufen ab, aber du bemerkst sie kaum – es sei denn, ein kritischer Wert wird erreicht (meistens Schmerz), der deine Aufmerksamkeit weckt.

**Was wir normalerweise sehen**
Unser Verstand ist daran gewöhnt, in einer bestimmten, ihm bekannten Bandbreite wahrzunehmen, so als trügen wir Brillen, die nur eine bestimmte Auswahl an Sichtweisen erlauben.

Oder denke hierüber nach: Du lebst auf einem immensen Ball aus Materie, der Erde genannt wird. In der Nähe befindet sich der Mond, der zu- und abnimmt und gewaltige Gezeiten in den Ozeanen der Erde verursacht. Und gar nicht so weit entfernt befindet sich dieser riesige Ball aus nuklearem Feuer, die Sonne, die magnetische Stürme entfesselt und Milliarden Tonnen kosmischer Materie in deine Richtung schleudert. All das hat einen Einfluss auf dich. Diese gewaltigen Kräfte beeinflussen deine Stimmungen, dein Denken, deinen Biorhythmus und dein Energieniveau; und dennoch bemerkst du all dies die meiste Zeit kaum.

Das zeigt uns, wie extrem partiell unsere Aufmerksamkeit ist. Wir nehmen mit unserem bewussten Verstand nur einen kleinen Bruchteil dessen wahr, was vor sich geht. Lediglich ein geringer Bereich des gesamten Spektrums der Energie wird zur Kenntnis genommen. Den Rest nehmen wir nicht bewusst wahr, und dennoch ist er da und beeinflusst uns.

**Was wirklich vor sich geht**

Wenn wir wachsam werden und unsere Brille abnehmen, eröffnet sich uns eine völlig andere Welt der Wahrnehmung, und wir bemerken die Dimensionen der Energie in und um uns.

Kannst du also »energiebewusster« werden? Die Antwort darauf lautet uneingeschränkt Ja. Denn es geht nicht darum, sensibler zu werden, es geht darum, wacher zu werden für die Sensitivität, die bereits vorhanden ist.

Stell dir vor, du wärst Kunststudent und fingest nun an, den Farben Beachtung zu schenken. Innerhalb des für das Auge sichtbaren Lichtspektrums existiert eine enorme Bandbreite an Farbtönen und -nuancen. Während deines Kunststudiums begreifst du allmählich, dass es tausend Schattierungen der Farbe Weiß gibt, dass das Blau des Himmels ein weites Spektrum verschiedener Blautöne abdeckt und dass das Licht der Sonne bei Sonnenaufgang, um die Mittagszeit oder bei Sonnenuntergang ebenfalls sehr, sehr unterschiedlich ist.

Du entwickelst als Kunststudent nicht etwa eine neue Sensitivität für das Licht. Du wirst dir der Sensitivität bewusst, die bereits in dir wohnt, die du aber bisher noch nicht wahrgenommen hast.

## ENERGIE-PRINZIP 1:
## Das menschliche Energiefeld ist eine Antenne

*Das menschliche Energiefeld funktioniert wie eine Antenne mit höchster Sensitivität.*

### Du bist enorm empfänglich für Energie

Genauso ist das mit der Energie. Du bist bereits äußerst empfänglich für Energie. Das menschliche Energiefeld ist eine Antenne von enormer Sensitivität und nimmt eine unglaublich große Bandbreite an Frequenzen wahr. Du achtest einfach nur nicht darauf. Erst wenn ein bestimmter Schwellenwert an »Lautstärke«, vielleicht in Form von Schmerz oder Freude, erreicht wird, schenkst du diesen Frequenzen deine Aufmerksamkeit.

Aber nur weil du die Energie nicht bemerkst, heißt das noch lange nicht, dass die Energie dich nicht bemerkt! Sie beeinflusst dich auf unzählige Weise. Wie bereits im vorigen Kapitel erwähnt, ist sie die primäre Kraft, die deine Gefühle, Gedanken, Handlungen und Interaktionen formt.

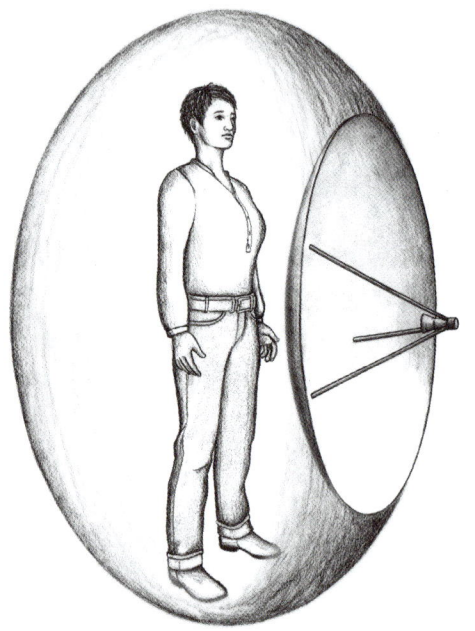

**Das menschliche Energiefeld ist eine Antenne von höchster Sensitivität**

Unser Energiefeld ist für eine erstaunlich große Zahl von Energien sensibel. Das metaphorische Bild des menschlichen Energiefeldes gleicht einer Satellitenschüssel.

# Wie kannst du dir der Energien bewusster werden?

In jedem einzelnen Abschnitt dieses Buches geht es darum, wie man die Wahrnehmung für einen speziellen Aspekt der Energie wecken kann. Obwohl wir uns auf Energien in Aktion konzentrieren und darauf, wie wir die Energie nutzen können, damit es in unserem Leben besser läuft, geht es auf der tieferen Ebene um eine wachsende Energie-Wahrnehmung, verbunden mit einem gedanklichen Verständnis der aktiven Energie-Prinzipien.

In dem Moment, in dem du Energie begreifst, fängst du an, ihr Vorhandensein zu identifizieren. Zuvor fühltest du irgendetwas, oder du warst in einer Situation, in der etwas vor sich ging, aber das sich ereignende Energiephänomen nahmst du nicht wirklich wahr. Jetzt fängst du an, die Dinge auf ganz neue Art und Weise zu sehen.

Du achtest nun auf Feinheiten der Gefühle und Empfindungen. Du bemerkst, wenn sich ein Knoten in deinem Bauch bildet, oder wenn sich zwischen dir und einer anderen Person etwas öffnet oder schließt.

Und auf der geistigen Ebene ist plötzlich eine Erkenntnis da. Du sagst dir auf einmal: »*Aha, dieses oder jenes Energiephänomen ist eben passiert. Darum fühle ich so. Darum geschieht das gerade.*« Dieses Verständnis macht dich auf Energie aufmerksam. Im Zusammenspiel unterstützt das Verständnis eine sich vertiefende Wahrnehmung, und deine zunehmende Sensitivität für Energie erweitert wiederum dein Verständnis.

Es gibt viele Arten, das Bewusstsein für Energie zu trainieren. All die vielen Übungen in diesem Buch konzentrieren sich zwar auf den Gebrauch von Energie, aber allen liegt zugrunde, sich der Energie bewusst zu werden.

Vor diesem Hintergrund möchten wir hier zu Beginn des Buches ein paar Schlüsselprinzipien vorstellen, die sich wie ein roter Faden durch alle folgenden Kapitel ziehen werden.

# Schlüsselprinzipien der Energie-Wahrnehmung:

### 1. Fühle, was du fühlst

Du fühlst Energie die ganze Zeit über. Es ist dir einfach nur nicht bewusst, dass du sie spürst. Deshalb liegt der erste Schlüssel für Energie-Wahrnehmung darin, auf deine eigenen Empfindungen zu achten. Du kannst das gleich mit der folgenden einfachen Wahrnehmungsübung versuchen.

### Übung 2.1

*Richte deine Aufmerksamkeit auf dich selbst. Was fühlst du? Bist du entspannt oder angespannt, hart oder weich? Fühlst du wenig oder viel Energie? Bist du rezeptiv, oder gehst du aus dir heraus? Diese anschaulichen Begriffe sind nur ein paar Beispiele, um dir zu helfen, dich einzustimmen. Füge deine eigenen hinzu. Mache dir im Moment keine Gedanken darüber, ob es physisch, emotional oder energetisch ist. Es ist sowieso alles miteinander verbunden. Sei einfach achtsam.*

### 2. Gefühle haben einen Ort

### Übung 2.2

*Als Nächstes achte darauf, wo im Körper du die Gefühle spürst. Manchmal fühlst du sie überall. Oft sitzen sie an einer bestimmten Stelle. Du fühlst vielleicht Wärme im Bereich deines Herzens oder eine Öffnung in deinem Solarplexus. Vielleicht stellst du fest, dass du dich im Schulterbereich verspannst oder sich dein Bauch schlapp und träge anfühlt. Es ist erstaunlich, wie viele verschiedene Arten von Gefühlen wir an verschiedenen Stellen in unserem Körper/Energiefeld haben können.*

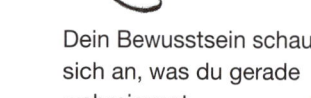

Dein Bewusstsein schaut sich an, was du gerade wahrnimmst.

## 3. Beobachte deine Hände und deinen Körper

**Hast du je eine Person beobachtet, die beim Sprechen mit den Händen gestikuliert? Die Hände spiegeln den energetischen Zustand der Person wider. Du kannst das gleich durch ein kleines Experiment nachvollziehen.**

### Übung 2.3

*Denke an etwas, das für dich einen emotionalen Kontext hat. Es spielt keine Rolle, ob es glücklich oder traurig, gut oder schlecht ist. Denke einfach an etwas, das deine Gefühle in Bewegung bringt. Und jetzt werde zur Italienerin, zum Italiener! Richtig: Italiener sind bekannt für den »eloquenten« Einsatz der Hände, wenn sie sprechen. Also stell dir einen Moment lang vor, dass du Italienerin oder Italiener wärst, rede laut über dieses emotionale Thema und lass dabei deine Hände ausdrücken, was du fühlst.*

*Mach weiter so, aber jetzt in Zeitlupe. Sag die gleichen Worte, mach die gleichen Handbewegungen, aber achte nun besonders auf das, was deine Hände tun. Deine Hände formen die Energie nach, die aktiv ist.*

**Das Gleiche gilt für den übrigen Körper, auch wenn es dort nicht immer so offensichtlich ist wie bei den Händen. Achte einfach auf deine Haltung, darauf, wie du sitzt oder stehst, und darauf, was dein Körper widerspiegelt. Dein Körper spiegelt den Energiezustand wider.**

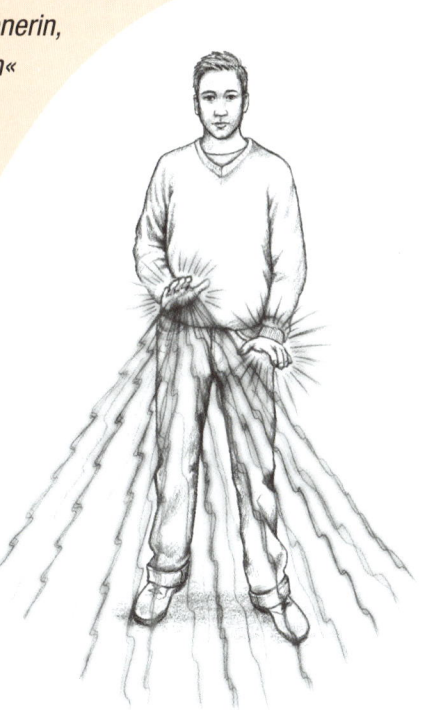

**Unsere Hände sprechen die Sprache der Energie**

Wenn wir beim Sprechen gestikulieren, zeichnen unsere Hände die Energie nach, die mit im Spiel ist.

**4. Denke in der Energiesprache. Frage dich selbst: »Was passiert hier gerade mit der Energie?«**

Übung 2.4

*Stell dir diese Frage: »Was geschieht hier gerade mit der Energie?« Energie ist in jedem Moment aktiv. Du kannst dich jederzeit, besonders in Momenten, die emotional oder in sozialer Hinsicht stärker belastet sind, selbst fragen: »Was geht gerade vor sich?« Du wirst vielleicht überrascht sein, wie viel du weißt, von dem du aber nicht wusstest, dass du es weißt. Wir erleben in unseren Seminaren immer wieder, dass neue Teilnehmer auf spezifische Fragen ganz klare Beschreibungen der Energiezustände geben können.*

Jede Übung in diesem Buch stellt eine bestimme Facette der Energie heraus. Aus eigener Erfahrung mit »Übungs«-Büchern wissen wir, dass die meisten Menschen die Übungen nicht machen, und wir haben darüber diskutiert, ob wir viele Übungen aufnehmen sollten oder nicht. Aber wir sind der Ansicht, dass die Übungen hier anders sind. Sobald du einmal erkennst, dass dieses oder jenes Energiephänomen vor sich geht und wie du damit umgehen kannst, wirst du immer wachsam für diese Dynamiken in deinem Leben sein. Wenn sie sich dann ereignen, wirst du die energetischen Fertigkeiten, über die du vorher gelesen hast, fast schon automatisch anwenden, um mit ihnen zu arbeiten. Egal also, ob du nun jede Übung ausführst oder nicht, wir möchten dich ermutigen, sie zumindest zu lesen – sie werden ein Teil deines Repertoires an Handwerkszeug fürs Leben werden.

## Das Geschenk und die Problematik der Sensitivität für Energie

In dem Maße, wie deine Sensitivität für Energie wächst, wirst du dir eines großen Spektrums an Energien bewusst werden. Das reicht von wundervoll leichten, erhebenden und anregenden Energien bis zu solchen, die dunkler und schwieriger sind.

»Energy Balancing« erforscht das volle Spektrum der Lebensenergien, wobei der Schwerpunkt auf der Entfaltung höher schwingender Energien liegt, die Freude und Wohlbefinden mit sich bringen. Es ist erstaunlich, wie unglaublich erhebend einige der Energien sind, die wir in uns haben. Eine der allergrößten Freuden ist es, Zugang zu diesen höheren Schwingungsebenen der Energie zu bekommen und sie zu leben. Wir bezeichnen das als »mit Licht gefüllt werden«, weil diese Energien, wenn man sie mit dem Inneren Auge sieht, hell sind.

Um dieses Licht zu erreichen, werden wir mit Energien arbeiten müssen, die nicht so hell sind. Viele der Energien, mit denen du im Alltag zu tun hast, sind dichter und schwieriger. Wir würden dir gern sagen können: »Öffne einfach deine Sensitivität für die Energie, und du wirst dich wunderbar fühlen.« Aber die Wahrheit ist, dass du es mit einigen schwierigen und dichten Energien zu tun hast, die dich nachteilig beeinflussen. Diese Energien kommen sowohl aus problematischen Situationen mit anderen Menschen, mit Maschinen und elektronischen Geräten als auch aus deinem eigenen Selbst. Diese Energien zu erkennen und mit ihnen in angemessener Weise umzugehen, ist eine entscheidende energetische Fertigkeit. Wir beginnen unsere Arbeit mit einem der grundlegendsten Werkzeuge. Wir nennen es das »energetische Abstauben«.

**Energetisches »Zeugs«**
Energien, die von äußeren Quellen stammen und sich im Energiefeld anhäufen

# 3 Reinige dein Energiefeld

## Energetisches »Zeugs«

Dein Energiefeld ist mit allerlei »Zeugs« zugemüllt, es sei denn, du hast die letzte Woche an einem traumhaft schönen Ort in der Natur verbracht. Mit »Zeugs« meinen wir energetischen Abfall, die Überreste sowohl deiner Gefühle und Gedanken als auch der anderer Menschen und unharmonischer Energien von Maschinen, Handys, Computern und Ähnlichem.

Damit du dir dieses »Zeugs« besser vorstellen kannst, denke dir ein wunderschönes Holzmöbelstück, das in einem leeren Raum steht, der nach und nach einstaubt. Genauso ist es mit dem menschlichen Energiefeld; es zieht energetischen »Staub« an, der es verstopft.

Wir leben in der Karibik und leiten dort ein Retreatzentrum. Die Umgebung ist sehr rein und friedlich. Man hört nur das leise Rauschen des Windes und die ans Ufer rollenden Wellen. Die Natur ist ursprünglich und unberührt.

Einmal kam ein Gast aus New York an. Es schien, als fühle er sich unbehaglich. Er sagte: *»Die Umgebung ist so ruhig und friedlich. Das ist ein bisschen beunruhigend. In meinem Innern ist so viel Lärm. Ich fühle mich so stickig und vollgestopft.«*

Er war wirklich verstört. In dieser stillen Umgebung, ohne all die üblichen Ablenkungen, wurde er sich seines Zustands bewusst. Schließlich meinte er: *»Ich muss ins Meer. Ich muss etwas tun, mich reinigen. Ich habe das Gefühl, ich muss mich reinwaschen.«*

Sein Erlebnis ist ein gutes Beispiel für die Auswirkungen dieses »Zeugs«. Er war nicht mit irgendwelchen besonderen Gefühlen oder Sorgen beschäftigt; es war lediglich ein allgemeines Gefühl. Er hatte den Eindruck, vollgestopft, schwerfällig, chaotisch und nicht klar zu sein.

Seine Erfahrung war typisch. Viele Gäste fühlen sich bei der Ankunft zunächst unwohl. Sie müssen sich oft ablenken, indem sie mit dem Auto hierhin und dorthin fahren, Ausflüge buchen, alles tun, um dem zu entgehen, wie sie sich fühlen. Nach ein paar Tagen beginnt dann die Kraft der Natur und des Meeres das »Zeugs« zu klären, das die Menschen mit sich herumtragen, und ihre Anspannung zu lockern. Sie fangen an, mehr Zeit am Strand zu verbringen, hängen einfach nur ab und tun nichts Besonderes. Sie beginnen, ruhiger zu werden, lassen los und laden ihre Batterien wieder auf. Man kann richtig sehen, wie sie klarer, leichter und heiterer werden.

Doch selbst wenn sie aus einer kleinen Stadt kommen oder auf dem Land leben und einen ruhigeren und einfacheren Lebensstil haben, tragen sie immer noch »Zeugs« mit sich herum. Es kommt von überall her, aus unserer Umwelt und aus unserem Inneren. Jeder Austausch mit anderen, jede Maschine, mit der wir es zu tun haben, ja selbst jeder Gedanke und jedes Gefühl, die durch uns hindurch gehen – all das hinterlässt Reste von »Zeugs« in unserem Feld.

### Probiere es aus

*Ganz häufig werden wir dich in diesem Buch bitten, an etwas zu denken oder deine Aufmerksamkeit nach innen und darauf zu lenken, was du fühlst oder denkst. Wir empfehlen sehr, dass du einen Moment aufhörst zu lesen und das ausprobierst, was wir dir vorschlagen. Diese »einfache« Übung der gelenkten Wahrnehmung ist ein magischer Schlüssel, der dir die Welt der Energie eröffnen wird. Die Übung wird dir statt einem mentalen Konzept eine lebendige Erfahrung vermitteln. Das ist der Unterschied zwischen dem Hören einer Gitarrenaufnahme oder dem eigenen Spielen auf der Gitarre.*

# Ein Experiment, das du machen kannst, um »Zeugs« wahrzunehmen

## Übung 3.1  Erlebe das »Zeugs«

### 1. Stimme dich auf eine Situation mit ungesunden und »muffigen« Energien ein

*Um dieses »Zeugs« wirklich zu erleben, denke an den letzten Ort zurück, an dem du in den vergangenen Stunden warst und von dem du sagen würdest, dass die Energie dort nicht rein, klar, fließend und erhebend ist. Vielleicht der Ort gleich hier, an dem du gerade sitzt? Oder ein Gespräch, das du soeben geführt hast, oder das Geschäft/Auto/Gebäude, in dem du noch vor Kurzem warst?*

Umgebung mit »ungesunden« Energien

### 2. Stimme dich auf die tiefer liegenden Energien ein

*Versuche, dir vor deinem Inneren Auge die Qualität der Energie an jenem Ort vorzustellen. Vielleicht ist sie mit Spannungen oder unterschwelligen Gefühlen aufgeladen. Oder es gibt dort eine Menge verschiedene Menschen, Dinge, Geschehnisse, eine Kakofonie misstönender, nicht harmonischer Energien. Während du dich darauf einstimmst, achte auf die Gefühle in deinem Körper. Finde nicht nur Zugang zu einem mentalen Bild, sondern stimme dich auf die Empfindungen deines Körpers ein, die mit diesem Bild einhergehen.*

### 3. Stimme dich auf eine Situation mit gesunden und reinen Energien ein

*Wir werden mit einem Kontrast arbeiten, um dein Erleben zu unterstützen: Denke jetzt an einen wunderschönen sauberen Ort in der Natur, frische reine Luft, lebendige Pflanzen, die Elemente in ihrer ganzen Reinheit. Hier ist es ruhig-heiter und friedvoll und doch erfrischend. Achte wieder auf die Empfindungen in deinem Körper. Dieser natürliche Ort ruft bestimmte Gefühle in dir hervor.*

Umgebung mit gesunden Energien

### 4. Wechsle hin und her und achte auf den Unterschied

*Nun, da wir beide Bilder vor Augen haben, wechsle zwischen ihnen hin und her. Versetze dich einen Moment lang in das erste Bild, dann in das zweite. Wiederhole beide Bilder ein paar Mal. Achte jedes Mal, wenn du wechselst, auf die Empfindungen in deinem Körper. Es dauert vielleicht einen Moment, mit den Gefühlen in Kontakt zu kommen, da sie subtil sein können, aber sie werden kommen. Welche Gefühle ruft das erste Bild von der mit mehr »Zeugs« angefüllten Umgebung in dir hervor? Und was empfindest du angesichts des wunderschönen Ortes in der Natur?*

Was du erlebst, sind die Auswirkungen energetischen Abfalls auf dein Energiefeld. Dieses »Zeugs« verstopft dich. Aus energetischer Sicht wird dein Energiefeld trübe, dein Energiefluss ist gestört, dein Glanz wird matt, deine Schwingung nimmt ab, und die Folge sind Blockaden.

»Zeugs« – ungeklärtes Zeugs – ist nicht gut für dich!

# Eine Definition von Energie

Wir werden gleich die Methode des »Energy Balancing« benutzen, um uns von Zeugs zu reinigen. Aber bevor wir das tun, möchten wir kurz darüber sprechen, was dieses Zeugs eigentlich ist. Wenn wir es verstehen, wird es leichter, uns davon zu befreien.

Von Anfang an haben wir in diesem Buch den Begriff »Energie« verwendet. Lass uns klar und präzise feststellen, was Energie eigentlich ist.

Stell dir einen Fisch im Ozean vor. Überall ist Wasser. Wasser ist nicht nur außerhalb des Fisches, sondern auch im Fisch. Das Wasser bewegt sich durch seine Kiemen und fließt nach innen und nach außen, wenn er atmet. Es läuft als Blut durch seine Adern. Sogar seine Zellen bestehen aus Wasser und Mineralien, die Teil des Ozeans sind. Der Fisch und der Ozean sind miteinander verbunden.

Dieses Beispiel mit dem Meer hat viele Parallelen zu dem, was wir als Energie bezeichnen. Es gibt ein Gewebe, das allem zugrunde liegt. Das ist das »Meer«, in dem alle Dinge schwimmen – das zugrundeliegende »Meer des Seins«, aus dem alles besteht. Wir nennen das »Energie«. Energie ist überall, in allem. Es gibt nur Energie.

### Energie-Prinzip 2:
## Energie – das feine Gewebe, das allem zugrunde liegt

*Der Begriff Energie, so wie wir ihn benutzen, bezieht sich auf eine feinstoffliche Welt von Kräften, die in uns existieren, zwischen uns und anderen Menschen fließen und überall und in allem vorhanden sind.*

Wenn wir in diesem Buch von Energie sprechen, beziehen wir uns auf dieses Gewebe. Wir beziehen uns auch auf dessen besondere Aspekte – auf Bereiche, die uns als menschliche Wesen betreffen. Denn »Energie« bezieht sich nicht nur auf die Energien, die üblicherweise in der Physik beschrieben werden, wie elektromagnetische Kräfte, Atome, subatomare Teilchen und dergleichen, Energie besteht auch noch aus etwas anderem – den Lebensenergien. Jedes Lebewesen ist Teil dieses Gewebes. Die Lebensenergie (die belebende und treibende Kraft in dir, in uns, in Tieren und Pflanzen) ist ebenso Teil des Gewebes der Existenz.

## Energie-Prinzip 3:
## Energie ist Substanz

*Unsere Gedanken, unsere Gefühle und unsere gesamte Lebensenergie bestehen aus einer Substanz.*

Hier gibt es noch eine weitere wichtige Einsicht: dass das Gewebe des Lebens Substanz ist. Genau wie das Wasser im Ozean eine Substanz ist, handelt es sich auch bei diesem zugrundeliegenden Gewebe um Substanz. Das hat enorme Auswirkungen. Es bedeutet, dass unsere Gedanken eine Substanz sind. Unsere Liebe ist eine Substanz. Die höchsten Augenblicke unseres Strebens sind eine Substanz. Unsere ganze Lebenskraft ist eine Substanz.

Schau dir diese Zeichnung an. Es ist eine geläufige bildhafte Darstellung einer Person, die gerade denkt. Wir alle erkennen das Bild aus einem bestimmten Grund – weil diese Darstellung eine tiefere Wahrheit über Energie wiedergibt: dass ein Gedanke tatsächlich

**Gedanken sind Substanz**
Jeder Gedanke ist eine Substanz, die im Feld sitzt und in den Frequenzen, die wir »Gedanke« nennen, schwingt.

**Hohe Schwingung**
Hohe Schwingungen können uns glücklich machen und manifestieren sich als Liebe, Kreativität, Inspiration und ähnliches.

**Niedrige und dichte Schwingung**
Alle Energien sind Schwingung. Niedrig schwingende Energien machen uns dicht und können schädlich sein.

Substanz ist. Die Person hat eine Substanz geschaffen, die in den Frequenzen schwingt, die wir »Gedanke« nennen.

Mystiker sind zu der Erkenntnis gelangt, dass die Substanz des Lebens, unsere Lebensenergie, viel größer ist als unser Körper. Sie wird im Allgemeinen Aura genannt, und sie dehnt sich ungefähr 90 Zentimeter um den gesamten Körper herum in alle Richtungen aus. Um den Oberkörper herum ist sie größer und um den unteren Teil des Körpers etwas kleiner, so dass das Feld in etwa wie ein auf den Kopf gestelltes Ei aussieht.

## ENERGIE-PRINZIP 4:
## Alles ist Schwingung

*Nicht nur physische Materie, sondern auch die Lebensenergie, Gedanken und Gefühle sind alle aus Schwingungsfrequenzen in der Energie-Substanz zusammengesetzt.*

Innerhalb der Aura fließen die Energien in den verschiedensten Schwingungsfrequenzen. Einige Energien schwingen in der Frequenz, die wir Gefühl nennen, einige in der Frequenz, die wir Gedanke nennen. Einige schwingen auf einer sehr hohen Frequenz, die wir Inspiration, Genie oder Erleuchtung nennen, andere in Frequenzen, die wir traurig oder ärgerlich nennen. Einige Gedanken und Gefühle sind sogenannte negative, weil ihre Schwingungen für uns destruktiv und schädlich sind. Andere werden als positiv angesehen, weil ihre Schwingungen lebensbejahend und erhebend sind. Alle diese Schwingungen sind Substanz auf verschiedenen Schwingungsebenen.

## Die Methode der Reinigung

Wenden wir dieses Verständnis von Schwingung nun auf das an, was bei unserem Gast geschieht, als er in der Karibik ankommt. Er trägt viel ungeklärtes Zeugs aus der Stadt mit sich herum, energetische Substanz, die auf bestimmten Frequenzen schwingt. Was kann er dagegen tun?

Er kann diese Substanz aus sich entfernen.

Wenn sie hineingebracht werden kann, kann sie auch hinausbefördert werden. Wir nennen das »Clearing« – Reinigen und Klären. Reinigung ist der Prozess, unerwünschte Energien aus unserem Energiefeld zu entfernen.

**DEFINITION: Reinigung**

*Reinigung ist der Prozess, unerwünschte Energien aus unserem Energiefeld zu entfernen.*

Bevor wir dies tatsächlich tun, möchten wir noch anmerken, dass bereits die Erkenntnis, dass wir Zeugs mit uns herumtragen und dass dieses Zeugs nicht wir sind, Gold wert ist. So viele Dinge, die wir fühlen, sind nicht unsere Gefühle!

*Die Erkenntnis, dass wir »Zeugs« mit uns herumtragen, ist bereits Gold wert.*

> *Früher fühlte ich, Kabir, mich in der Gesellschaft von Menschen immer ganz eigenartig und dachte, etwas stimme nicht mit mir. Ich nahm unwissentlich alle möglichen Dinge von anderen auf, und dann schwang dieses Zeugs in mir und erzeugte weitere Störungen, die ich zu meinen eigenen machte, und ich dachte, ich sei schräg drauf. Wie wertvoll war es doch, zu begreifen, dass so viele meiner »Probleme« das Ergebnis von Zeugs waren, das ich mit mir herumtrug. Es war nichts verkehrt an mir!*
>
> *Diese Erkenntnis beruhigte mich. Sie half mir, mich besser mit mir selbst zu fühlen. Ich hatte entdeckt, dass ich etwas dagegen tun konnte; ich konnte die Initiative ergreifen. Und weil ich etwas dagegen tun konnte, empfand ich ein neues Selbstvertrauen.*

Die meisten Menschen wissen nicht, dass sie Zeugs mit sich herumtragen, und haben nicht die Werkzeuge zur Hand, es zu entfernen. Also gehen sie damit in unbewusster Weise um, was das Unbehagen etwas mindert, aber das Problem nicht löst. Weil Zeugs unangenehm ist, tun wir alles Mögliche, um uns davon abzulenken. Wir schauen fern, essen, surfen im Internet, hören Musik, gehen irgendwohin, trinken oder nehmen Drogen – alles nur, um unsere Aufmerksamkeit in eine andere Richtung zu lenken, damit wir nicht das fühlen müssen, was wir fühlen. Auch wenn das bis zu einem gewissen Grad das Unbehagen verringert, geht es nicht an die Wurzel des Problems. Das Zeugs bleibt weiterhin in uns, baut sich Schicht um Schicht auf, schafft mehr und mehr Unbehagen. Tatsächlich führt es, wenn man sich von dem Zeugs ablenkt statt etwas dagegen zu tun, zu noch größeren Problemen.

Du hast jetzt eine großartige Möglichkeit: Wenn du dich nicht gut fühlst und Zeugs mit dir herumträgst – entferne es!

Wir beginnen also unsere Reise in das »Energy Balancing« damit, dass wir lernen, ungeklärtes Zeugs zu entfernen. Es gibt viele Wege, dies zu tun. Erst befassen wir uns mit dem Grundlegendsten, um bestimmte Energie-Prinzipien vorzustellen. Danach werden wir uns fortgeschrittenere Methoden aneignen.

## Spüren und Intention

Die Arbeit beginnt damit, dass wir die Energie spüren und dann lenken. Am Anfang benutzen wir unsere Vorstellungskraft, um Energie zu visualisieren. Wir nennen das eine »Intention« setzen. Du setzt eine Intention: die Absicht, dass diese Energie sich auf bestimmte Art und Weise bewegen soll. Wenn du die Intention gesetzt hast, Energien zu bewegen, wirst du feststellen, dass du ein körperliches Gespür dafür entwickelst, genau das zu tun. Das ist *keine* Einbildung. Dieses Gefühl entsteht, weil du begonnen hast, Energie zu bewegen.

### Energie-Prinzip 5:
### Energie folgt dem Bewusstsein

*Energie fließt dorthin, wohin deine Aufmerksamkeit geht.*

Eines der fundamentalen Gesetze der Energiearbeit lautet: »Energie folgt dem Gedanken« – was immer du denkst, bewegt Energie. Anders ausgedrückt: »Energie fließt dahin, wohin deine Aufmerksamkeit geht.«

## Übung 3.2   Erlebe, wie Energie der Aufmerksamkeit folgt

**Es gibt ein einfaches Experiment, um dies nachzuprüfen:**

*1. Lege beide Hände vor dich, Innenflächen nach oben. Sie können in deinem Schoß liegen oder auf deinen Sessellehnen, du kannst sie auch einfach vor dir ausstrecken, Hauptsache ist, dass du entspannt bist.*

*2. Richte jetzt deine Aufmerksamkeit nur auf die Handfläche einer Hand, ganz egal welcher. Bleibe mit deiner Aufmerksamkeit an dieser Stelle. Versuche nicht, irgendetwas zu tun oder zu verändern. Richte einfach deine Aufmerksamkeit dorthin – eine Minute lang.*

*3. Jetzt achte darauf, ob die Hand, auf die du deine Aufmerksamkeit gerichtet hast, sich anders anfühlt als die andere Hand. Fast jeder, der diese Übung ausführt, spürt einen deutlichen Unterschied. Die Energie floss dorthin, wo die Aufmerksamkeit hinging.*

Bewusstseinsübung mit den Händen, Teil 1: Energie folgt dem Gedanken

**Eine weitere einfache Übung:**

1. Strecke die Hände vor dir aus, Innenflächen einander zugewandt, ungefähr 30 Zentimeter voneinander entfernt. Achte auf das Gefühl in den Handinnenflächen.

2. Jetzt bewege die Hände langsam aufeinander zu. Geh bis zu einem Abstand von etwa 2 Zentimetern, aber achte darauf, dass sich die Handinnenflächen nicht berühren.

3. Jetzt bewege sie langsam auseinander, bis die Hände etwa 60 Zentimeter voneinander entfernt sind.

4. Jetzt bewege die Hände wieder aufeinander zu, dann wieder voneinander weg und spiele mit der Entfernung. Achte dabei auf deine Empfindungen.

Bewusstseinsübung mit den Händen, Teil 2: Energie baut sich zwischen den Händen auf

Du erlebst Energie. Dieses Gefühl zwischen deinen Händen ist der Fluss der Energie, die deine Hände ausstrahlen. Für einige Menschen ist das ein zartes, fast unmerkliches Gefühl. Für andere ist es greifbar deutlich. Vielleicht bemerkst du sogar, dass deine Handinnenflächen heiß oder kalt werden, anfangen zu schwitzen oder fleckig werden. Das alles sind Auswirkungen des aktivierten Energieflusses.

## Das Energiefeld reinigen

Wir beginnen jetzt damit, das Energiefeld zu reinigen. Wir möchten dich daran erinnern, auf deine Intuition zu hören und ihr zu vertrauen. Wenn deine Hände in einem Bereich etwas länger arbeiten wollen, bleibe dort. Falls irgendwelcher Schutt stärkere Bewegungen verlangt, setze stärkere Bewegungen ein. In manchen Bereichen hast du vielleicht das Gefühl, dass du dich schneller bewegen musst. Im Allgemeinen empfehlen wir jedoch langsame Handbewegungen, damit du mit ihnen atmen kannst und deine Aufmerksamkeit ganz konzentriert bleibt. Vergewissere dich während der gesamten Übung, dass du tiefe Atemzüge nimmst, um die Klärung und Freisetzung der Energie zu unterstützen. Betone dabei besonders die Ausatmung.

## Übung 3.3   »Staube« dein Energiefeld ab

### 1. Lade deine Hände mit Energie auf und sensibilisiere sie

*Reibe deine Handflächen schnell gegeneinander, so als würdest du sie mit Seife reinigen. Dann halte sie einige Zentimeter weit auseinander. Achte auf den Energiefluss zwischen den Händen. Wiederhole das drei Mal.*

### 2. Setze deine Intention

*Setze die Intention, dass die Energie, die durch deine Hände fließt, dein Energiefeld klärt und reinigt. Du kannst auch (innerlich oder laut) folgende Affirmation sprechen: »Kraftvolle Reinigungsenergie fließt durch meine Hände. Sie setzt energetisches Zeugs frei.«*

Die Hände aufladen und sensitivieren

### 3. Staube das Feld an der Vorderseite ab

*Benutze deine Vorstellungskraft, um das Zeugs, das dein Energiefeld verstopft, zu »sehen«. Dreh die Handflächen nach außen und bewege die Hände langsam durch dein Feld und weg vom Körper. Atme dabei aus. Beobachte, wie du den Staub und den energetischen Schmutz hinauskehrst.*

### 4. Reinige deinen Kopf und deine Schultern

*Nachdem du die Vorderseite deines Körpers geklärt hast, führe die Hände an den Seiten und über deinen Kopf entlang. Stell dir vor, dass du mentales Zeugs deines Verstandes wegräumst; eine Wolke voll unnötiger Gedanken hängt dort.*

Das Feld abstauben

### 5. Reinige die Seiten und den Rücken

*Arbeite dich langsam vom Kopf nach unten. Reinige die Seiten des Körpers und dann den hinteren Bereich. Wenn deine Arme irgendwo nicht hinkommen, etwa auf den mittleren Bereich des Rückens, stell dir einfach vor, wie sich die Energie von deinen Händen fortsetzt und dort ihre Arbeit verrichtet.*

### 6. Reinige die Beine und Füße

*Jetzt benutze die Hände, um die Beine und Füße zu reinigen. Energetisches Zeugs setzt sich hier gern fest und verdickt sich. Du kannst auch die Beine und Füße ausschütteln, um das Freisetzen zu unterstützen.*

## 7. Schüttle deine Hände aus

*Energetisches Zeugs kann an deinen Händen kleben bleiben. Schüttle von Zeit zu Zeit die Hände aus, um es loszuwerden. Strecke dabei die Arme aus, weg vom Körper. Lade dieses Zeugs nicht bei jemand anderem ab! Vertraue darauf, dass die Erde dieses Zeugs auf natürliche Weise umwandeln wird. Du kannst es auch in Salz oder Salzwasser abschütteln, da sie negative Energie gut aufnehmen.*

## 8. Zum Abschluss: Atme und spüre

*Um die Übung abzuschließen, stell dich mit entspannten Armen hin, die Füße hüftbreit auseinander. Nimm ein paar tiefe Atemzüge, um letzte Reste von Zeugs zu lösen. Spüre deinen Körper und den Bereich um deinen Körper herum. Du bemerkst vielleicht, dass du dich heller oder leuchtender fühlst. Vielleicht kannst du leichter atmen, fühlst dich entspannter oder vitaler. Vielleicht stellst du auch fest, dass dein Geist klarer und deine Wahrnehmung schärfer geworden sind.*

Die Hände ausschütteln

### Kurzanleitung

1. Energetisiere und sensibilisiere deine Hände
2. Setze deine Intention
3. Staube das Feld an der Vorderseite ab
4. Reinige den Kopf- und Schulterbereich

> 5. *Reinige die Seiten und die Rückseite*
> 6. *Reinige die Beine und Füße*
> 7. *Schüttle deine Hände aus*
> 8. *Zum Abschluss: Atme und spüre*

Du hast gerade die Energie, die durch deine Hände fließt, dazu benutzt, dein Feld abzustauben und energetischen Müll zu entfernen, der dich verstopft hat. Es ist erstaunlich, wie viel sich ändert, wenn wir das Zeugs entfernen. Und falls du nichts bemerkt haben solltest, mach dir keine Sorgen. Du hast nichts falsch gemacht beim »Abstauben«, und es ist auch nicht so, dass es nicht funktioniert. Es dauert nur manchmal eine Weile, bis man energetisch sensibel und aufmerksam wird für die Nuancen der eigenen Gedanken und Gefühle. Gib dir etwas Zeit zum Üben. Du wirst von den Ergebnissen überrascht sein.

✶ ✶ ✶ ✶ ✶

Durch das Abstauben hast du das entfernt, was wir »die erste Schicht« des Zeugs nennen, eine Schicht, die jeden Tag, mit jedem Gespräch ständig zunimmt und die täglich oder sogar viele Male während des Tages gereinigt werden muss.

Vielleicht taucht jetzt die Frage in dir auf: »Da ich gerade erst lerne, wie man diesen Staub wegwischt und ich ihn bisher nicht entfernt habe - hat er sich da nicht wie in einem alten Haus, das zwanzig Jahre lang verschlossen war, Schicht um Schicht aufgebaut?«

Die Antwort lautet ja und nein. Ja, da ist Zeugs, das sehr lange dort festsaß, und in gewisser Hinsicht sind wir fast immer davon bedeckt und sehr selten klar und rein. Und nein, weil wir in unserem Alltag Dinge tun, die uns helfen, einen Teil des Zeugs zu entfernen, damit es sich nicht in unerträglichem Maße aufbaut.

Duschen zum Beispiel reinigt nicht nur unseren Körper, sondern trägt auch dazu bei, dass unser Energiefeld gereinigt wird. Wenn wir draußen in der

Natur sind, entfernen die frische Luft und das Sonnenlicht einen Teil dieses Zeugs. Wenn wir ins Fitnessstudio gehen und gut trainieren, hilft das, etwas von diesem Zeugs loszuwerden. Viele normale Aktivitäten tragen dazu bei, dass unser Feld sauberer wird. Wir reinigen uns von Zeugs, selbst wenn wir es gleichzeitig ansammeln.

Diese täglichen Aktivitäten sind prima, und wir möchten dich ermutigen, diejenigen zu finden, die bei dir funktionieren. Und eines können wir gar nicht oft genug sagen: Setze deine Hände ein, um dein Feld abzustauben. Im bewussten Reinigen liegt eine Kraft und Effektivität, wie die täglichen Aktivitäten allein sie nicht zustande bringen. Das bewusste Reinigen von ungeklärtem Zeugs ist enorm wirksam.

Aber selbst wenn du all das tust, wird noch nicht alles Zeugs beseitigt werden.

## »Goop« – das dichtere, klebrige Zeugs

Es gibt noch eine andere Art von Zeugs, das sich in uns aufbaut und ebenfalls beseitigt werden muss und das wir im Englischen »Goop« nennen (wörtlich »Klebzeug, Pampe, Brei«).

Dieses Zeugs ist mächtiger. Es hat mehr Substanz, und seine Auswirkungen sind noch stärker. Dieses Zeugs nistet sich hartnäckiger in der Substanz deines Feldes ein. Das ist der Stoff von starken Emotionen, Gedanken und den energetischen Entladungen anderer.

Kommen wir auf die Metapher von dem Möbelstück zurück, das Staub ansammelt: Stell dir vor, jemand isst auf einem wunderschönen Holztisch und kleckert mit dem Essen. Eine große Menge von klebrigem Zeugs liegt jetzt auf dem Tisch, das beseitigt werden muss. Dieses Zeugs ist etwas anderes als Staub. Während Staub eine durchgängige, diffuse Schicht ist, die den ganzen Tisch überzieht, ist dieses »Goop« dick, substanziell und sitzt an einer bestimmten Stelle fest. Dieses klebrige Zeugs hat auch größere Auswirkungen als Staub. Wo Staub sich einfach nur ansammelt und die Dinge allgemein eintrübt, kann »Goop« auf dem Tisch Flecken hinterlassen, tiefer eindringen und länger anhaltenden Schaden verursachen. Klebriges Zeugs kann ernsthaft zerstörerisch wirken.

*Ich (Kabir) begegnete einmal zufällig einem Freund, Antonio, und wir blieben stehen und unterhielten uns ein paar Minuten. Ich konnte sehen, dass er aufgebracht war. Als ich ihn fragte, was denn los sei, zögerte er zunächst, platzte aber dann damit heraus, dass er gerade eine heftige Auseinandersetzung mit seiner Partnerin Sandi gehabt hatte.*

*Antonio ist Italiener, und für ihn ist es wirklich wichtig, eine Familie und Kinder zu haben. Aber Sandi ist sich nicht so sicher, ob sie bereit für Kinder ist, zumindest noch nicht. Die Beziehung ist relativ jung, und Sandi erlebt gerade viele persönliche Veränderungen. Sie möchte Zeit, um sich zu spüren, wieder auf die Beine zu kommen und ihre neue Richtung zu finden. Sandi sagt nicht nein zu einem Kind, aber sie möchte sich noch Zeit lassen mit der Entscheidung. Antonio fühlt sich unter Druck. Sandi ist gerade 40 geworden, und der Gedanke daran, dass sie vielleicht die Gelegenheit verpassen könnten, macht ihm Angst.*

*Als wir miteinander sprachen, konnte ich erkennen, dass dieser Druck wie eine Linse funktionierte und dazu führte, dass er Sandis Reaktionen falsch deutete. Er betrachtete ihre Zurückhaltung in Bezug auf ein Kind als persönliche Zurückweisung, und da er sich verletzt fühlte, projizierte er, dass*

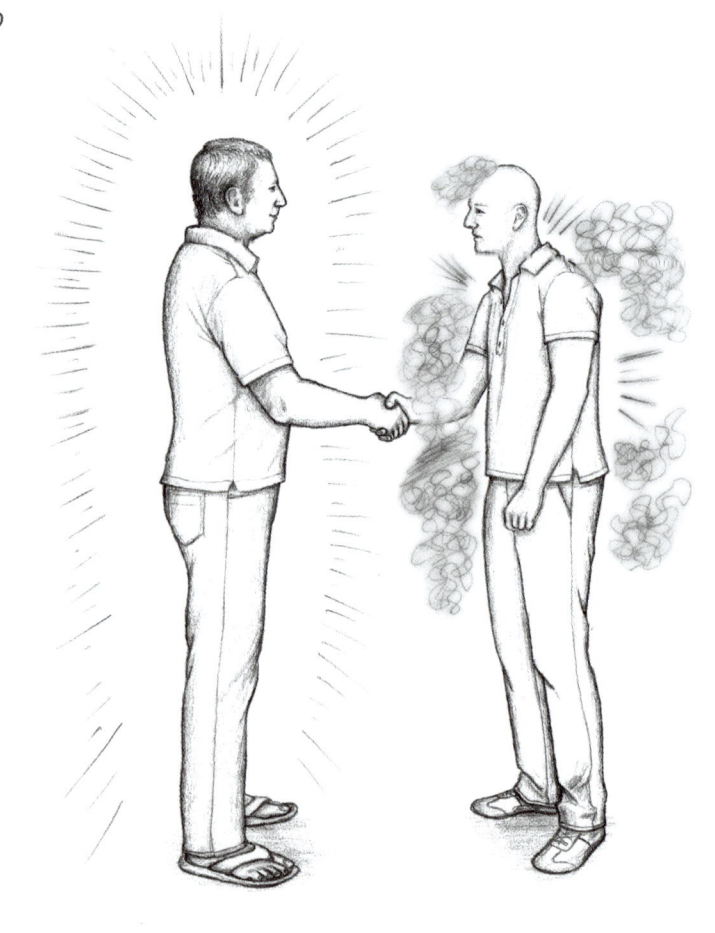

Kabir und Antonio treffen sich. Antonio ist ganz erregt. Kabir ist entspannt.

*sie ihn nicht wirklich liebt und dass ihr nicht viel an der Beziehung liegt. Während unseres kurzen Gesprächs wurden Antonios aufgestaute Gefühle von Ärger, Schuldzuweisung, Furcht, Verletzung und Schmerz förmlich hinausgeschleudert.*

*Ich konnte Antonios Schmerz nachempfinden. Mein Herz schmerzte in Resonanz mit seinem. Aber ich spürte auch noch etwas anderes. Ich fühlte mich schrecklich! Offen gesagt hatte ich das Gefühl, als hätte sich gerade jemand über mir erbrochen. Seine Frustration und sein Schmerz und Ärger vibrierten in meinem Körper. Ich wusste, es waren nicht meine Gefühle. Diese Gefühle hatte ich, kurz bevor ich ihn traf, noch nicht gehabt, und all das hatte auch nicht »meine Knöpfe gedrückt« – Kinder und feste Beziehungen waren nicht meine Themen. Ich trug eine Ladung Zeugs in mir, das gerade in mich hineinerbrochen worden war.*

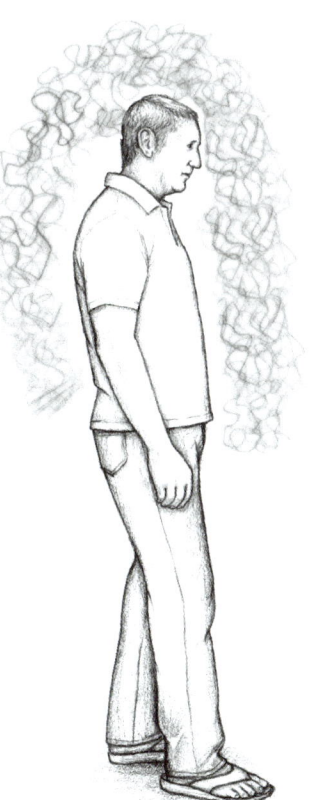

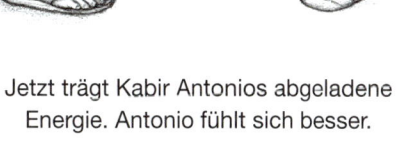

Antonio teilt seine Erregung und lädt sie bei Kabir ab.

Jetzt trägt Kabir Antonios abgeladene Energie. Antonio fühlt sich besser.

## ENERGIE-PRINZIP 6:
## Übertragung von Energie

*Energie kann zwischen Menschen, Orten und Dingen übertragen werden.*

Die Energieübertragung von einer Person auf eine andere ist sehr real. Wenn ein Mensch eine positive und erhebende Energie mit sich trägt, kann sich das auf dich übertragen, deine Stimmung heben und dein Feld vitalisieren. Denke an einen Menschen, der dich liebt und respektiert. Vielleicht hast du das noch nicht auf diese Weise gesehen, aber dessen positive Haltung ist mehr als nur ein Glaube oder ein Gefühl, das er dir entgegenbringt; er schickt dir auch positive Energie. Genau diese Energie beschert deinem »Körper und Geist« ein so angenehmes Gefühl.

Aber wenn die Energie, die auf dich zukommt, gestört ist, kann sie dich verstören. Sie ist nicht nur unangenehm, sie kann sogar geradezu giftig sein. Stell dir vor, du wirfst eine Handvoll Schmutz in das Motoröl deines Autos. Und das Gleiche gilt für dein Energiesystem. Gestörte und negative Energien sind wie Schmutz, der in deine inneren Mechanismen geworfen wird. Sie bringen dich aus dem Gleichgewicht, beschweren deine Gefühle, verstopfen dein System und verwirren deinen Geist.

Antonio trug viele gestörte Gefühle mit sich herum. Unwissentlich setzte er diese Emotionen während seines Gesprächs mit mir frei – direkt in mein Energiefeld hinein! Er fühlte sich

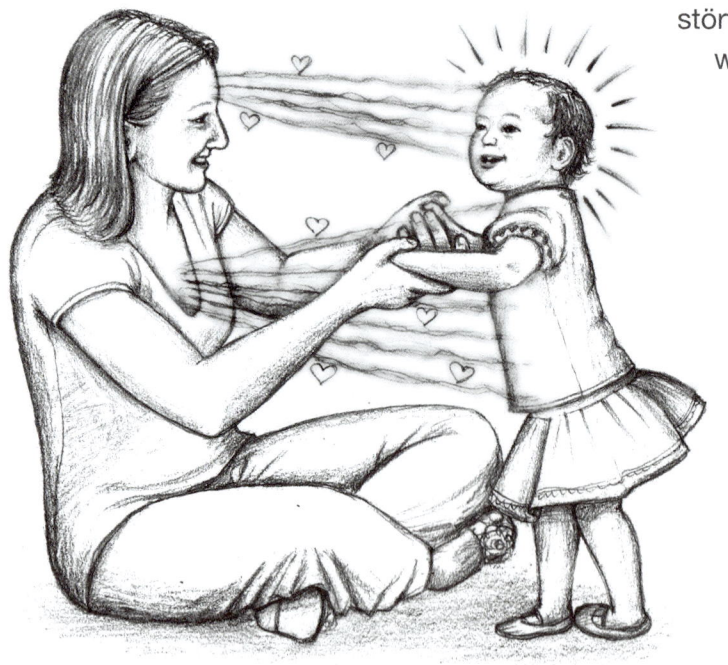

Eine Person, die Liebe oder eine positive Energiesubstanz schickt

danach tatsächlich besser. Er trug nicht mehr eine so große Last an Zeugs mit sich herum. Aber *ich* fühlte mich fürchterlich. Ich musste es wieder loswerden.

Dafür gibt es eine etwas andere Methode der Reinigung des Feldes als das Abstauben. Wir nennen sie »Scoop the Goop« – die klebrige Masse rausschöpfen!

## Übung 3.4    »Scoop the Goop« – schöpfe die klebrige Masse raus

### 1. Setze die Intention

*Lade deine Hände auf und setze die Intention, dickeres energetisches Zeugs, das »klebrige Zeugs«, aus deinem Feld zu räumen und freizusetzen.*

### 2. Stimme dich auf »Goop« ein

*Stimme dich auf dein Energiesystem ein und versuche den Bereich zu erspüren, in dem dieser energetische Abfall sitzt.*

### 3. Schöpfe »Goop« raus

*Bringe deine Hände in diesen Bereich, forme sie zu einer Schale und beginne zu »schöpfen«. Bewege die Hände langsam von innen nach außen, befördere die fremde Energie wieder nach draußen und leere dieses klebrige Zeugs aus, sobald sich deine Hände vom Körper entfernt haben (oder wann immer deine Hände sich voll anfühlen).*

### 4. Nutze deine Vorstellungskraft

*Du kannst dir die Energien dort wie einen Haferschleimbrei vorstellen, den du wieder aus deinem Energiesystem herausschöpfst.*

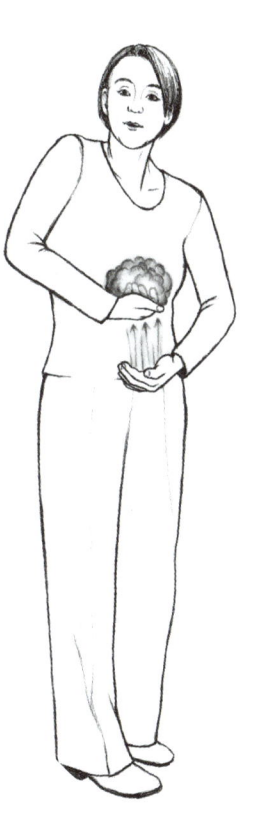

Das klebrige Zeugs herausschöpfen

### 5. Schüttle Goop aus

Schüttle von Zeit zu Zeit deine Hände aus und atme tief aus, um dieses dickere energetische Zeugs freizusetzen. Vertraue auch hierbei wieder darauf, dass die Erde es auf natürliche Weise umwandeln wird.

### 6. Abschluss

Stell dich mit entspannten Armen hin, die Füße schulterbreit voneinander entfernt. Atme ein paar Mal tief durch und achte besonders auf den Bereich, den du gerade gereinigt hast.

> **Kurzanleitung**
>
> 1. Setze die Intention
> 2. Stimme dich auf »Goop« ein
> 3. Schöpfe »Goop« raus
> 4. Nutze deine Vorstellungskraft
> 5. Schüttle Goop aus
> 6. Abschluss

## Die Zwiebel

Nun, da wir gelernt haben, das Feld abzustauben und das klebrige Zeugs rauszuschöpfen, gibt es noch eine weitere Ebene von Zeugs, die wir hier ansprechen möchten.

**ENERGIE-PRINZIP 7:**
## Das Energiefeld hat Schichten

*Ein Mensch ist wie eine Zwiebel aus vielen Schichten aufgebaut.*

Dein Energiefeld hat verschiedene Schichten. Man kann es mit einer Zwiebel vergleichen. Die äußeren Schichten beinhalten vordergründigere und oberflächlichere Gefühle und Gedanken. Die tieferen Schichten tragen mächtigere und bedeutsamere Gefühle und Gedanken in sich.

Das Zeugs, das sich jeden Tag ansammelt und durch Interaktionen wie die mit Antonio entsteht, befindet sich eher in den oberen Schichten. Diese Schichten können relativ einfach gereinigt werden. Die Energiewerkzeuge des Abstaubens und des Rausschöpfens sind dafür sehr gut geeignet.

Die tieferen Schichten sind komplexer und benötigen ein besseres Verständnis und weitere Fertigkeiten, um sie zu reinigen. In jungen Jahren hast du viele heftige Gefühle und Ereignisse erlebt. Diese Dinge hatten starke Auswirkungen auf dich. Viele wurden in dein System eingeflochten. Sie sind nun in dein eigentliches Gewebe integriert worden. Im Laufe der Zeit haben sich immer neue Dinge ereignet. Die früheren Energien wurden unter später hinzugekommenen Schichten begraben und in vielen Fällen vergessen, sind aber noch da.

**Das Energiefeld hat wie eine Zwiebel Schichten**
»Zeugs« sammelt sich in den verschiedenen Schichten des Feldes an.

Das ist wie in der Archäologie. Eine Kultur entsteht, baut ihre Gebäude, schafft Kunstwerke, entwickelt Werkzeuge und so weiter. Dann wird diese Kultur von nachfolgenden Kulturen überlagert, die auf ihr aufbauen. Das geschieht immer und immer wieder. Die Überreste der ursprünglichen Kultur liegen jetzt tief unter den Schichten der archäologischen Zeitalter begraben. Wir erwähnen diese tieferen Schichten, weil einige von euch sie spüren und bereit sind, mit der Arbeit daran zu beginnen. Wir können hier jedoch keine Methoden zur Verfügung stellen, wie man am besten mit den tieferen Schichten arbeitet, weil das zu komplex für dieses Buch wäre. Wenn du interessiert daran bist, diese tiefere Arbeit anzugehen, schaue dir unsere Website und die Kurse an, die wir anbieten.

✶ ✶ ✶ ✶ ✶

Du bist also wie ein Archäologe, der allmählich Schicht für Schicht abträgt, bis du an deine eigenen Wurzeln gelangst. Das »Energy Balancing«, mit dem wir gerade begonnen haben, setzt einen Prozess der Reinigung, des sich Öffnens und des Entdeckens in Gang. Wir möchten dich sehr dazu ermutigen, das Reinigen deines Feldes jeden Tag zu üben. Du wirst dich dadurch nicht nur besser fühlen und auf einem viel höheren Niveau arbeiten können. Deine energetischen Fähigkeiten werden gestärkt, deine Vitalität nimmt zu und dein Leben läuft auf allen Ebenen besser ab. Letztlich ist darin das Versprechen enthalten, dass der größte archäologische Schatz aller Zeiten enthüllt wird: deine Essenz, das »Goldene Wesen« in deinem Zentrum.

**Das »Goldene Wesen«**
In unserer Essenz ist jeder von uns unglaublich strahlend.

## Übung 3.5  Reinige dich in der Öffentlichkeit von Energien

Es ist toll, wenn du dir die Zeit nehmen kannst, dein Feld gründlich zu reinigen. Aber realistisch betrachtet hast du nicht immer den Moment für dich allein, um dies zu tun. Deshalb folgen hier einige Möglichkeiten, wie du dich unauffällig reinigen kannst, wenn du mit anderen zusammen bist.

### 1. Der Stretch nach vorn

*Lege die Hände ungefähr auf Herzebene vor deine Brust. Dann drehe die Innenflächen nach außen. Drücke sie nach vorn, als wolltest du dich strecken. Wenn die Hände ganz nach vorn ausgestreckt sind, bewege sie zu den Seiten hin. Du kannst das mehrere Male hintereinander machen, ohne dass es jemandem auffällt.*

### 2. Dein mächtiges Bewusstsein

*Obwohl deine Hände beim Lenken von Energie sehr leistungsfähig sind, kann allein dein Denken das Gleiche bewirken. Erinnere dich: Energie folgt der Aufmerksamkeit. Wenn du dir vorstellst, dass die Energie sich bewegt, bewegt sich die Energie auch. Stell dir also vor, dass deine Hände dein Feld klären. Tu dies in deiner Vorstellung genauso, als würdest du wirklich die Hände benutzen.*

### 3. Atmen bewegt Energie

*In Indien wurde das Atmen zu einer kraftvollen Wissenschaft namens Pranayama. Zu den einfachsten Atemtechniken gehört ein Vorgang, den du ohnehin ganz natürlich machst: Nimm einen tiefen Atemzug. Konzentriere deine Aufmerksamkeit dabei auf die Lebenskraft (Chi oder Prana), die durch die Luft in dich hineinfließt. Visualisiere, wie diese dich von innen füllt und sich nach außen ausdehnt, um das Zeugs, das dich verstopft, hinauszudrängen. Dann atme etwas stärker aus als normal, eine Art schnelles, starkes, jähes Ausatmen. Während du das tust, stell dir vor, wie das ungeklärte Zeugs aus deinem Feld hinausgeblasen wird.*

## Übung 3.6 Weitere Werkzeuge für das Reinigen im Alltag

Zusätzlich zu den Hauptwerkzeugen, bei denen du die Hände zum Reinigen des Feldes einsetzt, gibt es einige energetische »Quick Fix«-Werkzeuge, die du wahrscheinlich bereits verwendest und jetzt noch geschickter und vor allem willentlich einsetzen kannst. Bei allen handelt es sich um ganz »normale« Alltagsaktivitäten, die Energie bewegen.

### Reinigen mithilfe des Körpers: Bewege deine Energie

*Wenn du ein Läufer bist, laufe. Wenn du gern tanzt, tanze. Wenn du gern in ein Fitnessstudio gehst, trainiere. Ganz gleich, welche Bewegungsform dir liegt, bewege dich jetzt. Indem du deine Energie in Bewegung setzt, wird dein System durchgespült und das Zeugs abgeschüttelt.*

### Reinigen mithilfe des Atems: Tiefenatmung

*Eines der simpelsten und leistungsfähigsten Werkzeuge, das am einfachsten verfügbar ist und du überall einsetzen kannst, ist das Atmen. Wenn du voller Zeugs bist und dein System vollgestopft ist, atmest du unbewusst sehr flach und oberflächlich. Beginne damit, einige Male ganz tief durchzuatmen, um deine Energie in Bewegung zu setzen. Öffne deine Kiefer und bewege deine Schultern und Hüften, während du atmest.*

### Reinigen mithilfe der Energie und des Körpers: Pumpen

*Am unteren Ende der Wirbelsäule befindet sich ein großes Energiereservoir. Die meisten von uns kennen es als »Sexualität«, aber es hat eine tiefere Bedeutung. In Indien nennen sie es die Kundalini oder das »Reservoir der Lebensenergie«. Es kann durch eine Pumpbewegung aktiviert werden.*

### Reinigen mithilfe von Gefühlen: Schreie es hinaus

*Gefühle sind Energie. Manchmal müssen sie lediglich freigesetzt werden. Es geht nichts über einen lauten Schrei oder ein Löwengebrüll, um sie in Bewegung zu setzen. Schrei deine Gefühle in ein Kissen hinein oder gegen die Windschutzscheibe* deines Autos oder in die Wellen oder in den Wald. Du kannst auch die »Kauderwelsch«-Methode (»Gibberish«) versuchen, indem du einfach Nonsense-Laute von dir gibst.

### Reinigen mithilfe des Verstandes: Verwende ein positives mentales Bild

Lenke die Aufmerksamkeit auf einen positiven Gedanken oder ein positives Bild. Da Energie der Aufmerksamkeit folgt, wird dieses Bild dein Energiefeld positiv beleben. Ein mentales Bild kann durch verbale Wiederholung gestärkt werden. Du kannst die folgenden Worte verwenden oder dir eigene ausdenken:

»Ich bin ein ›Goldenes Wesen‹ des Lichts. Das ist nur Zeugs, das mein System verstopft, und ich setze es frei.«

# 4 Zentriere dich selbst

## Ritamas spiritueller Weg beginnt

Ritamas Geschichte:

*Mein spiritueller Weg begann in meiner Tanzakademie. Ich erinnere mich genau an den Moment, an dem mein neues Ich geboren wurde. Als ich in der Akademie begann, war ich eifrig und voller Talent. Tanzen war eine Freude, und ich liebte es, aufzutreten. Ich hatte Vertrauen in mich selbst – ich wusste, ich war gut darin. Ich war sogar etwas eingebildet! Ihr könnt euch meinen Schock vorstellen, als ich in einem Kurs die Benotung »mangelhaft« erhielt. »Warum? Wie ist das möglich? Ich? Ich bin eine der besten Tänzerinnen der Schule. Da stimmt doch was nicht mit der Lehrerin. Ich muss wirklich mal mit ihr reden.«*

*Ich war aufgebracht und ging zu ihr. Sie sagte: »Ritama, du hast keine Verbindung mit deinem Zentrum.« Ich hatte keine Ahnung, wovon sie redete. Meine Antwort kam sofort: »Und dafür geben Sie mir ein ›mangelhaft‹? Können Sie das denn nicht ändern? In allen anderen Kursen habe ich ein ›sehr gut‹ bekommen.«*

*»Nein«, sagte sie. »Ich tue das, weil ich deine Aufmerksamkeit wecken muss. Eines der wichtigsten Dinge, um eine hervorragende Tänzerin zu werden, ist, zentriert zu sein.«*

*Ich konnte fühlen, dass sie es gut meinte, und spürte intuitiv, dass sie recht hatte, aber verstandesmäßig hatte ich keine Ahnung, wovon sie sprach. Ich verstand das Konzept nicht. Wo ist mein Zentrum? Welches Zentrum? Wie komme ich damit in Kontakt? Wenn ich nicht in meinem Zentrum war, wo war ich dann?*

*Dieser Moment initiierte für mich eine Reise: die Suche nach meinem Zentrum. Dennoch entzog sich mir das Zentrum lange Zeit. Was ich jedoch bald entdeckte, war ein wichtiger Schritt auf dem Weg: nämlich die Erkenntnis, dass und auf welche Weise ich mich außerhalb meines Zentrums befand.*

## Woher weiß man, dass man »nicht zentriert« ist?

Wir kennen alle das Gefühl, außerhalb unseres Zentrums zu sein, wir haben einen großen Teil unseres Lebens so verbracht!

- Du hast sicher schon erlebt, dass du dich unsicher oder angespannt fühltest.
- Vielleicht warst du nicht ganz präsent oder mit etwas anderem beschäftigt.
- Vielleicht war dein Handeln nicht so kraftvoll oder effektiv, wie du es gern gehabt hättest.
- Oder deine Gefühle waren in Aufruhr und verschleierten die Situation.
- Wenn du eine körperliche Aktion ausgeführt hast, warst du vielleicht ungeschickt.

All dies sind Beispiele dafür, dass wir unser Zentrum verloren haben.

»Nicht zentriert« zu sein spiegelt sich in vielen sprachlichen Ausdrücken wider:

>*»Ich bin völlig chaotisch/durcheinander.«*
>*»Ich habe nicht alle beieinander.«*
>*»Ich bin weggetreten.«*
>*»Ich stehe neben mir.«*

Diese Ausdrücke sind mehr als metaphorische Beschreibungen dessen, wie wir uns fühlen. Sie beschreiben genau, was in unserem Energiekörper geschieht!

## Die Hauptrichtungen, in die wir uns vom Zentrum wegbewegen

Die folgenden Bilder zeigen die energetische Dimension einiger Arten und Weisen, wie wir unser Zentrum verlieren, und der Text gibt Hinweise darauf, wie du diesen nicht-zentrierten Zustand erkennst. Wenn du dir die Bilder anschaust, bemerkst du vielleicht, dass jedes Bild ein bestimmtes Gefühl im Körper hervorruft. Das ist dein Energiekörper, der sich umformt, allein dadurch, dass du das Bild ansiehst. Wahrscheinlich erkennst du alle Situationen wieder, aber welches löst die größte Resonanz in dir aus?

Es gibt noch viele andere Wege, wie wir uns aus unserem Zentrum wegbewegen können, die wir hier nicht aufgeführt haben, wie zum Beispiel sich zur Seite oder zur Diagonale dezentrieren. Füge deine eigene, dezentrierte Richtung hinzu.

### Deine Energien befinden sich vor dir

Gefangen im Tun und im Antreiben, um deine Ziele zu erreichen

Zu viel des Guten tun, um dich um andere zu kümmern und sie zufriedenzustellen

*Vor dir:*
- *verhakelt im Tun oder Agieren*
- *überdreht oder zerstreut*
- *aggressiv*
- *diktatorisch oder penetrant*
- *sich selbst beweisen wollen*
- *zu viele Bälle jonglieren*

*Vor dir:*
- *andere zufriedenstellen wollen*
- *sich um andere kümmern*
- *emotional überengagiert*
- *Aufmerksamkeit erheischen*

## Deine Energien sind zusammengezogen

Fest und eingefroren

## Deine Energien befinden sich hinter dir

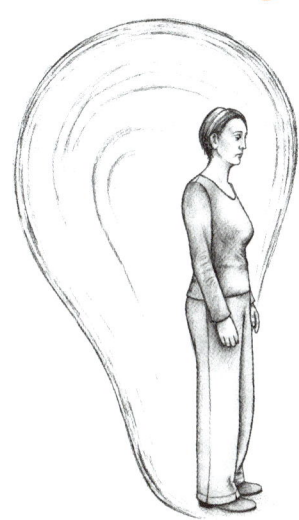

**Zusammengezogen oder hinter dir:**
- fest oder eingefroren
- übersensibel
- abwehrend
- sich wie ein Opfer fühlen
- sich verstecken, ausweichen

Verknotet und hinter dir selbst

## Deine Energien befinden sich über dir

**Über dir:**
- abgespalten von deinem Körper
- weggetreten, tagträumerisch
- nicht geerdet
- zu viel im Kopf
- zu »spirituell«, nicht realistisch

Zu sehr in Gedanken und nicht verbunden mit dem Körper/den Gefühlen

Weggetreten, verträumt

# Deine Energien sind ganz unten

**Unten:**
- *müde, leer, wenig Energie*
- *faul, Couch Potato, Stubenhocker*
- *Antrieb verloren*
- *Süchte: Essen, Trinken, Drogen, Sex*
- *hoffnungslos, traurig, deprimiert*

Wenig Energie,
sich dahinschleppen

Schlapp und träge

Ritamas Geschichte:

*Als ich mir meines Energiefeldes bewusster wurde, war meine erste Erkenntnis, dass ich mich vor mir selbst befand. Das hatte viele Konsequenzen. Auf der technischen Ebene hatte ich beim Tanzen Probleme mit dem Gleichgewicht. Auf der Ebene der Performance erhielt ich nach einer Tanzvorführung die Rückmeldung, dass ich zu viel gab. Und in meinem Privatleben war ich oft übermächtig und herrisch, und andere fühlten sich von mir überwältigt.*

*Das Bewusstsein, dass ich vor mich selbst trat, führte zu meinem nächsten Schritt: Wie komme ich wieder nach innen zurück? Ein ganz neuer Bereich der Schule, der für mich zuvor uninteressant gewesen war, zog mich plötzlich stark an. Die Suche nach meinem Zentrum entbrannte so sehr in mir, dass ich mich entschied, zur Fakultät für Modernen Tanz zu wechseln. Dort beruhten die Kurse auf Atem und*

*Yoga, und ich begann ein Tai Chi-Training. Durch all diese neuen Methoden verstand ich allmählich, was es bedeutete, mich zu mir selbst zurückzuholen und nach innen zu gehen.*

# Dein Feld ins Zentrum zurückbringen

Mit der folgenden Übung kannst du experimentieren, um dein Feld wieder ins Zentrum zurückzubringen. In den abgebildeten Schritten wirst du angeleitet, deine Hände zu benutzen, um deine Energie vom dezentrierten Zustand wieder in den zentrierten Zustand zu bringen. Hierzu als allgemeiner Hinweis: Wenn du deine Hände bewegst, bewege sie langsam. Aber vertraue deiner Intuition, um sie, so wie es gebraucht wird, stärker oder sanfter zu bewegen. Visualisiere, während du die Hände bewegst, wie die Energien wieder zu einem gesünderen Fluss zurückkehren.

## Übung 4.1   Bring dein Energiefeld ins Zentrum zurück

### A. Vorbereitung

#### 1. Wähle deinen dezentrierten (unausgeglichenen) Zustand

*Such dir aus den vorhergehenden Zeichnungen eine aus, die am besten die Art und Weise zum Ausdruck bringt, in der du normalerweise dezentriert bist, also dein Zentrum verlierst.*

#### 2. Gehe in diesen dezentrierten Zustand hinein

*Gib dir Zeit, diesen Zustand einzunehmen und das körperliche Gefühl wahrzunehmen.*

### B. Kernübung

#### 3. Wähle (in Entsprechung zu deinem dezentrierten Zustand) eine der nachfolgenden Zentrierungsbewegungen aus und bringe deine Energien ins Zentrum zurück:

### Vor dir

Fühle, wo deine Energien ausgedehnt sind, und setze einfach die Hände ein, um sie näher an deinen Körper heranzuziehen. Sammle deine Energie und atme sie wieder nach innen.

### Hinter dir

Halte deine Hände etwas hinter deinem Körper, eine Hand auf jeder Seite, Handflächen zeigen nach vorn. Bewege die Hände langsam nach vorn und bring dadurch deine Energien wieder ins Zentrum zurück.

### Zusammengezogen

Setze die Hände ein, um die zurückgezogenen oder zusammengezogenen Energien auszudehnen. Öffne deine Energie wieder und atme sie nach vorn aus. Visualisiere, wie die Energie hinaus und vorwärts strömt.

**Vor dir**
Die Energie wieder
nach innen holen

**Hinter dir oder Zusammengezogen**
Zusammengezogene Energien
nach außen öffnen

**Über dir**
»Weggetretene« Energien
nach unten bringen

**Unten**
Die Energien nach oben heben

## *Über dir*

*Hole deine Energie, deine Gedanken und Ideen wieder auf die Erde zurück. Ziehe und streiche die Energien mit deinen Händen hinunter, in deinen Körper hinein und zum unteren Ende der Wirbelsäule.*

## *Unten*

*Hebe deine schlappen Energien wieder nach oben an. Benutze deine Hände, um die Energien rund um deinen unteren Körperbereich einzusammeln. Atme ein und streiche sie hinauf zum Scheitelpunkt deines Kopfes.*

## 4. Setze deinen Atem ein, um dich zu zentrieren

*Sammle deine Energien mit dem Einatmen ein und dehne die Energien mit dem Ausatmen wieder aus.*

## C. Abschluss

**5. Stimme dich auf deine neue Balance ein**

*Nimm dir etwas Zeit, um dich an dieses Gefühl des ausbalancierten Zustandes zu gewöhnen und zu spüren, wie das deinen Körper, deine Gefühle und deinen Geist beeinflusst.*

### Kurzanleitung

1. Wähle deinen dezentrierten (unbalancierten) Zustand
2. Gehe in diesen dezentrierten Zustand hinein
3. Wähle deine Zentrierungs-Bewegung und balanciere dich aus
4. Setze deinen Atem ein, um dich zu zentrieren
5. Stimme dich auf deine neue Balance ein

# Was es bedeutet, zentriert zu sein

Ritamas Geschichte:

*Ich entdeckte etwas über Zentrierung, das mit meinem tieferen Kern zu tun hatte, meinem physischen und energetischen Zentrum.*

*Mein Tai Chi-Lehrer sagte mir, ich solle meine Wirbelsäule spüren und mir dann vorstellen, dass sich davor ein Energiekanal befindet, genau in der Mitte meines Körpers. Ich war so sehr auf das Äußere konzentriert, dass es für mich schwierig war, meine Aufmerksamkeit in meinen Körper zu lenken. Ich musste meine Aufmerksamkeit um 180° drehen, vom Blick nach draußen zum Blick nach innen.*

*Es war eine überwältigende Erfahrung, langsam in meinen Körper zu kommen und in seiner Mitte zu sein. Ich konnte den Widerstand und das Unbehagen fühlen. Aber es war auch neu und aufregend. Als ich das Zentrum berührte, brachte das ein unglaubliches Gefühl der Freude und des Friedens mit sich. Und dann verlor ich es wieder! Es war wie das Flackern eines Lichtes, kurz da und dann wieder weg. Ich wusste in diesem Augenblick, dass ich das zu meiner Aufgabe machen musste. Es war das unglaublichste Gefühl, das ich je hatte. Ganz gleich, wie oft ich es wieder verlieren würde, ich war entschlossen, es zu finden – und zu behalten!*

*Und langsam wuchs dieses magische Gefühl, in meinem Zentrum zu sein, zu einer größeren Flamme heran. Ich hatte einen Ort im Innern gefunden, an dem ich das Gefühl hatte, nach Hause zu kommen, in meinem köstlichen Selbst ruhen zu können.*

Kannst du dich an einen Augenblick erinnern, in dem du dich einfach wunderbar gefühlt hast, weil du in deinem Optimum, in einem Zustand der Ausgeglichenheit, der Klarheit und im Fluss warst, im »Flow«?

Es gibt viele Arten und Weisen, wie das geschehen sein kann. Vielleicht warst du am Arbeiten und hoch produktiv. Vielleicht warst du mit einem geliebten Menschen zusammen, und es floss einfach alles zwischen euch. Oder du hast dich körperlich betätigt – Sport, Autofahren, Spazierengehen in der Natur –, und da war ein Zustand der Ausgeglichenheit, der Klarheit und des Im-Fluss-Seins, in dem du dich einfach wunderbar fühltest.

In all diesen Augenblicken warst du zentriert. Etwas in dir war im Gleichgewicht. Einen Moment lang warst du ganz: Deine vielen Anteile funktionierten als Einheit und völlig harmonisch.

Zentriert zu sein, fühlt sich großartig an! Es gibt nichts Vergleichbares. Du fühlst dich essenziell als DU, als dein optimales Selbst, dasjenige, von dem du immer gewusst hast, dass es da ist.

### Zentriert sein ist ein Gefühl wie:
- *zu dir nach Hause kommen*
- *in dir ruhen*
- *deine Energien sind ausgerichtet und arbeiten harmonisch zusammen*
- *du fühlst dich im HIER UND JETZT und im FLOW (Fluss)*

# Der Kernkanal

**ENERGIE-PRINZIP 8:**
## Das Zentrum – ein energetischer Ort

*Das Zentrum ist ein energetischer Ort in der Mitte deines Körpers. Es ist ein vertikaler Energiekanal, der vom untersten Ende der Wirbelsäule bis zum Scheitelpunkt des Kopfes verläuft.*

Es gibt einen Grund, warum bei dieser Erfahrung vom »Zentrum« die Rede ist. Du bist im wahrsten Sinne des Wortes mit dem Zentrum deines Selbst verbunden. Das ist tatsächlich ein Ort. Es ist eine reale physische Stelle innerhalb deines Energiefeldes.

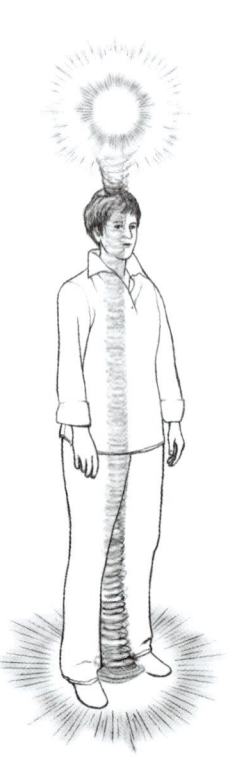

Das Zentrum und der Kernkanal

## DEFINITION: Der Kernkanal

*Genau im Zentrum deines Energiekörpers befindet sich ein senkrechter Energiekanal, der sich vom untersten Ende der Wirbelsäule bis zum Scheitelpunkt erstreckt. Er verläuft parallel zur Wirbelsäule, sitzt aber davor, in der Mitte deines Rumpfes.*

## Übung 4.2   Erlebe deinen Kernkanal

**Indem du dir deines Kernkanals bewusst wirst, kannst du die Verbindung zum Zentrum gezielt kultivieren. Und der beste Weg dahin ist, ihn zu erleben.**

*1. Schließe die Augen und richte deine Aufmerksamkeit nach innen.*

*2. Spüre die Wirbelsäule. Stell dir vor, dass es eine Energiesäule direkt vor deiner Wirbelsäule gibt. Sie erstreckt sich von der untersten Stelle der Wirbelsäule bis zum Scheitelpunkt des Kopfes. Wir nennen das den Kernkanal.*

*3. Visualisiere deinen Kernkanal. Vielleicht siehst du ihn als einen Kanal aus hellem Licht. Für manche ist es eher ein nächtlicher Himmel, dunkel, aber voller glitzernder Sterne. Finde ein Bild, das am besten für dich funktioniert.*

*4. Verbringe dort ein paar Minuten. Es ist ein wunderbarer Ort, um sich auszuruhen. Es ist wie ein Heimkommen zu deinem Selbst.*

*5. Nimm langsame und tiefe Atemzüge. Lass dich mit jedem Atem tiefer in deinen Kern fallen. Ruhe mehr und mehr im Innern.*

**Der Kernkanal wird dein Zentrierungspunkt werden, der Ort, an dem du zur Ruhe kommen kannst.**

Die Erfahrung des Zentrums wächst mit der Zeit. Jedes Mal, wenn du dein Zentrum betrittst, »ätzt« sich das tiefer im Energiegewebe deines Feldes ein.

# Das dynamische Zentrum:
# die Freude am Fluss innerhalb des Zentrums

Ritamas Geschichte:

*Ich dachte, ich hätte es gefunden – dieses wundervolle Gefühl, in meinem Zentrum zu ruhen. Ich hatte keine Ahnung, dass noch mehr kommen sollte. Mein Lehrer führte mich zu einem neuen und dynamischen Ort, einem Zentrum, an dem ich den Energiefluss, der durch meinen Kern strömte, spüren konnte. Es war so dynamisch und lebendig. Da war ein Gefühl der Bewegung im Innern. Das brachte so viel Energie mit sich, dass ich das Gefühl hatte, mein Bewusstsein explodiert.*

*Es war wie ein Lichtstrahl, der sich unten an meiner Wirbelsäule öffnete und durch meinen ganzen Körper hinauflief, um wie eine strahlende Sonne am Scheitelpunkt meines Kopfes hervorzubrechen. Es war eine unglaubliche Erfahrung. Es war das beste Hochgefühl, das ich je erlebt hatte – besser als Sex, besser als Drogen, sogar besser als Tanzen!*

### DEFINITION: **Das dynamische Zentrum**
*Dies ist die Erfahrung eines dynamischen Energieflusses, der durch deinen Kern strömt, vom untersten Ende deiner Wirbelsäule bis hinauf zu deinem Scheitelpunkt.*

Das Zentrum ist nicht statisch in der Form, dass wenn du es einmal erreicht hast, du dort angekommen bist. Es ist dynamisch und entwickelt sich. Schichten für Schichten, Tiefen über Tiefen entfalten sich nach und nach. Im Verlauf des Buches werden wir neue Erkenntnisse und Werkzeuge hinzufügen, die dir helfen sollen, deine Verbindung mit dem Zentrum zu vertiefen.

**ENERGIE-PRINZIP 9:**

# Das Zentrum – ein energetischer Zustand

*Zentriert zu sein ist ein energetischer Zustand, bei dem deine Energie im Kernkanal verankert ist und in deinem gesamten Energiesystem Ausrichtung und Integration herbeiführt.*

Dieser tiefe Zentrierungszustand und das Fließen der Lebenskraft im Innern sind in vielen Kulturen und Mysterienschulen seit jeher bekannt. In Indien ist die gesamte Wissenschaft des Yogas – und nicht nur des Hatha Yogas, das die meisten Menschen kennen (die Streck- und Kräftigungsübungen, die in vielen Fitnessstudios gemacht werden) – auf den Kernkanal und das Erwecken und Bewegen der Energie in dessen Innern ausgerichtet.

---

*Zweige des Yoga, die sich auf den Kernkanal fokussieren:*

1. *Raja Yoga: das Yoga der Meditation*
2. *Kriya Yoga: das Bewegen von Energie die Wirbelsäule hinauf*
3. *Laya Yoga: die Aktivierung der Energiezentren (Chakras)*
4. *Kundalini Yoga: das Erwecken von Energie am unteren Ende der Wirbelsäule und das Hinaufbewegen dieser Energie*
5. *Tantra Yoga: das Erwecken der sexuellen Energie und das Hinaufbewegen dieser Energie*

---

## Der Baum

Es gibt eine Metapher, die bis in die Antike zurückreicht und dir hilft, den tieferen Kern zu öffnen. Auch wenn dafür ein Bild verwendet wird, ist es doch viel mehr als das – es beschreibt einen realen energetischen Zustand.

Es ist das Bild eines Baumes. Der Baum hat seine Wurzeln tief in der Erde, in der er verankert ist und aus der er Nährstoffe bezieht. Sein Stamm erhebt sich senkrecht vom Boden weit in den Himmel hinauf. In der Baumkrone ist ein breites Dach aus Blättern und Blüten, das den Baum zum unendlichen

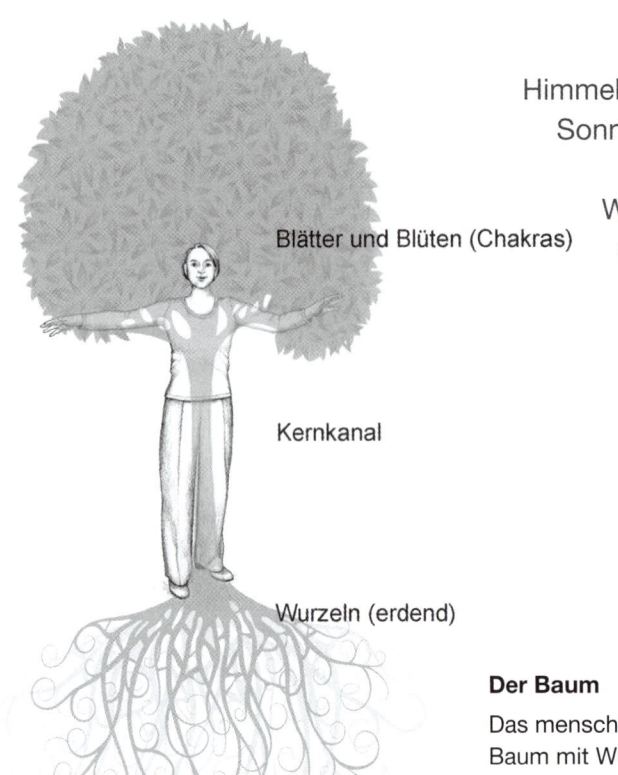

Himmel darüber öffnet und das lebensspendende Sonnenlicht aufnimmt.

Wir können gar nicht genug die energetische Wahrheit hinter diesem Bild hervorheben, und auch den Nutzen, den du daraus ziehen wirst, wenn du damit arbeitest. Solltest du die Übung idealerweise einmal am Tag zehn Minuten lang machen können, wird sie dein Leben verändern. Und selbst wenn sie nur unregelmäßig ausgeführt wird, ist die »Baum-Übung« unermesslich wirksam.

Blätter und Blüten (Chakras)
Kernkanal
Wurzeln (erdend)

**Der Baum**
Das menschliche Energiesystem ist wie ein Baum mit Wurzeln, einem Stamm und Ästen.

**Übung 4.3 Erde dich und dehne dich aus wie ein Baum (Baum-Übung)**

Du kannst die Übung im Stehen oder Sitzen durchführen. Wichtig ist, dass deine Wirbelsäule aufrecht und nicht gekrümmt ist.

**A. Vorbereitung: Erdung**

**1. Stimme dich auf deine Basis ein**

*Am untersten Ende der Wirbelsäule, am Steißbein, befindet sich ein Energiezentrum, das Basis genannt wird. Atme ein paar Mal tief in dieses Basis-Zentrum hinein. Jetzt stell dir vor, wie sich dein Kernkanal nach unten erweitert, von der Basis hinunter in die Erde reicht – wie ein Baum, der tiefe Wurzeln wachsen lässt. (Wenn du stehst, lass die Energie die Beine hinunter durch die Füße und in die Erde gehen.)*

## 2. Lass deine Wurzeln wachsen

*Halte eine Hand vor deine Basis und eine dahinter, die Handflächen zeigen nach unten, und bewege sie sanft nach unten. Stell dir vor, dass deine Hände dir helfen, die Energien des Basis-Zentrums nach unten zu öffnen. Verbinde dich mit der Erde. Sieh deine »Wurzeln«, die tief in der Erde verankert sind. Fühle, wie sie dir Erdung und Stabilität geben.*

## B. Kernübung

### 3. Lade deine Basis auf

*Während du fest in der Erde verwurzelt bleibst, atme nun die Energien aus der Erde hinauf ins Basis-Zentrum. Jedes Einatmen ist wie das Hochsaugen von Flüssigkeit durch einen Strohhalm, das Hochziehen der Energien aus der Erde nach oben in die Basis. Mach das einige Minuten lang.*

### 4. Bringe die Energie nach OBEN in die Krone

*Jetzt atme kräftig ein und sauge die Energie durch den ganzen Kernkanal hinauf bis ganz oben zum Scheitelpunkt. Wir nennen den Ort dort die Krone. Nimm nun die Hände und streiche sie den Kernkanal entlang hinauf und bis zum Scheitelpunkt. Tu dies vier Mal.*

### 5. Dehne deine Krone aus

*Atme in deine Krone. Stell sie dir wie die Blüten in deiner Baumkrone vor. Währenddessen setze deine Hände in einer aufwärts streichenden Bewegung um deinen ganzen Kopf herum ein, damit die Energien sich hier öffnen.*

### 6. Atme die Energien nach UNTEN

*Atme jetzt beim Ausatmen die Energien vom Scheitelpunkt des Kopfes durch den Kernkanal hinunter zum Basis-Zentrum. Wenn du möchtest, unterstütze das mit den Händen. Lenke diese hochfrequenten Energien hinunter in den Körper. Tu dies vier Mal, jedes Mal mit dem Ausatmen.*

## C. Abschluss

### 7. Ruhe im Innern

*Fühle den ganzen Baum. Deine Wurzeln sind tief in der Erde. Deine Krone ist geöffnet* und mit dem Himmel darüber verbunden. Fühle deinen Kern und ruhe darin.

**Kurzanleitung**

1. Stimme dich auf deine Basis ein
2. Lass deine Wurzeln wachsen
3. Lade deine Basis auf
4. Bringe die Energie nach oben in die Krone
5. Dehne deine Krone aus
6. Atme die Energien nach unten
7. Ruhe im Innern

Wenn du diese Übung beendet hast, schaue dich um. Viele Menschen haben danach den Eindruck, ihr Blick wäre klarer. Die Dinge wirken anders – frischer und lebendiger.

## Zentrieren im täglichen Leben praktizieren

Durch das Zentriert-Sein eröffnen sich unendliche Möglichkeiten für das Leben und für das Bewusstsein. In den fortgeschrittenen Stadien entfaltet sich das, was man mangels besserer Worte das »höhere Bewusstsein« nennen könnte.

Aber Zentrierung ist auch immanent zwecknah: für die Art und Weise, wie wir gehen, sprechen und unseren Alltag bewältigen.

Ritamas Geschichte:

*Ich kämpfte damit, das Zentrum in meinem Alltag zu halten, und bat meinen Tai Chi-Lehrer um Rat. Er sagte zu mir: »Sogar während ich mit dir spreche, ist ein Teil von mir auf mein eigenes Zentrum fokussiert. Selbst wenn ich andere Dinge tue, ist es so, als wäre ein Auge nach innen gewendet und ruhte in meinem Zentrum, während das andere Auge nach außen gerichtet ist.«*

Wir haben nun mehrere Werkzeuge aufgezeigt, durch die man sich mit dem Zentrum verbinden kann. Diese Werkzeuge haben dich deinen Kernkanal und den Fluss der Lebensenergie, die sich darin bewegt, erfahren lassen. Aber vielleicht fühlt es sich etwas sonderbar an, die »Bring dein Feld ins Zentrum zurück-Übung« oder die »Baum-Übung« mitten in einer geschäftlichen Besprechung zu machen. Wahrscheinlich würdest du dich nicht besonders wohl damit fühlen, zu sagen: »Könnte ich das Meeting für einen Moment unterbrechen? Ich möchte meine Energien ausbalancieren, indem ich mit den Händen vor mir herumfuchtle.« Klar!

Also folgen hier ein paar Möglichkeiten, wie du dich mitten in normalen Alltags-Aktivitäten zentrieren kannst.

### Übung 4.4  Die Zehn-Sekunden-Zentrierung

*1. Nimm einen tiefen Atemzug. Nun atme tief aus. Konzentriere das Ausatmen auf das Basis-Zentrum, das untere Ende der Wirbelsäule. Stell dir vor, dass die Spannungen dort hinausfließen. Versetz dich in das Gefühl der Erdung.*

*2. Atme in die Basis hinein und bring die Energie dann in den Kernkanal und hinauf zum Scheitelpunkt. Dehne sie aus.*

*3. Atme die Energie nun wieder deinen Kernkanal hinunter bis zum Basis-Zentrum.*

*Nimm deine Arbeit wieder auf. Schau, so weit wie möglich, mit einem Auge nach innen und atme weiter in das Zentrum hinein, während du deiner Arbeit nachgehst.*

### Übung 4.5  Die Zwei-Sekunden-Zentrierung

*Und wenn du nicht einmal die zehn Sekunden hast, um die obige Übung auszuführen, nimm einfach einen tiefen Atemzug von der Basis durch deinen Kernkanal hinauf bis zum Scheitelpunkt und atme dann deinen Kernkanal hinunter bis zum Basis-Zentrum.*

*Jetzt setze fort, womit du vorher beschäftigt warst.*

## Sich schnell zentrieren

Das Leben ist rasant! Also müssen wir auch das Zentrum schnell finden. Es ist großartig, wenn du dir wirklich die Zeit nehmen kannst, dich zu zentrieren. Aber was tun, wenn man mitten im Ärgsten drin steckt und die Energien einem nur so um die Ohren fliegen? Genau dann brauchst du das Zentrum am meisten, und das ist wahrscheinlich der Moment, an dem es am wenigsten möglich ist, sich dafür Zeit zu nehmen.

Dafür gibt es eine Form der »schnellen Zentrierung«. Auch wenn sie vielleicht nicht ganz so effektiv ist, wie wenn du dir die Zeit für ein ausführliches Zentrieren nimmst, wirst du erstaunt sein, wie nützlich diese Übung doch ist.

## In der Aktion zentriert sein

Jetzt, da dir die Grundlagen des Zentrierens bekannt sind, wollen wir das auf einige alltägliche Situationen anwenden, in denen wir in Aktion sind.

### Übung 4.6  Zentriere dich beim Gehen

*1. Komm als Erstes in dein Zentrum, wobei du jede der bisher besprochenen Methoden einsetzen kannst.*

*2. Jetzt geh einfach umher. Während du gehst, ist sozusagen ein Auge nach außen auf deine Umgebung gerichtet und das andere Auge nach innen auf dein Zentrum.*

*3. Stell dir vor, dass du »im Gleichgewicht« gehst. Halte die Verbindung mit deinem Kern aufrecht. Bleibe geerdet und zur Krone hin offen, während du die ganze Zeit über in Bewegung bist.*

Es ist erstaunlich, wie schnell die Aufmerksamkeit abschweift und wir die Verbindung mit unserem Selbst verlieren. Folglich sind wir schnell außer Balance. Wenn das geschieht, zentriere dich einfach neu. Du wirst das viele Male tun müssen, bevor du beständig zentriert bleiben kannst.

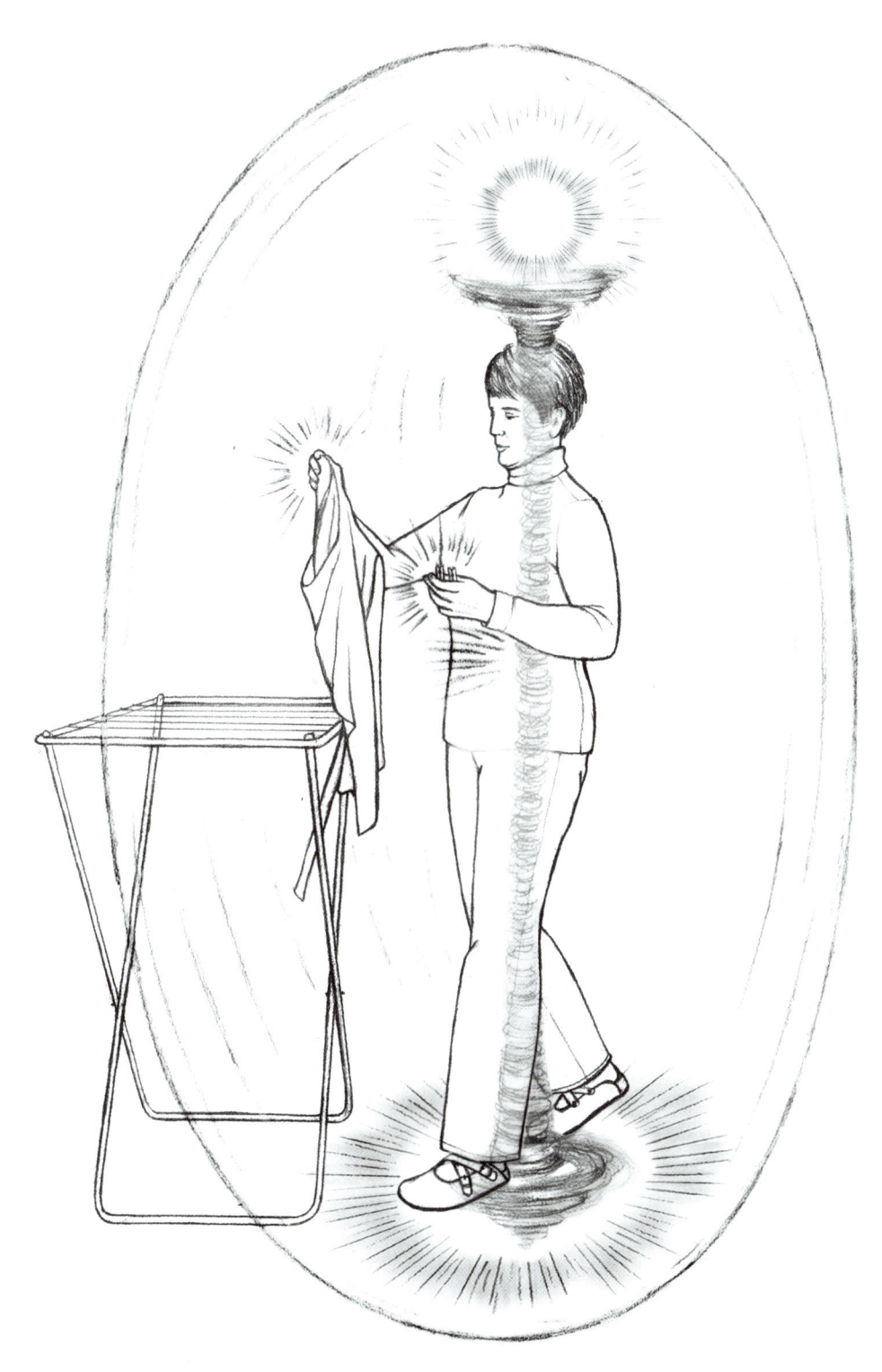

In der Aktion zentriert sein

### Übung 4.7  Zentriere dich bei Aktivitäten

*1. Finde etwas Einfaches, das die Koordination von Augen und Händen verlangt. Zum Beispiel, wenn du Händewaschen gehst, ein Stück Toast mit Butter bestreichst oder die Wäsche machst.*

*2. Wieder schaut ein Auge hinaus in die Umgebung, und das andere Auge ist nach innen auf dein Zentrum gerichtet. Halte die Verbindung mit deinem Kern aufrecht, während du in Bewegung bist.*

Gut. Wenn du dazu bereit bist, machen wir uns an schwierigere Dinge.

### Übung 4.8  Zentriere dich, während du in Beziehung trittst

*Lass dich auf eine Interaktion mit jemandem ein und bleibe dabei zentriert.*

Das ist nicht einfach! Mit anderen in Beziehung zu treten, ist eines der mächtigsten Dinge, die uns aus unserem Zentrum herausziehen können. Was das »Zentrumhalten« angeht, sind andere Menschen oft unsere größte Herausforderung. Stellst du also fest, dass du dezentriert bist, das heißt aus dem Gleichgewicht geraten, während du andere triffst, sei nicht so hart zu dir. Das geht allen so. Es könnte eine Weile dauern, bis du im Zusammensein mit anderen in deinem Zentrum bleiben kannst. Mit jedem Kapitel vertiefen wir den Prozess, dein Zentrum zu halten und wieder zu dir zurückzukommen.

## Stehaufmännchen

Du erinnerst dich wahrscheinlich an dieses Spielzeug aus Kindertagen. Es sah wie eine Puppe oder ein Boxsack aus, und der untere Bereich war mit

Sand oder Wasser gefüllt. Wenn du es umgestoßen hast, hat es sich wieder aufgerichtet. Es heißt Stehaufmännchen.

Diese Puppen sind ein Modell dafür, wer du in Zukunft sein wirst. Du wirst 1001 Mal umgehauen werden. Und du wirst lernen, schnell wieder ins Zentrum zurückzukehren. Auch wenn es anfangs länger dauert, bis du das Zentrum wieder gefunden hast, wird es dir immer schneller gelingen. In dem Maße, wie sich das Zentrum vertieft, wirst du nicht mehr so weit oder so oft umfallen. Und nach einiger Zeit wirst du feststellen, dass du den Großteil deiner Zeit im Zentrum lebst und nur hier und dort ein bisschen schwankst.

Das Stehaufmännchen

## Zentriert sein – die Grundlage für Höheres

Zentriert zu sein ist ungemein erfüllend. Es ist ein unfassbarer Lebenszustand und eine Freude in sich selbst. Du bist hier: präsent, dynamisch, vital und leistungsfähig. Deine Energien sind ausgerichtet und im Gleichgewicht, und deine Handlungen zeigen das. Zentriert zu sein ist schon an sich ein wertvolles Ziel, das man anstreben kann.

Und dennoch ist das nur der Anfang, denn zentriert zu sein wird zur Grundlage für so viel mehr. Alles andere, das du im Leben tust, profitiert davon. Jetzt steht dir deine Energie zur Verfügung. Die Stärke deiner Kreativität, deine höhere Intelligenz, deine Seele und dein Geist haben ein ausgeglichenes und integriertes Energiesystem, durch das sie aktiv sein können. Wenn du zentriert bist, bist du in Beziehungen liebevoller, deine Kommunikation ist klarer und deine Handlungen sind effektiver. Das Zentrum wird zur Basis für all die vielen Aspekte deines Seins, die dadurch aufblühen. Das Zentrum kommt Allem zugute.

# Die vier Richtungen des Energieflusses

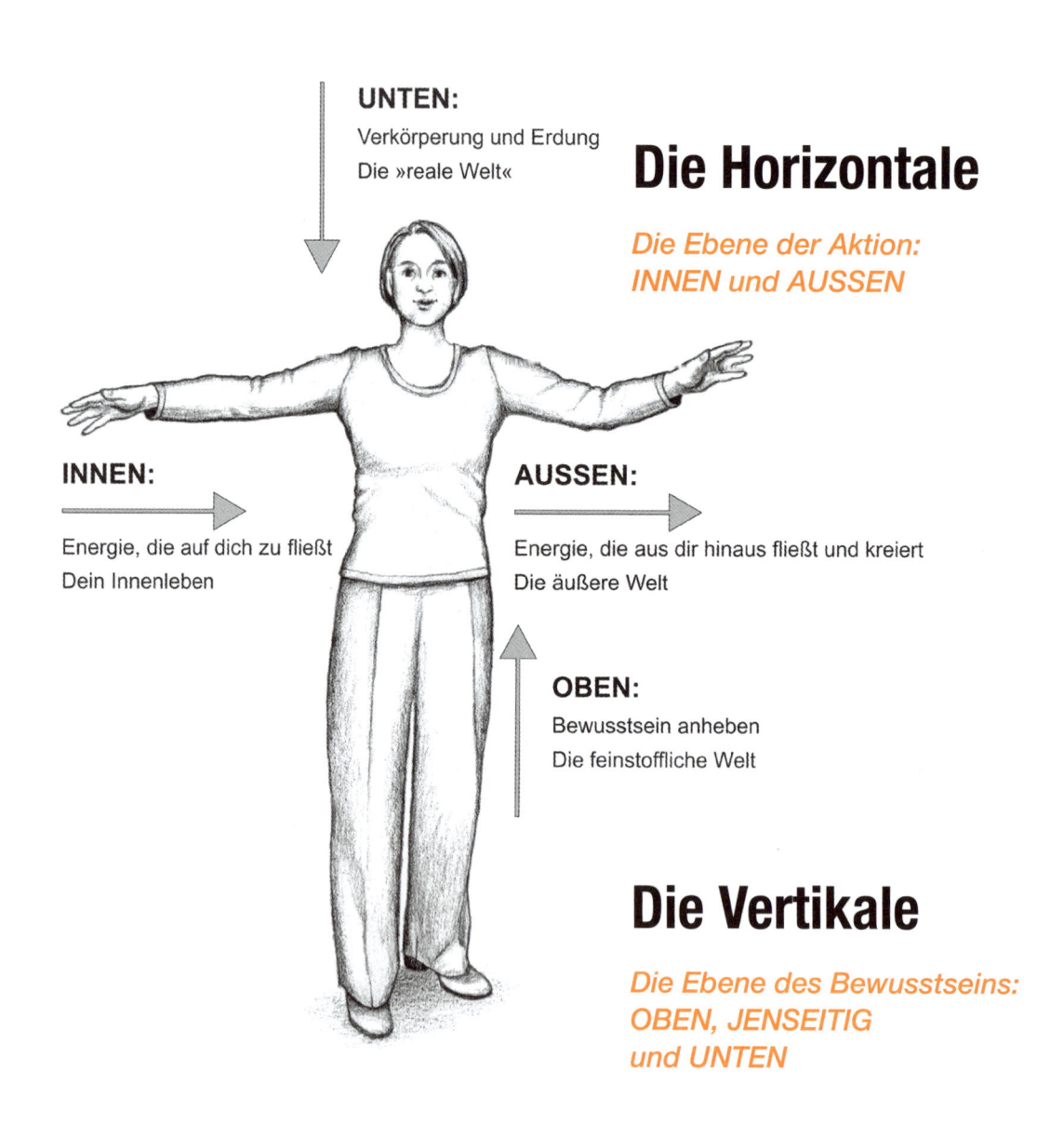

**UNTEN:**
Verkörperung und Erdung
Die »reale Welt«

## Die Horizontale

*Die Ebene der Aktion:*
*INNEN und AUSSEN*

**INNEN:**
Energie, die auf dich zu fließt
Dein Innenleben

**AUSSEN:**
Energie, die aus dir hinaus fließt und kreiert
Die äußere Welt

**OBEN:**
Bewusstsein anheben
Die feinstoffliche Welt

## Die Vertikale

*Die Ebene des Bewusstseins:*
*OBEN, JENSEITIG und UNTEN*

# 5 Die vier Richtungen des Energieflusses

## Die vier Richtungen des »Energy Balancing«

Wir sind ein Sammelpunkt für Energien, ein Zentrierungspunkt, um den herum Energien strömen – ein Energie-Wirbel. In jedem Moment fließt ein bemerkenswertes Spektrum an Energien in unser Energiefeld hinein und aus ihm hinaus.

Wir sind außerdem mächtige Energieumwandler. In unserem Innern zirkuliert und bewegt sich Energie, die kontinuierlich Form und Zustand ändert, je nachdem, wie ihre Schwingung im Dienst verschiedener Aufgaben modifiziert wird.

## Die zwei Ebenen des Energieflusses

Es gibt viele Ebenen und Richtungen des Energieflusses. Wir werden uns auf zwei konzentrieren – die horizontale und die vertikale.

**Die Horizontale** hat mit Aktion und mit Beziehung zu tun. Die Energie fließt von uns nach AUSSEN in die Welt, und Energien aus der Umgebung und von anderen fließen nach INNEN, in uns hinein. Wenn du sprichst, drückst du dich horizontal aus. Wenn du dich mit an-

Wir sind ein Sammelpunkt für Energien, ein Energie-Wirbel.

deren verbindest, verbindest du dich horizontal. Wenn du mit jemand in Beziehung stehst, ganz gleich ob Liebe oder Ärger zwischen euch hin und her fließen, ist es immer ein horizontales Fließen der Energie.

*Die Horizontale ist die Ebene der Aktion*
*und der Beziehung.*
*Die Vertikale ist die Ebene des Bewusstseins.*

**Die Vertikale** ist die Ebene des Bewusstseins. Sie ist eine innere Dimension, die mit der Energie, die in unserem Kernkanal fließt, und damit, wie wir fühlen und denken, zu tun hat. Die Art und Weise, wie Energie hier fließt, verändert die Qualität unserer Gedanken und Gefühle.

Auch wenn wir die Vertikale als eine innere Dimension beschreiben, hat sie doch ebenso einen äußerlichen Aspekt: Sie verbindet uns mit der Erde unter uns und öffnet uns für die Wunder des Bewusstseins über uns.

Diese beiden Dimensionen sind in einem Symbol dargestellt worden, das bis in die Antike zurückreicht – dem Kreuz.

Das Kreuz wurde in vielen Kulturen und religiösen Traditionen als spirituelles Symbol verwendet. Die esoterische Bedeutung hinter dem Kreuz ist das Zusammentreffen von Geist und Materie. Der vertikale Arm des Kreuzes stellt die herabsteigende Kraft des Geistes (Bewusstsein) dar. Der horizontale Arm stellt die Ebene der Materie (Form) dar. Das Kreuz soll das Symbol des Menschen sein, in dem sich Geist und Materie, Bewusstsein und Form begegnen.

**ENERGIE-PRINZIP 10:**
# Die vier Richtungen des Energieflusses

*Die Energie fließt, relativ zum Menschen gesehen, in vier Hauptrichtungen.*

## Die vier Richtungen, in die Energie fließt

Wenn diese zwei Ebenen sich kreuzen, erhalten wir vier Komponenten des Kreuzes: links horizontal, rechts horizontal, oben und unten. Jeder Arm repräsentiert eine Richtung, in die Energie fließt – nach INNEN und AUSSEN, nach OBEN und UNTEN. Jede Richtung stellt einen bestimmten Aspekt des Lebens und des Bewusstseins dar.

Ein Hauptschlüssel dafür, Energie effektiv einzusetzen, besteht darin, ein Verständnis für diese vier Richtungen sowie Fertigkeiten in jeder von ihnen zu entwickeln. Jede Richtung hat tiefgreifende Auswirkungen auf einen Bereich deines Lebens, indem sie dort spezifische Gefühle, Gedanken und Verhaltensweisen erschafft.

*Jede Richtung repräsentiert einen Pfad
für den Energiefluss.*

**Horizontale**
- nach INNEN repräsentiert die Energie, die in dich hineinfließt oder die du in dein System hineinnimmst
- nach AUSSEN repräsentiert die Energie, die aus dir hinausfließt und das, was diese in der Welt um dich herum verursacht

**Vertikale**
- nach OBEN repräsentiert die Energie, die Bewusstsein und Schwingung anhebt
- nach UNTEN repräsentiert die Energie, die konkretisiert und erdet

*Jede Richtung repräsentiert auch
einen Lebensbereich.*

- INNEN repräsentiert dein inneres Leben – die reiche Welt der Gedanken, Gefühle und Empfindungen im Innern
- AUSSEN repräsentiert die Welt außerhalb von dir – Menschen, Dinge und Orte
- OBEN repräsentiert eine Dimension des höheren Bewusstseins, die allen zur Verfügung steht – üblicherweise bezieht man sich hier auf Konzepte wie höhere Intelligenz, Seele oder Geist
- UNTEN repräsentiert dich, wie du im Körper bist, in diesem Moment, im Hier und Jetzt

Wir werden diese vier Richtungen in den folgenden Kapiteln im Einzelnen behandeln. Hier möchten wir dir zunächst einen Überblick, eine größere Perspektive davon geben, wie alles zusammenpasst.

## »INNEN – AUSSEN – OBEN – UNTEN«

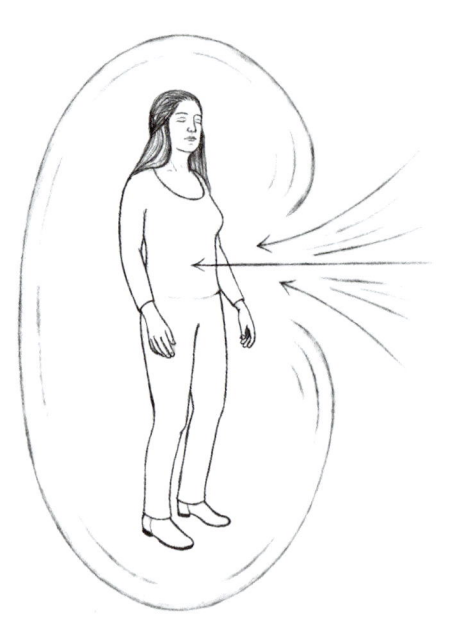

**Ein kurzer Überblick**

## INNEN

INNEN im Sinne einer Richtung repräsentiert Energien, die in dich hineinfließen. Jemand sagt zum Beispiel: »Ich liebe dich.« Es erreichen dich nicht nur diese Worte, es geht auch eine warme und liebevolle Energie damit einher, die auf dich zufließt und in dein Energiefeld eintritt.

Eine Vielzahl von Energieströmen aus der Welt um dich herum dringt ständig in dein Feld hinein. Ein wichtiger Aspekt dessen, deine Energie in Balance zu halten, ist es, zu verstehen, wie

**INNEN**
Richtung des Energieflusses: nach INNEN – Energien fließen in dich hinein
Ort: INNEN – dein Innenleben

**UNTEN:**
Verkörperung und Erdung
Die »reale Welt«

**INNEN:**
Energie, die auf dich zu fließt
Dein Innenleben

**AUSSEN:**
Energie, die aus dir hinaus fließt und kreiert
Die äußere Welt

**OBEN:**
Bewusstsein anheben
Die feinstoffliche Welt

diese Energien dich beeinflussen, und willentlich diejenigen aufzunehmen, die dir gut tun, und diejenigen nicht anzunehmen, die dir nicht gut tun.

INNEN im Sinne eines Ortes bezieht sich auf dein Innenleben, deine reiche innere Welt der Gefühle, Gedanken und Energien. Wenn du deine Aufmerksamkeit nach innen lenkst, entdeckst du Schicht für Schicht dessen, wer du bist. Im Kern dieser Tiefen befindet sich dein Zentrum, deine Essenz. Wir werden uns im vorliegenden Buch viel darauf konzentrieren, wie man diese Essenz entdeckt und aus ihr heraus lebt.

## AUSSEN

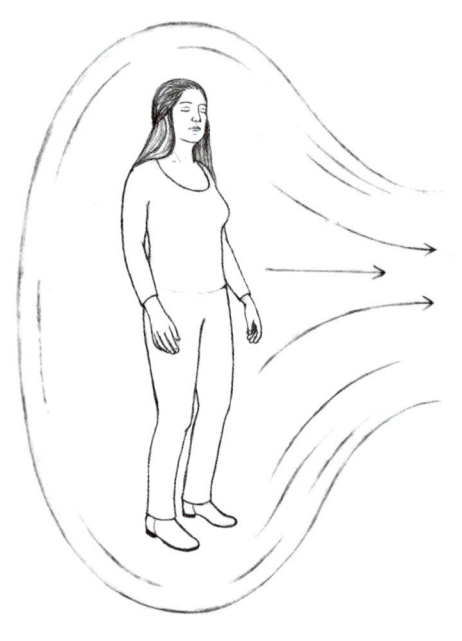

AUSSEN im Sinne einer Richtung bezieht sich auf die Energieströme, die aus dir nach AUSSEN in die Welt um dich herum fließen. Dies beinhaltet die Worte, die du äußerst, und die Energien, die du aussendest. Sagen wir, du willst ganz entschieden etwas haben. Dein Wille schwingt als kräftiger Energiestrom zu deiner Vorderseite hinaus. Wenn du mit dieser starken Schwingung zu einer anderen Person sprechen würdest, wäre das so, als zielte ein kräftig Wasser speiender Feuerwehrschlauch direkt in ihre Richtung.

Durch die nach außen strömende Energie beeinflusst und wirkst du machtvoll auf die Welt um dich herum ein. Um das zu erschaffen, was du möchtest, ist es von zentraler Bedeutung, zu lernen, mit den nach außen strömenden Energien umzugehen.

AUSSEN im Sinne eines Ortes ist das, was außerhalb von dir ist: Menschen, Orte, Dinge und die Energien, die sie enthalten, sind alles Teile des AUSSEN.

**AUSSEN**
Richtung des Energieflusses: nach AUSSEN – Energien fließen aus dir hinaus
Ort: AUSSEN – die äußere Welt, außerhalb von dir

# OBEN

OBEN im Sinne einer Richtung bezieht sich auf den Vorgang, Energien vom unteren Bereich des Körpers nach OBEN zu bewegen. Jedes Gefühl und jeder Gedanke haben einen Platz irgendwo in deinem Energiekörper. Die dichteren oder langsamer schwingenden Gefühle und Gedanken sitzen weiter unten im Körper, und in dem Maße, wie du dich nach oben bewegst, werden die Schwingungen deiner Gefühle und Gedanken zunehmend leichter und schneller.

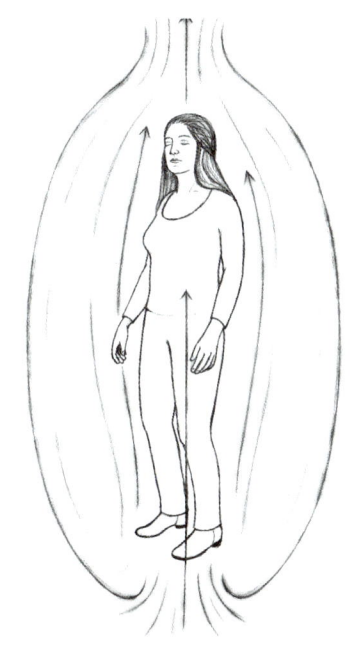

Ein Beispiel: Ärger sitzt im Bereich des Solarplexus (Sonnengeflechtes). Du bist vielleicht sauer auf jemanden und erfährst dann, dass sein Verhalten durch eine Tragödie ausgelöst wurde, die ihm gerade widerfahren ist. Plötzlich wird dein Ärger zu Mitgefühl. Die Energie hat sich von deinem Solarplexus hoch zu deinem Herzen bewegt.

**OBEN**
Richtung des Energieflusses: nach OBEN – Energien fließen in dir von niedrigeren hinauf zu höheren Orten
Ort: OBEN – am Scheitelpunkt deines Kopfes und darüber hinaus

Doch die Energie hat sich nicht nur nach oben bewegt, sie hat auch die Beschaffenheit ihrer Schwingung verändert. »Nach OBEN« bezieht sich auf diesen Vorgang der Bewegung von Energien mit dichterer Schwingung (wie beispielsweise Ärger) zu Energien feinerer Schwingungsart (wie beispielsweise Mitgefühl).

Wenn man die Selbstentfaltung durch die Augen der Energie betrachtet, kann der gesamte Prozess als eine Aufwärtsbewegung der Energie gesehen werden, bei der wir uns für feinere und subtilere Bewusstseins- und Energiezustände öffnen.

OBEN bezieht sich auch auf den Ort am oberen Ende deines Körpers – den Scheitelpunkt deines Kopfes und den Raum darüber. Mächtige Energien von hoher Frequenz haben hier ihren Platz. Sie umfassen deine höchsten Gedanken, Gefühle und Bestrebungen. Wenn man mit dem OBEN verbunden lebt, ist das eine erhebende Erfahrung.

## »Das JENSEITIGE«

Auch wenn wir von INNEN, OBEN, UNTEN und AUSSEN als den vier Hauptrichtungen sprechen, gibt es doch noch einen fünften Ort, der eine zentrale Rolle im »Energy Balancing« spielt. Wir nennen ihn das »JENSEITIGE«. Es ist eine Erfahrung, die sich am Scheitelpunkt deines Kopfes eröffnet. Hier berührst du eine Dimension des Bewusstseins und der Energie, die mangels besserer Worte mit »erleuchtet«, höherem Bewusstsein, deiner Seele oder deinem Geist bezeichnet werden kann. Wir nennen diese Dimension »jenseitig«, weil sie so weit jenseits der normalen Wahrnehmung liegt. Dieser Ort ist so enorm und erhellend, dass, wenn du ihn einmal berührt hast, das Leben nie wieder dasselbe ist.

## UNTEN

Das folgende Beispiel bezieht sich auf den Vorgang, Energien nach UNTEN zu bewegen, höhere Aspekte deines Selbst – Liebe, Mitgefühl, Vision und Inspiration – in deinen Verstand, deinen Körper und deine Persönlichkeit hinunter zu holen.

> *Ich, Kabir, arbeitete einmal in einem abgelegenen Urlaubsort in Thailand an einem Buch. Ich saß dort in Meditation, mit einem Laptop auf dem Schoß. Immer wieder schoss plötzlich ein Blitz der Erkenntnis durch meinen Kopf, den ich sofort aufschrieb. Wenn ich nur ein Zehntel dessen, was ich erkannte, aufschreiben konnte, war das schon viel. Es war so frustrierend! Da gab es einen Ort der höheren Intelligenz in mir, der mich mit Erkenntnissen überschüttete, aber ich war nicht in der Lage, diese Einblicke festzuhalten und sie durch meinen Verstand hinunter zu bringen und in Worte zu fassen.*

Ein anderes, bodenständigeres Beispiel für UNTEN ist eines, das die meisten von euch kennen. Wir haben viele Ideale. Nehmen wir an, du stellst dir vor, wie du fitter und gesünder leben könntest. Du beschließt, eine Diät zu machen, und erstellst einen Übungsplan. Das ist dein höherer Verstand in Aktion. Aber jetzt musst du dein Ideal auf das Essen und das Training anwenden. Dein Höheres versucht, dein Niedrigeres zu lenken. Du versuchst, ein höheres Verständnis nach UNTEN in deinen Körper zu bringen.

UNTEN im Sinne einer Richtung bezieht sich darauf, deine Ideale, höherfrequenten Energien und das aufgeklärtere Selbst, von dem du weißt, dass du es sein kannst, in deinen Verstand, in die Gefühle, ins Energiefeld, in den Körper und in deine Persönlichkeit hinunter zu bringen.

UNTEN ist auch ein Ort – der untere Bereich deines Körpers und die Erde unter dir. Er ist »hier unten« in deinem Körper. Du bist geerdet, stabil, im Hier und Jetzt.

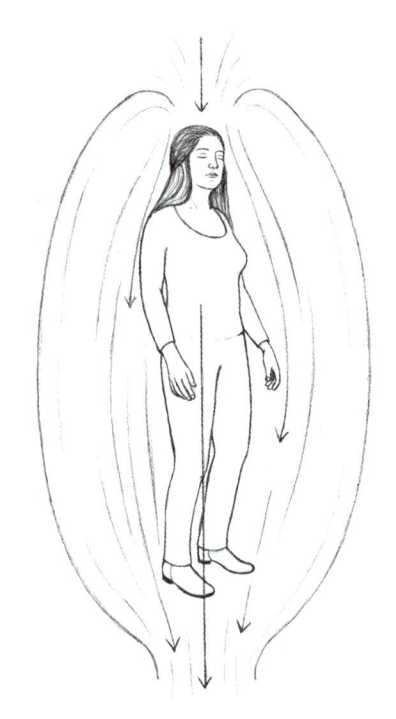

**UNTEN**
Richtung des Energieflusses:
nach UNTEN – von einem Ort über deinem Kopf
in den Körper hinunter bis zu den Füßen und in die Erde
Ort: UNTEN – sowohl der untere Bereich deines Körpers
als auch die Erde unter dir

* * * * *

## Der zirkuläre Fluss der Energie: »INNEN – OBEN – UNTEN – AUSSEN«

Auch wenn wir dieses Buch in zwei Bereiche gegliedert haben – die horizontale Ebene der Aktion, also die Energien, die wir nach INNEN und nach AUSSEN senden, und die vertikale Ebene des Bewusstseins, nach OBEN und nach UNTEN – gibt es noch eine weitere Gliederung, die wir in den fortgeschrittenen Lektionen des »Energy Balancing« behandeln: nämlich den zirkulären Fluss der Energie von »INNEN – OBEN – UNTEN – AUSSEN« und die dazugehörigen Schritte.

**Schritt eins**
INNEN bezieht sich darauf, deine Aufmerksamkeit nach innen zu lenken. Damit beginnt ein Prozess der Selbsterkenntnis und Selbsterforschung.

**Schritt zwei**
Wenn du dich nach innen wendest, fängst du an, an dir zu arbeiten. Die Dinge beginnen sich zu verändern. Deine Energien bewegen sich jetzt nach OBEN. Sie erhöhen ihre Schwingung, und sie bewegen sich buchstäblich in deinem Energiesystem nach OBEN, hin zu den höheren Energiezentren oder Chakras.

An einem bestimmten Punkt berührst du schließlich das JENSEITIGE, die höheren Bewusstseinszustände, die sich am Scheitelpunkt im Kronen-Zentrum öffnen.

Das ist die erste Hälfte der Reise – das Erwerben von Bewusstsein. Aber das ist eben nur die erste Hälfte. Da gibt es noch mehr. Die zweite Hälfte ist die Reise zurück – dein Bewusstsein ins Hier und Jetzt zu bringen.

**Schritt drei**
Nach UNTEN repräsentiert den Prozess, die höheren Energien, Gedanken und Gefühle hinunter in deinen Körper und deine Psyche zu holen. Deine Schwingungen verändern sich. Du hältst wortwörtlich »mehr Licht in dir«. Deine Emotionen und dein Denken erfahren deutliche Veränderungen in dem Maße, wie sie klarer und stärker werden.

**Schritt vier**
Aber selbst das ist noch nicht das Ende. Letztlich bist du hier, um »dein Licht zu leben« – um in dieser Welt das Bewusstsein auszudrücken, das du erreicht hast, die Liebe, die du in dir trägst, und die Einsichten, die sich geformt haben. Du bist hier, um einen Beitrag dazu zu leisten, die Welt etwas besser zu machen. Du bist hier, um das Äußere als Widerspiegelung des Inneren zu gestalten. AUSSEN bedeutet, den Reichtum deines Bewusstseins in die Welt um dich herum einzubringen.

Wir nennen den gesamten Prozess in dieser speziellen Abfolge »INNEN – OBEN – UNTEN – AUSSEN«. Das ist der vollständige Kreislauf des »Energy Balancing«.

Schritt zwei:
nach OBEN

Schritt drei:
nach UNTEN

Schritt eins:
nach INNEN

Schritt vier:
nach AUSSEN

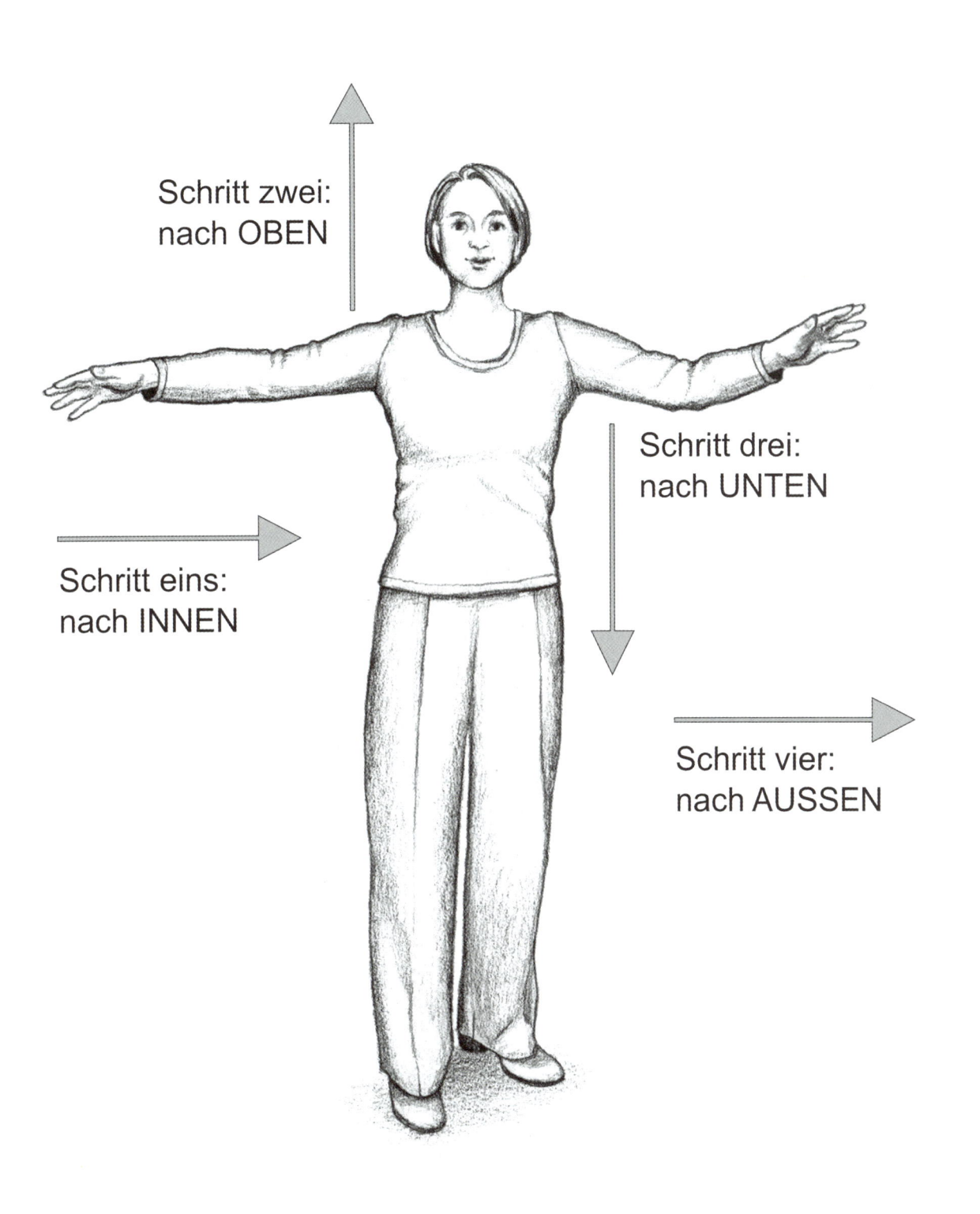

Der zirkuläre Fluss der Energie

Auch wenn dies in einer größeren Zeitspanne im Lauf deines Lebens stattfindet, so geschieht es doch jeden Tag in kleinerem Umfang. Energie kreist ständig durch diese vier Phasen. Nehmen wir das Beispiel, wenn du dich über jemanden ärgerst. Hinterher reflektierst du darüber (nach INNEN). Du erkennst, dass du reaktiv gehandelt hast und nicht so liebevoll warst, wie du es hättest sein können. Du beschließt, herzlicher und sanfter zu sein, anstatt nur zu reagieren (nach OBEN). Das nächste Mal, wenn du dich in solch einer Situation befindest, erinnerst du dich an deinen Entschluss, und auch, wenn du den Ärger fühlst, arbeitest du willentlich daran, ihn in Schach zu halten (nach UNTEN). Und du entscheidest dich, dich dem anderen gegenüber sanftmütiger und respektvoller zu äußern und nicht einfach nur zu explodieren (nach AUSSEN).

* * * * *

## Die komplette »Energy Balancing«-Übung

Wir haben eine Energie-Übung entwickelt, die das gesamte Spektrum »INNEN – AUSSEN – OBEN – UNTEN« abdeckt. Die komplette »Energy Balancing«-Übung nennt sich »Full Energy Balancing Exercise«, und diese Übungsabfolge vitalisiert und balanciert dein gesamtes Energiesystem aus. Wir kürzen sie FEBE ab (sprich: »fiebie«) und nennen sie im Scherz die »Fun Energy Balancing Exercise« – die spaßige »Energy Balancing«-Übung. Schließlich würzt es das Leben und bringt Freude, wenn man mehr Energie bekommt. Die komplette Version dauert ungefähr zwei Minuten, doch du kannst sie auch verlängern. Die Schnellversion, die »Quick Energy Balancing Exercise« (Abkürzung QEBE = »kwiebie«) kann in 10 Sekunden gemacht werden. Außerdem gibt es noch die »Extended Energy Balancing Exercise«, die ausführliche Version der »Energy Balancing«-Übung (kurz: EEBE = »iebie«), die 10 bis 30 Minuten dauern kann.

Die komplette »Energy Balancing«-Übung ist sehr wirkungsvoll. Regelmäßig ausgeführt, klärt sie deinen Verstand, zentriert deine Gefühle und balanciert deine Energie aus. Sie ist nicht nur jedes Mal, wenn du sie ausführst, wirkungsvoll, sondern steigert sich in ihrer Wirkung noch und führt dich immer tiefer in die Fülle dessen, wer du bist.

Wir haben darüber diskutiert, ob wir FEBE schon hier, am Anfang des Buches, oder erst später aufnehmen sollten. Für Ersteres sprach, dass wenn wir die Übung bereits hier anführen, du jetzt schon in den Genuss ihrer Vorteile kommst. Wenn du weiterliest, werden die folgenden Kapitel jede Phase der Übung erläutern und ihnen mehr Tiefe und Bedeutung geben.

Die Kehrseite ist, dass du, bis du auch die späteren Kapitel gelesen hast, lediglich die Bewegungen machst, ohne zu verstehen, wie man sie richtig ausführt, und daher vielleicht nicht den vollen Nutzen aus der Übung ziehen kannst. Wir hatten Bedenken, dass du vielleicht das Interesse verlieren und denken könntest, dass Energie nicht funktioniert, weil du noch nichts spürst.

Unsere Lösung dafür ist, dass wir die Übungen FEBE, QEBE und EEBE hier erwähnen und einen Link zu zwei Online-Videos angeben, die dich durch die Übungen führen werden. In Kapitel 18 wirst du alle Übungsschritte nachlesen können.

## Link zu den Videos

Videoclips der kompletten »Energy Balancing«-Übung (FEBE)
und ihrer Schnellversion (QEBE) findest du auf unserer Homepage unter
www.energybalancing.de

## Zweiter Abschnitt

# Die Horizontale

## Die Ebene der Aktion: INNEN und AUSSEN

## Teil I – INNEN

# 6 Energien nach INNEN nehmen

## Verletzlichkeit und Berührbarkeit

Um Urlaub zu machen, kam ein Amerikaner, der für das US-Militär in Afghanistan arbeitet, in unser Retreat-Zentrum. Wir stellten ihn uns als einen eher robust aussehenden Militärtypen vor, doch er war ein Mann Ende vierzig, der sehr normal, wie der typische »Mann von nebenan«, aussah.

Er erzählte uns von seiner Arbeit dort in Afghanistan und was das für ihn persönlich bedeutete. Er war freundlich, aber darunter konnten wir seine Anspannung und eine Schutzmauer spüren. Er bestätigte das, als er sagte: »Ich bin immer in Alarmbereitschaft. Ich kann mich dort nie entspannen. Ich habe immer das Gefühl, dass ich in Feindesland bin. Obwohl ich in einem von Mauern umgebenen Militärgelände bin, das angeblich geschützt und sicher ist, kann ich nie friedlich schlafen. Ich schlafe in meinen Kleidern, weil jederzeit ein Angriff kommen könnte.«

Da er hier in einer sicheren und freundlichen Umgebung war und eine liebevolle Zeit mit seiner Frau verbrachte, war er fähig, sich zu entspannen. Nach einigen Tagen begann sich sein Gesicht zu verändern. Eine Verwandlung fand statt.

Gegen Ende seines Aufenthaltes erstaunte er uns, als er sagte, er sehne sich danach, zurückzugehen. »Wenn ich hier noch länger bleibe, werde ich

**Mauern, die Verletzlichkeit schützen**
Unsere wesentliche Natur ist verletzlich und berührbar: Wir können vom Leben berührt werden. Um uns zu schützen, bauen wir Mauern innerhalb unseres Energiekörpers, die uns schützen.

nicht mehr damit klarkommen, dort zu sein. Ich möchte mich lieber nur ein bisschen entspannen, damit ich mich ohne Schwierigkeiten wieder abhärten kann.« Seine Frau fügte halb im Spaß und halb im Ernst hinzu, dass er einen sicheren und liebevollen Ort nur für kurze Zeit ertrage, bevor dieser ihm zu gefährlich werde!

Wir erkannten, dass beide recht hatten. Er musste sich schützen, indem er einen Schutzschild aufbaute, um dort drüben sein zu können. Hier zu sein tat ihm so gut, dass er die Mauern abbauen konnte, aber er hatte das Gefühl, dass wenn er zu sehr entspannte, er bei seiner Rückkehr dorthin zu verletzlich sein würde.

Die Bemerkung seiner Frau war scharfsinnig: Seinen Schutzwall runterzulassen und berührbar zu werden war für ihn sowohl schön als auch überwältigend. Er konnte das nur in kleinen Dosen ertragen, bevor die Berührbarkeit zu viel wurde und seine Schutzmechanismen sich wieder behaupten wollten. Ihr Kommentar zeigte, dass es sein Muster war, selbst wenn er sich nicht im Kriegsgebiet befand, seinen Schutz nur für kurze Zeit aufzugeben, um dann eine Entschuldigung dafür zu finden, ihn erneut aufzubauen.

Dieser Mann zeigte uns eine grundlegende Wahrheit der menschlichen Natur: dass wir alle verletzlich und berührbar sind. Ganz gleich wie hart, stark oder »über allem stehend« wir an der Oberfläche zu sein scheinen, darunter ist jeder verletzlich. Wir werden von allem um uns herum berührt.

*Jeder Mensch ist verletzlich.*

### DEFINITION: Verletzlichkeit

*Verletzlichkeit ist unsere grundlegende Zartheit, jene Eigenschaft, die uns berührbar und von einer Vielzahl von Dingen beeinflussbar macht.*

Verletzlichkeit – unsere grundlegende Zartheit

Das ist eine der wichtigsten Einsichten, die durch das Verständnis der Energie entsteht: dass jeder Mensch verletzlich ist. Der Begriff »verletzlich«, wie wir ihn hier verwenden, bedeutet »berührbar« – wir können berührt werden. Dinge bewegen uns. Das erkennt eine allgemeine Wahrheit über das menschliche Energiesystem an, nämlich dass unser Energiekörper fragil ist und von einer Vielzahl von Dingen beeinflusst wird.

Dieser Mann zeigte uns auch einige der Arten und Weisen, wie wir unsere Verletzlichkeit schützen und dass einige davon gesund sind und andere nicht. Seine Handlungen spiegeln eines der größten Dilemmas wieder, das die innerste Verletzlichkeit für jeden Menschen darstellt.

- Wie weit können wir uns öffnen?
- Können wir unsere Verletzlichkeit zeigen?
- Mit wem und wann?
- Wie schützen wir unsere Verletzlichkeit?
- Wie weit können wir unsere Schutzhaltungen aufgeben, wenn wir sie erst einmal aufgebaut haben?

Die Antworten auf diese Fragen sind je nach Person und Situation sehr unterschiedlich, aber im Grunde haben die meisten von uns, abgesehen von ein paar bemerkenswerten Ausnahmen, Schutzmauern in unserem Energiesystem aufgebaut, um zu überleben. Einige dieser Mauern bauen wir ab, wenn wir uns sicher fühlen, vielleicht mit unserem Ehepartner oder den Kindern, einem guten Freund oder auch, wenn wir allein in der Natur sind. Aber viele dieser Mauern sind zu fast dauerhaften Schutzschichten in unserem Energiekörper geworden. Nur bei seltenen Gelegenheiten werden diese Mauern hinuntergelassen, und dann gehen sie schnell wieder hoch.

**DEFINITION: Mauern**

*Mauern sind Schutzschichten der Energie im menschlichen Energiefeld.*

# Bewusste Verletzlichkeit und bewusste Abgrenzung

Zwei der wichtigsten Fertigkeiten, die du mittels der Energiearbeit lernen kannst, sind die bewusste Verletzlichkeit und die bewusste Abgrenzung. Die bewusste Verletzlichkeit ist die Fähigkeit, unsere Mauern abzubauen und zuzulassen, dass wir berührt werden. Eine bewusste Abgrenzung ist die Fähigkeit, eine Schutzmauer aufzubauen und die Dinge nicht hineinzulassen, die nicht hinein sollten.

**DEFINITION: Bewusste Verletzlichkeit**

*Bewusste Verletzlichkeit ist die Fähigkeit, unsere Mauern runterzulassen und uns berühren zu lassen.*

**DEFINITION: Bewusste Abgrenzung**

*Bewusste Abgrenzung ist die Fähigkeit, eine schützende Mauer aufzubauen und die Dinge nicht hineinzulassen, die nicht hinein sollen.*

Das ist aus verschiedenen Gründen wichtig:

1. Es gibt Dinge, von denen wir berührt werden möchten. Sie sind wie energetische Nahrung für unser Sein, sie nähren und bereichern uns. Das sind beispielsweise Liebe, Zuwendung, Respekt sowie Energien aus der Natur, von Tieren und dergleichen mehr.

2. Es gibt Energien, die wir nicht hineinlassen möchten, weil sie nicht gesund für uns sind, Dinge wie Aggression, Negativität, Verurteilung und verstörte Gefühle. Wir müssen in der Lage sein, im richtigen Moment »einen energetischen Regenmantel anzuziehen«.

3. Wir können Intimität nicht erleben, wenn wir uns hinter einer Mauer verschanzen. Zwei Ritter in Rüstung können sich nicht besonders nahe kommen. Intimität entsteht, wenn wir die Rüstung abnehmen, uns öffnen und jemanden einlassen.

4. Schließlich bedeutet verletzlich sein, vom Leben berührt zu werden. Ein Leben hinter Mauern ist ein sehr einseitiges Leben. Ein Leben, das offen gelebt wird, bedeutet, dass du teilnimmst an der Fülle von Dem Was Ist.

Der zweite Abschnitt dieses Buches zum Thema »INNEN« handelt davon, wie man positive von negativen Energien unterscheidet, was es bedeutet, Energien hineinzulassen oder nicht, und wie man Energie-Lecks repariert – und er benennt die entsprechenden Werkzeuge.

Dieser Abschnitt handelt aber auch von den inneren Dimensionen unseres Selbst. »Sich der Energie bewusst zu werden« setzt einen Entdeckungsprozess in Gang. Wir nennen ihn »die Reise nach innen«, um dort unser »Tieferes Selbst« zu finden.

## Das Gute nach INNEN nehmen

Energien kommen ständig auf uns zu. Und wenn wir ständig sagen, meinen wir STÄNDIG! In jeder Sekunde eines jeden Tages ist eine unglaubliche Menge von Energie in unsere Richtung unterwegs.

Diese Energien dringen in unser Energiefeld ein und beeinflussen uns dann auf unzählige Arten und Weisen. Einige dieser Energien sind gut für uns, sie versorgen uns mit »energetischer Nahrung« in Form von Vitalität oder bereichernden Gefühlen. Einige der Energien sind neutral und gehen ohne sonderliche Auswirkungen durch unser Feld hindurch. Und einige der Energien sind ungesund und schaffen ein Ungleichgewicht oder Störungen.

Eine wichtige Fähigkeit beim »Energy Balancing« ist es, unterscheiden zu können, welche Energien positiv, welche neutral und welche negativ sind. Eine zweite Fähigkeit ist, diejenigen hereinzulassen, die gesund sind, und diejenigen, die es nicht sind, nicht hineinzulassen.

## Energien zum Hineinlassen

*Es ist Montagmorgen. Du wärst gern irgendwo anders, aber du bist nun einmal hier und auf dem Weg zu deinem Arbeitsplatz. Eine Kollegin, zu der du eine gute Beziehung hast, grüßt dich mit einem schlichten »Guten Morgen«. Du knurrst ein »Guten Morgen« und gehst weiter zu deinem Schreibtisch.*

Du hast es gerade verpasst!

Eine der primären Fähigkeiten beim »Energy Balancing« ist es, das »Gute« hereinzulassen, wenn es da ist. Deine Kollegin hat dir gerade etwas Gutes gegeben. Sicher, nicht jeder, der »Guten Morgen« sagt, schickt gute Energie. Meistens absolvieren die Menschen ein soziales Ritual, ohne dass irgendetwas dahinter ist. Aber nehmen wir einen Augenblick an, dass diese Kollegin es auch wirklich so gemeint hat. Sie hat sich gefreut, dich zu sehen, und in ihrem Herzen stiegen Wärme und Wohlwollen auf.

Eine Person, die die warme Energie, die ihr geschickt wird, abwehrt.

## Wenn jemand Zuneigung empfindet, schickt er einen Strom positiver Energie.

Wenn jemand Zuneigung empfindet, schickt er uns einen Strom positiver Energie. Diese einfachen Worte »Guten Morgen« sind mehr als nur Worte. Sie senden auch eine Energie der Zuneigung, des Respekts und sogar der Liebe aus.

Liebe ist Energie. Zuneigung ist Energie. Respekt ist Energie. Diese sind alle energetische Materie, die in einer speziellen Frequenz schwingt. Es sind energetische Substanzen, die eine Person aussendet und die dann in dein Energiefeld einfließen.

Die Unterschiedlichkeiten von Gedanken oder Gefühlen sind die Unterschiede in ihrer Schwingung. Einige Energien schwingen in der Frequenz, die wir Gedanke nennen, einige in der Frequenz, die wir Gefühl nennen. Eini-

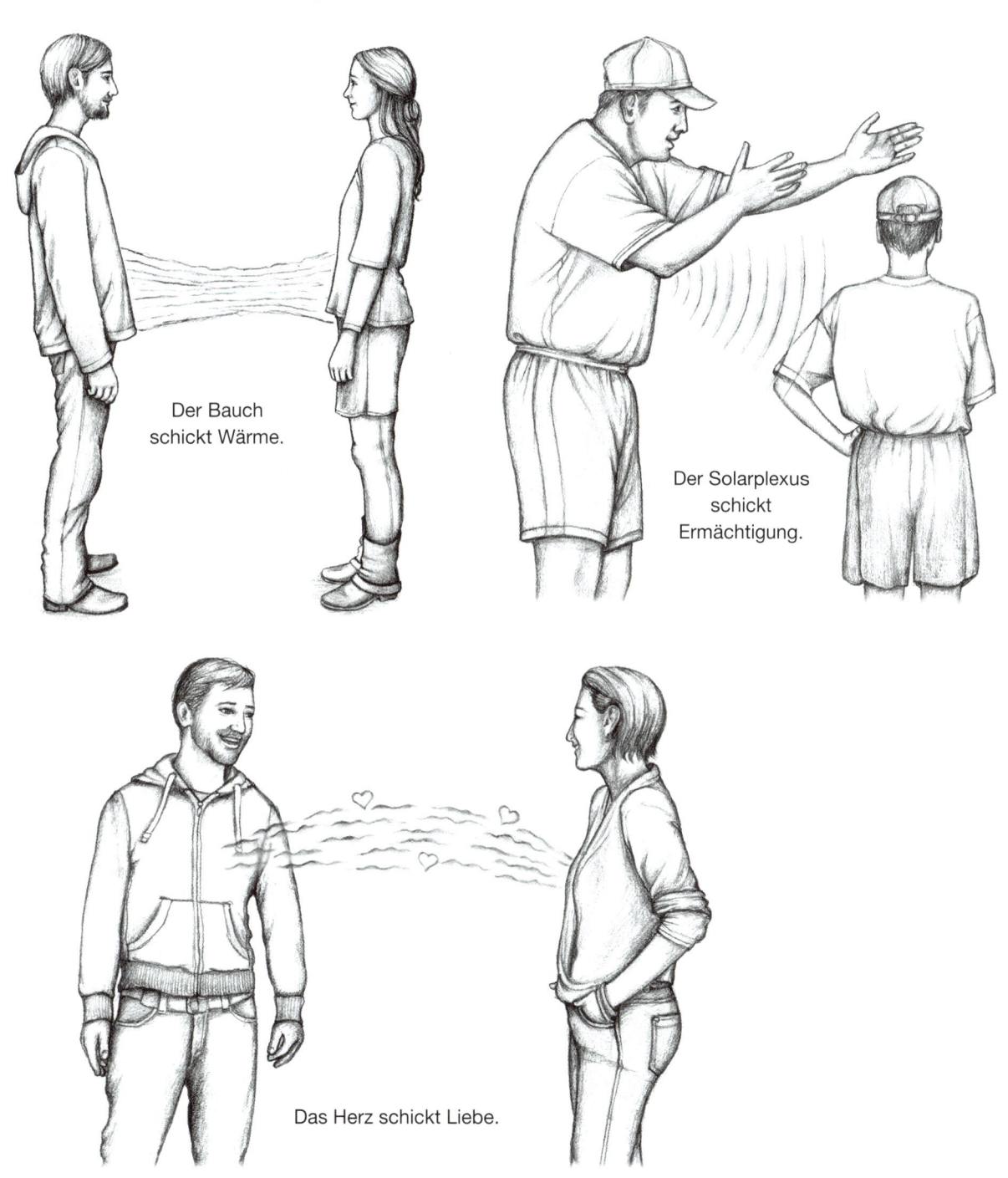

Der Bauch schickt Wärme.

Der Solarplexus schickt Ermächtigung.

Das Herz schickt Liebe.

ge schwingen in sehr hohen Frequenzen, die wir Inspiration, Genie oder Erleuchtung nennen. Andere schwingen in Frequenzen, die wir Traurigkeit oder Ärger nennen. Einige Gedanken und Gefühle sind sogenannte negative, weil ihre Schwingungen destruktiv und schädlich für uns sind. Andere werden für positiv gehalten, weil ihre Schwingungen lebensunterstützend und erhebend sind. Alle sind Substanz auf verschiedenen Schwingungsebenen.

Wir haben es bereits weiter vorn im Buch gesagt, können es aber gar nicht oft genug wiederholen: Energie ist Substanz. Dieses Verständnis ist ein magischer Schlüssel, der die Tür zu einem unglaublich erfüllten Lebens öffnen kann. Es besagt, dass jeder Gedanke und jedes Gefühl eine Form von Energie ist und dass diese Energie von einer Person zur anderen übermittelt wird und sich in Räumen, an Orten und in physischen Objekten ansammelt.

> *Anderen positive Dinge zu sagen, kann wundervolle Auswirkungen auf sie haben. Es gibt ein großartiges Video auf YouTube, das die Essenz dieser Aussagen wiedergibt. Es lohnt sich, es anzuschauen: Suche auf YouTube nach »Validation« (»Bestätigung«) von Kurt Kuenne.*

Teile dieser Substanz sind Energien, die du benötigst. Stell dir zum Beispiel vor, du verbringst einen ganzen Tag ohne jeden sozialen Kontakt. Vielleicht wärst du begeistert, wenn der Rest deines Tages so verliefe. Das bedeutet wahrscheinlich, dass du mit zu vielen Energien übersättigt bist oder dass Energien um dich herum sind, die du nicht willst. Wenn das der Fall ist, dann stell dir einen Zeitraum von einer Woche, einem Monat oder einem Jahr vor, in dem kein einziger Mensch etwas zu dir sagt. Es wird ein Punkt kommen, an dem dir die Zeit ohne soziale Kontakte einfach zu lang wird.

Das ist deshalb so, weil jeder von uns positive Energie von anderen Menschen benötigt. Wir brauchen Wärme, Respekt und Liebe, und sie werden uns auf verschiedene Weise übermittelt. Das können warme Energien aus dem Bauch sein, respektvolle Energien vom Solarplexus oder Liebesenergie aus dem Herzen, aber auch viele andere Energien aus anderen Energiezentren.

Als deine Kollegin dich grüßte, schickte sie einen Strom positiver Energie zu dir. Gehen wir mal davon aus, dass ihre Energie »rein« war (wir werden uns in Kürze reine und unreine Energie anschauen), dann wäre das eine Energie, die du nach innen nehmen möchtest.

»Gutes Zeugs« tritt in dein Energiefeld ein und nährt dich.

Was meinen wir mit »nach innen nehmen«? Verwenden wir ein anderes Beispiel, um das aufzuzeigen. Jemand, den du kennst, macht dir ein Kompliment. Du kannst unsere Worte durch deine Worte ersetzen, aber stell dir vor, dieser Mensch sagt so etwas wie: »Ich respektiere dich wirklich dafür, was du dort getan hast. Das war sehr liebevoll und großzügig von dir.«

Als Teil einer Übung in unseren Seminaren bitten wir eine Person, nach vorn zu kommen. Teilnehmer aus der Gruppe sagen ihm oder ihr dann positive Dinge. Es ist erstaunlich, wie viele verschiedene Rottöne das menschliche Gesicht zeigen kann! Da winden und drehen sich die Menschen, sie drucksen herum und sehen im Allgemeinen so aus, als würden sie langsam gefoltert. Ausnahmslos bekommen wir ein »Ja, aber …« zu hören, während sie das abwehren, was auf sie zukommt. Es ist so, als ob wir es einfach nicht hören können, wenn jemand etwas Nettes über uns sagt.

### Übung 6.1  Ein Experiment für heute

*Wir möchten dir ein Experiment vorschlagen, das du heute mit den Menschen ausprobieren kannst, mit denen du zu tun hast. Das kann dein Partner sein oder dein Kind, ein Arbeitskollege oder eine Kollegin, auch eine Verkäuferin in einem Laden. Sag dieser Person etwas Positives über sie. Es muss nichts besonders Ausgeklügeltes sein. Es kann so einfach sein wie: »Du siehst heute sehr gut aus.« Oder: »Ich finde das sehr geschickt, wie du das gemacht hast.«*

*Und dann beobachte, was geschieht.*

*Wie viele Menschen nehmen die Energie wirklich an und nach innen? Wie viele wehren sie ab?*

*Wie viele widersprechen dir mit einer negativen Bemerkung und sagen vielleicht so etwas wie: »Also, ich kann das nicht wirklich gut. Es sieht nur so aus.«*

*Ich, Kabir, werde nie vergessen, wie ich das erste Mal sah, dass ein Mensch bewusst positive Energie nach innen nahm. Der Opernsänger*

*Pavarotti hatte seine Arie beendet und erhielt vom Publikum stehende Ovationen. Er öffnete die Arme ganz weit, lehnte sich zurück und sog diese Energie begierig in sich auf.*

Wie kannst du »gutes Zeugs« nach innen nehmen?

Es gibt verschiedene Wege, wie du das »Nach-innen-Nehmen« von positiven Energien üben kannst:

- **Mit einem Partner**
  Wenn du mit einem Partner übst, lass ihn oder sie etwas Positives über dich sagen.

- **In Alltagssituationen**
  Wenn du das in Situationen tust, die dir während des Tages begegnen, dann jeweils dann, wenn jemand dir mit einem Blick oder mittels Worten positive Energie schickt.

- **Allein**
  Falls du die Übung für dich allein machst, stell dich vor einen Spiegel oder setz dich allein hin. In diesem Fall sag etwas Positives über dich selbst.

## Mit einem Partner arbeiten

*In diesem Buch stellen wir Werkzeuge des »Energy Balancing« vor, mit denen du dich selbst zentrieren und Situationen im realen Leben bewältigen kannst. Du kannst die Werkzeuge aber auch dafür einsetzen, einem Freund zu helfen, das »gute Zeugs« hineinzulassen.*

*Setz dich mit einem Freund oder einer Freundin zusammen:*

**Person A**

1. Sag Person B etwas Positives über sie.
2. Stell dir vor, dass dein Herz warme Energie zu dieser Person schickt.

**Person B**

1. Atme die Energie, die auf dich zufließt, ein.
2. Sieh, wie diese positive Energie dich füllt und nährt.

Wechselt die Rollen und macht die Übung noch einmal.

## Übung 6.2  Lass positive Energien – das »gute Zeugs« – hinein

### 1. »Sieh« das gute Zeugs kommen

*Nutze deine Vorstellungskraft, um die positive Energie zu »sehen«, die auf dich zuströmt.*

### 2. Werde empfänglich

*Visualisiere, wie dein Energiefeld sich öffnet und empfänglich wird. Versuche wie Pavarotti zu sein und breite die Arme aus, um das Empfangen und Hineinnehmen deutlich zu machen.*

### 3. Atme ein

*Einatmen bringt Energien nach INNEN, in uns hinein. (Ausatmen schickt Energien hinaus.)*

### 4. Lass dich mit positiven Energien anfüllen

*Während du einatmest, stell dir vor, wie diese positiven Energien tief in dich hineingehen. Sieh, wie sie dich anfüllen und dir Vitalität und Wärme schenken – oder was immer die Qualitäten sind, die diese Energien mit sich bringen.*

### 5. Sei mit dem Gefühl

*Halte einen Moment lang inne. Sei einfach mit diesem Gefühl. Gestatte dir, das zu verdauen, was du gerade angenommen hast.*

> **Kurzanleitung**
> 
> 1. »Sieh« das Gute kommen
> 2. Werde empfänglich
> 3. Atme ein
> 4. Lass zu, dass du angefüllt wirst
> 5. Sei mit dem Gefühl

So einfach ist das. Und so effektiv. Wir sind immer wieder erstaunt darüber, wie machtvoll es ist, positive Energie in sich hineinzunehmen.

Und wir sind ebenso erstaunt darüber, wie viel gute Energie überhaupt zur Verfügung steht. Es gibt so viele Momente mit anderen Menschen, in denen wir die wundervollen Energien annehmen können, die sie uns schicken. Und jedes Mal, wenn wir an einer Blume oder einem Baum vorbeigehen, wenn wir draußen in der Natur sind oder unter freiem Himmel, ist dort gute Energie, die uns nährt.

*Ich, Kabir, erinnere mich, dass ich mich einmal nach einem Seminar ganz erschöpft fühlte und in einen Park mit wunderschönen Blumen ging. Ich stand dort und öffnete mich ganz bewusst, um die Lebensenergie aufzusaugen. Ich fühlte mich ganz schnell wieder erfrischt. Wenn du dein System bewusst öffnest und aufnahmebereit machst, vergrößert das exponenziell die Menge der guten Energie, die du aufnimmst.*

Lebensenergie aus der Natur aufnehmen

Nimm dir heute ganz bewusst einen Moment vor, in dem du dich willentlich öffnest und gute Energien aufnimmst.

## Ladung und Kraft durch das Absorbieren von positiven Energien aufbauen

Durch das Absorbieren von positiven Energien baust du Ladung und Kraft in deinem Energiefeld auf.

Du hast wahrscheinlich schon einmal eine dieser Vorführungen gesehen, bei denen ein Kampfsportler ein dickes Brett durchschlägt oder Ziegelsteine durchbricht. Sie tun dies, indem sie Energie sammeln und anschließend mit konzentrierter Wucht loslassen. Wir können von diesen Sportlern eine unglaublich wertvolle Fertigkeit lernen: wie man Energie sammelt und sie kraftvoll werden lässt.

Denke an ein elektronisches Gerät, bei dem die Batterien leer geworden sind, so dass es jetzt »tot« ist. Mit einem frischen (oder wieder aufgeladenen) Satz Batterien läuft es wieder. Das Gleiche geschieht in deinem Energiefeld. Stell dir das Energiefeld wie eine große Batterie vor, die eine Ladestandanzeige hat. Deine Ladung kann voll und vital sein, oder sie kann aufgebraucht und leer sein.

**DEFINITION: Ladung**

*Ladung ist ein Zustand der Fülle im Energiefeld – wie eine geladene Batterie. Ladung bringt Vitalität in alles, was du tust.*

Der Schlüssel liegt darin, Energie zu sammeln und zu speichern. Der erste Schritt ist, sie nach innen zu nehmen. Der zweite Schritt ist, sie nicht auslecken zu lassen. Wir werden uns damit im Kapitel 8 über »Energielöcher« beschäftigen.

# Gute Energiequellen können sein:

**Menschen**
- Wärme, Liebe, Fürsorge und Respekt, die von anderen ausströmt
- Lachen, Freude, ein gutes Gespräch, inspirierende Ideen
- von Herzen kommende Komplimente, die Zuversicht und das Vertrauen anderer
- Qualitätszeit mit deinem Partner, deinen Kindern oder Freunden

**Natur**
- barfuß auf der Erde laufen, am Strand sein, im Gras liegen
- in einem Meer von Blumen stehen und ihre Schönheit in sich aufnehmen, einen Baum umarmen
- einen Berg besteigen, eine großartige Aussicht genießen, frische Luft einatmen

- unter einem Wasserfall stehen, am Ufer eines Flusses sitzen, den Sonnenaufgang oder -untergang bewundern
- zu einem Sternenhimmel, zum Mond und zur Magie des Universums hinaufschauen

**Tiere**
- die Liebe und Wärme deiner Haustiere, einem Singvogel lauschen, einen Schmetterling beobachten, beim Anblick eines Eichhörnchens lächeln – oder mit Delfinen schwimmen

**Nahrungsmittel**

Nahrung ist Energie und schwingt. Welche Art von Schwingung nimmst du zu dir?

- Hochfrequente Nahrung (frische organische Produkte) strahlt auf einem höheren Level und erhöht deine Schwingungen und deine Vitalität (Bovis-Skala). Niederfrequente Nahrung (künstliche, alte, verarbeitete, zuckerhaltige oder fette) reduziert deine Schwingung.
- Folgende Aspekte erhöhen oder senken ebenfalls die Schwingung von Nahrung:
  - woher deine Nahrungsmittel stammen
  - wie sie weiterverarbeitet werden
  - die Umgebung, in der du isst: Ist es ein schöner Ort, hat er eine erhebende Schwingung?
  - die Präsentation des Essens: Ist es ein ästhetischer Anblick, ein ästhetisches Gefühl? Wurde es mit Liebe hergestellt?
  - die Emotionen, mit denen du isst: freudig, entspannt?

**Schönheit**
- in Musik, Tanz, Kunst, Literatur, Architektur, Design und so weiter

**Meditation**
- sich mit seinem »Tieferen Selbst«, mit dem Leben verbinden

... und 1001 weitere Dinge, die wir hier nicht aufgeführt haben.

Höre auf deinen Körper und auf deine Intuition. Vertraue ihnen. Sie wissen, was »gutes Zeugs« und was »nicht gutes Zeugs« ist.

# Was sind deine guten Energiequellen?

Liste hier die Dinge auf, die deine guten Energiequellen sind.

_____

_____

_____

_____

Und wie sehr nimmst du deine guten Energiequellen hinein?

_____

_____

_____

_____

Welche der oben aufgeführten Dinge (oder andere, die nicht auf der Liste stehen) würdest du gern als regelmäßigen Bestandteil deiner nährenden Selbst-Fürsorge hinzufügen?

_____

_____

_____

_____

# 7 Energien nicht nach INNEN nehmen

## Gesunde Abgrenzung, und wie man sich selbst schützt

Es gibt viele Energien, die wir nicht in unser Energiefeld hineinlassen wollen. Warum? Weil wir fast alles aus der Liste der guten Energiequellen im vorigen Kapitel übernehmen und es »auf den Kopf stellen« könnten, was bedeutet, dass fast alles auf dieser Liste auch schädliche Wirkung haben kann.

Liebe, Fürsorge, Respekt von anderen kann schädlich sein? Ja, sogar diese Dinge. Wie das?

Weil du erstens, wie du sehr wohl weißt, einfach zu viel von einer guten Sache bekommen kannst. Wenn dich jemand liebevoll ansieht und dann etwas Positives über dich sagt, ist das gut. Aber wenn derjenige fortwährend schaut und immer mehr positive Dinge sagt, wie lange kann das dann noch so weitergehen? Sogar Liebe hat eine Grenze, bis zu der du sie annehmen kannst, bevor du gesättigt bist. Danach beginnt sie, zu verstören.

Aber es gibt noch einen Grund, warum wir die positiven Energien nicht immer annehmen können. Dieser Grund ist, dass oft sekundäre Energien in die positiven Energien hineinspielen. Zum Beispiel: Jemand liebt dich, sieht dich liebevoll an und sagt dir ganz ernsthaft etwas Schmeichelhaftes. Aber gleichzeitig ist dieser Jemand unsicher und möchte auch von dir Liebe und Bestätigung, so dass das Kompliment einen Beigeschmack hat – eine saugende, bedürftige, abhängige Qualität. Die liebevolle Energie dieses Menschen ist in diesem Moment nicht rein.

Das geschieht oft. Tatsächlich ist es selten, dass unser Tun oder die Energie, die wir aussenden, nicht auch andere Beiklänge hat.

Betrachten wir einmal das Lachen: Du kennst das unglaublich gute Gefühl, das durch ein Lachen aus dem Bauch heraus entsteht. Lachen kann unglaublich erhebend sein, eine wirklich großartige Energie. Aber höre dir doch mal die 08/15-Witze und das darauffolgende Gelächter an. Es wird dabei viel über das Unglück anderer gelacht, oder jemand wird heruntergemacht oder verspottet. Es gibt so viele negative Energien, die mit Lachen einhergehen.

**Gute Energie, die von schlechtem »Zeugs« begleitet wird**
Ein Kompliment, das ein saugendes Bedürfnis nach Bestätigung maskiert

## Negative Energien

Was meinen wir mit »negativen Energien«?

**Negative Energien:**
- sind destruktiv
- verursachen Schaden
- verursachen Schmerz (obwohl Schmerz auch positiv sein kann – zum Beispiel, wenn man jemand die Wahrheit sagt, was zunächst einmal verletzt, aber diese Person dazu bewegt, eine einschränkende persönliche Charakteristik in eine lebensbejahende zu verwandeln)
- sind nicht lebenserhaltend
- setzen dem Fluss der Lebensenergie einen Dämpfer auf
- blockieren positive Energie

Negative Energie begrenzt den Fluss der positiven Lebensenergie.

*Mary war begeistert von ihrem neuen Plan, sich vorzeitig aus ihrer Arztpraxis zurückzuziehen und ein Bed & Breakfast in Frankreich zu eröffnen. Sie war eine ausgezeichnete Köchin, sie und ihr Mann hatten in den vergangenen zehn Jahren Französisch gelernt, und sie hatten ein Haus in der Nähe von Bordeaux gekauft. Mary erzählte ihrer Kollegin von ihrem Plan, aber statt ihre Begeisterung zu teilen, sagte diese lediglich: »Warum willst du dafür deine Praxis aufgeben? Weißt du nicht, dass die Franzosen Fremden Steine in den Weg legen? Das funktioniert nie!«*

**Negative Energien dringen in die andere Person ein und richten Schaden an**

Eine Wolke aus Negativität, gekoppelt mit scharfen, aggressiven Kommentaren, dämpft ihren Enthusiasmus.

Das ist dir höchstwahrscheinlich auch schon passiert – oder du hast es selbst bei jemand anderem gemacht. Du warst richtig begeistert über etwas. Du hast es einem Freund erzählt. Aber statt dass dieser deine Begeisterung teilte, sagte er dir, warum es nicht funktionieren kann, warum es ein schlechter Plan ist und warum du das nicht tun solltest.

Das heißt nicht, dass die Menschen immer mit dir einer Meinung sein sollten. Du möchtest ja Menschen, die ehrlich mit dir sind. Wenn deine Idee Schwachstellen hat, ist es gut, wenn man dich darauf hinweist. Aber ein Mensch kann die Schwachstellen deiner Idee in Frage stellen und dennoch das Ganze positiv äußern. Wie oft jedoch stellt jemand den Fuß aufs Bremspedal, findet Fehler oder verdirbt die Freude, einfach aus der Gewohnheit heraus, das zu tun?

Ein Mensch, der übermäßig kritisch oder aggressiv ist, ständig Fehler findet oder Dinge schlecht macht, ist negativ. Ein Mensch, der kontrollierend und begrenzend ist, ist negativ. Ein Mensch, der depressiv oder schwermütig ist, kann ein negativer Einfluss sein. Ein fatalistischer oder pessimistischer Mensch ist negativ. Ein Mensch, der in Angst lebt und eine grundsätzliche Haltung von »geht nicht, kann nicht, wird nicht« pflegt, ist negativ. Ein Mensch, der in einer Opferrolle lebt, ist negativ.

Kennst du jemanden, der negativ ist? Vielleicht die Person im Spiegel?

Wie wirkt sich Negativität auf dich aus?

Negativität begrenzt den Fluss des Lebens. Die Lebensenergie sagt: »Ja.« Sie möchte sich bewegen, Erfahrungen machen, erkunden, entdecken, etwas schaffen, sich beziehen und tun. Negative Energie zerstört sie, zieht die Bremse, begrenzt ihren Fluss.

Es gibt überall viel negative Energie! Aber weil sie vorhanden ist, heißt das nicht, dass du sie annehmen musst. Du musst nicht zulassen, dass sie dich verletzt.

## Unterscheiden lernen, was positiv und was negativ ist

Wie kannst du wissen, was positiv und was negativ ist? Das ist keine einfach zu beantwortende Frage. Erstens, weil man dazu sensibler und feingestimmter sein muss, und das braucht Übung. Und zweitens ist es nicht leicht, weil das, was negativ zu sein scheint, genau das sein könnte, was du für dein

---

### Einige der negativen Energien, mit denen wir zu tun haben

*Von anderen:*
- *Kritiksucht*
- *Aggression*
- *Spott*
- *Kontrolle*
- *Depression*
- *Angst*
- *Opferrolle*

*Aus der Umwelt:*
- *Verschmutzung von Luft, Wasser und Erde*
- *Maschinen*
- *Elektrische und elektronische Schwingungen*
- *Lärm und disharmonische Klänge von Menschen, Verkehr, Maschinen und Tieren*
- *Enge und Gedrängtheit*
- *Verfall*

inneres Wachstum brauchst. Es wird beispielsweise im Allgemeinen als negativ angesehen, wenn jemand dir seinen Zorn entgegenschleudert. Zorn kann deinen Energiekörper zerreißen und beschädigen. Aber vielleicht ist der Ärger dieses Menschen gerechtfertigt. Vielleicht brauchst du den Schlag vor den Kopf, damit du erkennst, was du Unbewusstes und Ungesundes tust. In diesem Fall ist dann der Zorn dieses Menschen letztlich positiv.

Es gibt eine Denkrichtung, die sagt: »Energie ist nur Energie, weder positiv noch negativ. Es liegt einzig an uns zu lernen, mit ihr umzugehen.« Wir würden dem – bis zu einem gewissen Punkt – zustimmen. Letzten Endes ist alles nur Energie, weder gut noch schlecht. Aber da wir begrenzte menschliche Wesen sind, gibt es ganz sicher einige Energien, die für uns weniger gesund sind als andere.

Wie also sollen wir unterscheiden, was was ist? Es gibt keine strengen und festen Regeln. Es gibt jedoch ein paar nützliche Richtlinien.

- **Vertraue deiner Intuition:** Lerne auf deine Gefühle zu hören und deiner Intuition zu vertrauen. Fühlt sich etwas »schlecht« an? Vielleicht kannst du es nicht genau ausmachen, aber irgendetwas in dir spürt, dass etwas nicht richtig oder ungesund ist an den Energien, mit denen du es zu tun hast. Vertraue dir. So oft scheinen die Dinge oberflächlich betrachtet »nett« zu sein, aber darunter sind nicht so nette Dinge im Spiel.

  Es gibt etwas, das mit der Zeit in uns wächst und das man den »Sinn für Wahrheit« nennt. Das ist die Fähigkeit zu unterscheiden, was wirklich vor sich geht, ob etwas wahr ist oder nicht, und ob es sekundäre, versteckte Unterströmungen gibt. Auch wenn wir nicht mithilfe einer einfachen Übung sagen können, »so kannst du es trainieren«, hoffen wir doch, dass der Hinweis darauf, dass es einen derartigen »Sinn für Wahrheit« gibt, deine Aufmerksamkeit darauf lenkt und du mit der Zeit lernst, darauf zu hören. Es gibt einige Bewusstseinsübungen, die du machen kannst, um diese Entwicklung zu unterstützen.

- **Höre auf deinen Körper:** Oft wirst du eine Spannung, ein »Stocken«, einen Knoten oder irgendetwas bemerken, womit dir dein Körper/deine Psyche sagen will, dass etwas nicht stimmt. Achte auf diese feinen Regungen. Es ist so einfach, diese Dinge zu ignorieren. Tu das nicht! Sobald dieses kleine Glöckchen in deinem Innern läutet, höre darauf. Finde heraus, was es dir sagt – selbst wenn es lächerlich zu sein scheint, denn das ist es fast nie.

- **Verstehe die Lektion:** Wenn etwas negativ zu sein scheint, hast du dann nicht dennoch das Gefühl, dass darin eine »Wahrheit« liegt, die du finden solltest? Frage dich: »Was könnte und sollte ich daraus vielleicht lernen?«

## Energetische Übergriffe

Alles, was ohne deine Bereitschaft in dein Energiefeld eindringt, kann ein Übergriff sein. Wenn jemand dir gegenüber aggressiv ist, und seine Energie trifft dich und lässt dich kollabieren – dann hat er dich gerade verletzt. Wenn jemand dir gegenüber zu emotional ist, so wie Antonio es in der Geschichte weiter vorn im Buch war – dann ist das ein Übergriff. Wenn jemand versucht, dich zu beherrschen – das ist ein Übergriff. Wenn jemand sehr liebevoll dir gegenüber ist, jedoch in einem Moment, in dem du das nicht willst oder dafür nicht offen bist – kann auch das ein Übergriff sein. Wenn jemand mit den allerbesten Absichten, aber mit darunter verborgenen unbewussten Motiven sehr fürsorglich dir gegenüber ist, so wie Kabirs Mutter am Esstisch versuchte, ihn zu umsorgen – kann das ein Übergriff sein.

### DEFINITION: Energetischer Übergriff

*Alles, was ohne deine Bereitschaft in dein Energiefeld eindringt, kann ein energetischer Übergriff sein.*

Das bedeutet, dass wir die ganze Zeit verletzt werden. Es ist fast nicht zu glauben, wie oft jemand oder etwas unsere Grenzen überschreitet. Wenn es kein Mensch ist, kann es ein Tier oder ein unbelebtes Objekt sein. Geh eine belebte Straße entlang ... Verkehr, Geräusche, Stimmen, elektrische Strahlungen von Maschinen, Telefonen, Computern – all das dringt in unser Energiefeld ein und verletzt uns.

## Sich um den persönlichen Raum kümmern

Sich selbst vor Übergriffen und Verletzungen zu schützen, ist somit eine wichtige energetische Fähigkeit. Und um sie erlernen zu können, muss man zunächst das Thema der »Abgrenzung« verstehen.

Im nächsten Abschnitt werden wir die Mittel und Wege erforschen, wie du deine Grenzen gegenüber Verletzungen schützen und stärken kannst. Sobald du das Thema »Abgrenzung« besser kennen lernst, wirst du wahrscheinlich auch Arten und Weisen erkennen, wie du andere verletzt. Wir werden die energetischen Übergriffe noch detaillierter in Kapitel 12 erforschen.

Dein Energiefeld strahlt von deinem Körper ungefähr 90 Zentimeter in alle Richtungen aus. Statt dich als einen Körper zu sehen, der von einem Energiefeld umgeben wird, stell dir dich selbst als diese Energiesphäre mit einem Durchmesser von 1,80 Meter vor, in dessen Zentrum sich der physische Körper befindet. Dein Energiefeld bist DU. Dein gesamtes Feld ist im Durchmesser rund 1,80 Meter weit. Das ist dein Raum.

### DEFINITION: Persönlicher oder »heiliger« Raum
*Das menschliche Energiefeld strahlt vom Körper ungefähr 90 Zentimeter in alle Richtungen aus. Das ist dein »persönlicher Raum«.*

Wir wollen das den heiligen Raum nennen, weil er heilig *ist*. Deine Energie ist eine besondere, und sie ist wichtig. Und es ist notwendig, für sie zu sorgen und sie zu schützen. Das ist so, als trüge man wunderschöne, teure Kleidung. Du möchtest nicht, dass dich ein Hund mit schmutzigen Pfoten anspringt. Mit deinem Energiefeld ist das ganz genauso. Wenn du zentriert und im Gleichgewicht bist, ist dein Energiefeld wunderschön hell, sauber, klar und fließend. Du möchtest nicht, dass jemand einen Haufen dicke, schmutzige, widerliche negative Energie auf dich wirft.

Aber genau das geschieht. Menschen kippen, ohne dass sie es wissen, ihre negativen Energien in die Energiefelder anderer Menschen. Manchmal tun sie das ganz direkt, zum Beispiel, wenn jemand deine Begeisterung heruntermacht oder dich angreift. In vielen Fällen geschieht es indirekt. Wenn ein Mensch deprimiert oder unglücklich ist, hat er eine Art dunkle Wolke um sich herum, die an allem hängen bleibt, was in seine Nähe kommt. Dieser Mensch versucht nicht, dir absichtlich etwas anzutun. Aber dennoch hat seine »dunkle Wolke« Auswirkungen auf dich.

Was kann man also tun?

Was du tun kannst, ist deine Abgrenzung zu definieren, deine Energien zu schützen und deinen Raum unversehrt zu bewahren.

### DEFINITION: Abgrenzung
*Das ist der äußere Rand deines Energiefeldes, der die Energien davon abhält, herein- oder herauszukommen.*

## Abgrenzung – der Rand des Energiefeldes

### DEFINITION: Bewusste Abgrenzung
*Bewusste Abgrenzung ist die Fähigkeit, eine schützende Mauer aufzubauen und die Dinge nicht hineinzulassen, die nicht hinein sollen.*

Das Energiefeld des Menschen gleicht ein wenig einem Ei, nicht nur der Form nach, sondern auch, weil es außen einen deutlichen Rand hat. Genauso, wie eine Eierschale den Inhalt des Eies vor dem Auslaufen bewahrt und destruktive Energien davon abhält, hineinzugelangen, genauso dient der äußere Rand unseres Energiefeldes als eine Abgrenzung, um Energien davon abzuhalten, hinein- oder hinauszugelangen.

Der Rand unseres menschlichen Energiefeldes unterscheidet sich jedoch von einer Eierschale dahingehend, dass er veränderlich ist. Manchmal kann er weich und durchlässig sein, um Dinge hineinzulassen. Zu anderen Zeiten

**Die Abgrenzung deines Energiefeldes**
Die Abgrenzung des Energiefeldes hält »Zeugs« davon ab, in uns einzudringen.

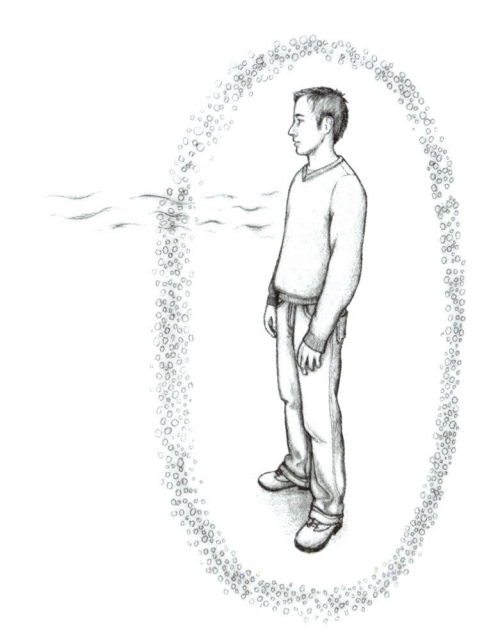

**Die Flexibilität der Feldabgrenzung**
Die Feldabgrenzung kann sich öffnen und durchlässig werden, um Dinge hineinzulassen, oder sie kann sich verschließen, um zu schützen.

kann er hart und undurchlässig sein, und dann kann nichts eindringen. Du hast die Fähigkeit, das zu kontrollieren.

Bauen wir also eine schützende Abgrenzung für dein Energiefeld.

## Übung 7.1  Schütze dich selbst

### A. Vorbereitung

**1. Visualisiere, wie du Energie ausstrahlst**

*Stell dir vor, dass dein Energiefeld ungefähr 90 Zentimeter in alle Richtungen ausstrahlt.*

**2. Stimm dich auf den Rand deines Feldes ein**

*Stimm dich auf die äußere Begrenzung deines Energiefeldes ein und stell dir vor, dass du diesen Rand siehst.*

### 3. Schließe deinen Rand

*Jetzt stell dir einen Moment lang vor, dass du diesen Rand schließt, ihn verhärtest und undurchdringlich werden lässt.*

**B. Kernübung**

### 4. Baue eine schützende Abgrenzung

*Benutze die Hände und halte sie in Armlänge direkt vor dich, die Handflächen zeigen nach außen. Bewege jetzt die Hände wie ein Maler, der sie zum Malen einsetzt, von unmittelbar vor dir bis zu den Seiten, und stell dir dabei vor, dass du die schützende Abgrenzung deines Energiefeldes stärkst. Überprüfe den Rand deines gesamten Energiefeldes rund um dich herum.*

**C. Abschluss**

### 5. Lass die Energien abprallen

*Wenn du fertig bist, sieh vor deinem Inneren Auge, wie Energien auf dich zukommen und an deinem schützenden Rand abprallen.*

> **Kurzanleitung**
>
> 1. *Visualisiere, wie du Energie ausstrahlst*
> 2. *Stimm dich auf den Rand deines Feldes ein*
> 3. *Schließe deinen Rand*
> 4. *Baue eine schützende Abgrenzung*
> 5. *Lass die Energien abprallen*

Großartig! Und auch einfach. Es ist nicht schwierig, das Energiefeld zu kontrollieren. Du wirst mit der Zeit noch geschickter darin werden, aber es ist bereits am Anfang erstaunlich, wie viel Kontrolle wir über das Energiefeld haben.

## Sich einmauern: eine mögliche Gefahr

Eine mögliche Gefahr ist, dass viele von uns Schutzwälle im Energiefeld aufgebaut haben und sie nicht mehr abbauen. Man kann eine Mauer über Jahre hinweg, sogar ein Leben lang mit sich herumtragen. Du kennst wahrscheinlich Menschen, die sich fest, hart, verschlossen oder nicht erreichbar anfühlen. Dafür gibt es einen Grund: Diese Menschen sind das alles auch!

Energetisch gesehen haben sie eine Mauer in ihrem Energiefeld aufgebaut, um ihre Verletzlichkeit zu schützen. Vielleicht bauen sie die an einem sicheren Ort ab – zu Hause mit geliebten Menschen, mit den Kindern, mit dem Hund, allein in der Natur. Aber viele Menschen tun das nicht einmal dann. Manchmal kannst du diese Barriere eine Sekunde lang runterlassen, und dann geht sie gleich wieder hoch. Du öffnest dich für einen kurzen Moment, aber das Muster des »Sichverschließens« ist zu stark und behauptet sich erneut – selbst wenn du das gar nicht möchtest.

Die meisten von uns (mit einigen bemerkenswerten Ausnahmen) haben viele Mauern im Energiefeld. Es wird nicht nur unser äußerer Rand geschützt, sondern da sind auch Mauern in tieferen Schichten unserer »Zwiebel«. Viele dieser Mauern sind fast die ganze Zeit über da und arbeiten still aber wirkungsvoll im Hintergrund.

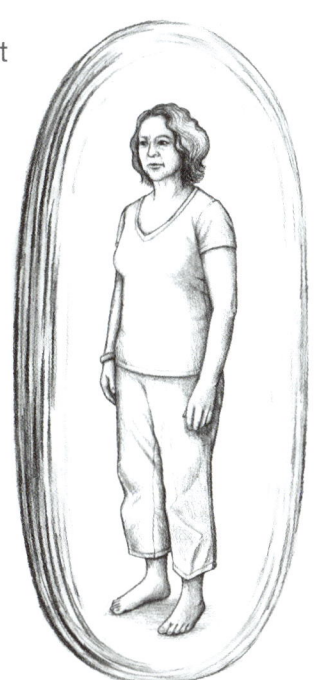

**Wände in unserem Feld**

Wände in unserem Feld schützen uns – aber sie lassen uns auch unerreichbar werden. Wände können im Nu entstehen und ein Leben lang stehenbleiben.

Wir erwähnen das, damit du beim Bau eines schützenden Randes für dein Energiefeld wachsam dafür bist, ihn dann nicht einfach zu belassen. Wenn du dich willentlich verschließt, mache es dir zur Aufgabe, dich später wieder bewusst zu öffnen, sobald du dich sicher fühlst.

Lass uns deshalb jetzt wieder den Rand deines Energiefeldes öffnen:

### Übung 7.2  Öffne dich wieder

**1. Bereite deine Hände vor**

*Strecke deine Hände armlang nach vorn. Die Handflächen zeigen nach innen in deine Richtung, die Finger bleiben entspannt.*

## 2. Löse den Rand deines Feldes auf

Streiche mit den Händen nach innen auf dich zu, bewege sie dabei jedes Mal ungefähr 15 Zentimeter. Stell dir vor, dass die Hände den Rand des Energiefeldes auflösen und die Energien dabei unterstützen, in dein Feld hineinzugelangen. Mach die Bewegungen sanft und weich. Sieh vor deinem Inneren Auge, wie die harte Schale weich und durchlässig wird.

## 3. Lass Energien wieder hinein

»Schau zu«, wie positive Energien durch den Rand deines Feldes hindurchfließen und tiefer in dich eindringen. Fühle dich wie ein Schwamm, der sie aufsaugt.

### Kurzanleitung

1. Bereite deine Hände vor
2. Löse den Rand deines Feldes auf
3. Lass Energien wieder hinein

**Den Rand des Energiefeldes öffnen**

Benutze die Hände, um die Mauer zu entfernen, den Feldrand zu öffnen und wieder verfügbar zu werden.

Offen oder geschützt – für beides gibt es den passenden Moment. Die Hauptsache ist zu wissen, was du gerade brauchst oder möchtest, und in der Lage zu sein, es herbeizuführen.

### Übung für heute 7.3 Offen oder geschützt?

Wenn du heute durch den Tag gehst, achte einmal auf die Situationen, in denen du dein Energiefeld offen halten möchtest, und dann achte auch auf diejenigen, in denen du dich schützen möchtest. Übe das Öffnen und Schließen deines Energiefeldes, so wie du es benötigst.

## Aus dem Weg gehen

Energien können »rundstrahlend« (gleichzeitig in alle Richtungen strömend) oder gerichtet (in eine bestimmte Richtung strömend) sein. Gerichtete Energien strahlen von Bereichen im Körper aus und zielen in eine bestimmte Richtung, für gewöhnlich nach vorn. Genauso wie man einen Gartenschlauch auf eine bestimmte Pflanze richten kann, kannst du die Energie in eine gezielte Richtung lenken.

Nehmen wir einmal an, du bist mit einem Menschen zusammen, der emotional, aufgewühlt und ärgerlich ist. Diese Emotion ist sowohl »rundstrahlend«, also ungerichtet, weil sie in alle Richtungen ausstrahlt, als auch gerichtet, da sie aus bestimmten Bereichen kommt und nach vorn strömt. Wenn du direkt vor diesem Energiestrahl sitzt, dann wird dein Körper direkt getroffen. Autsch!

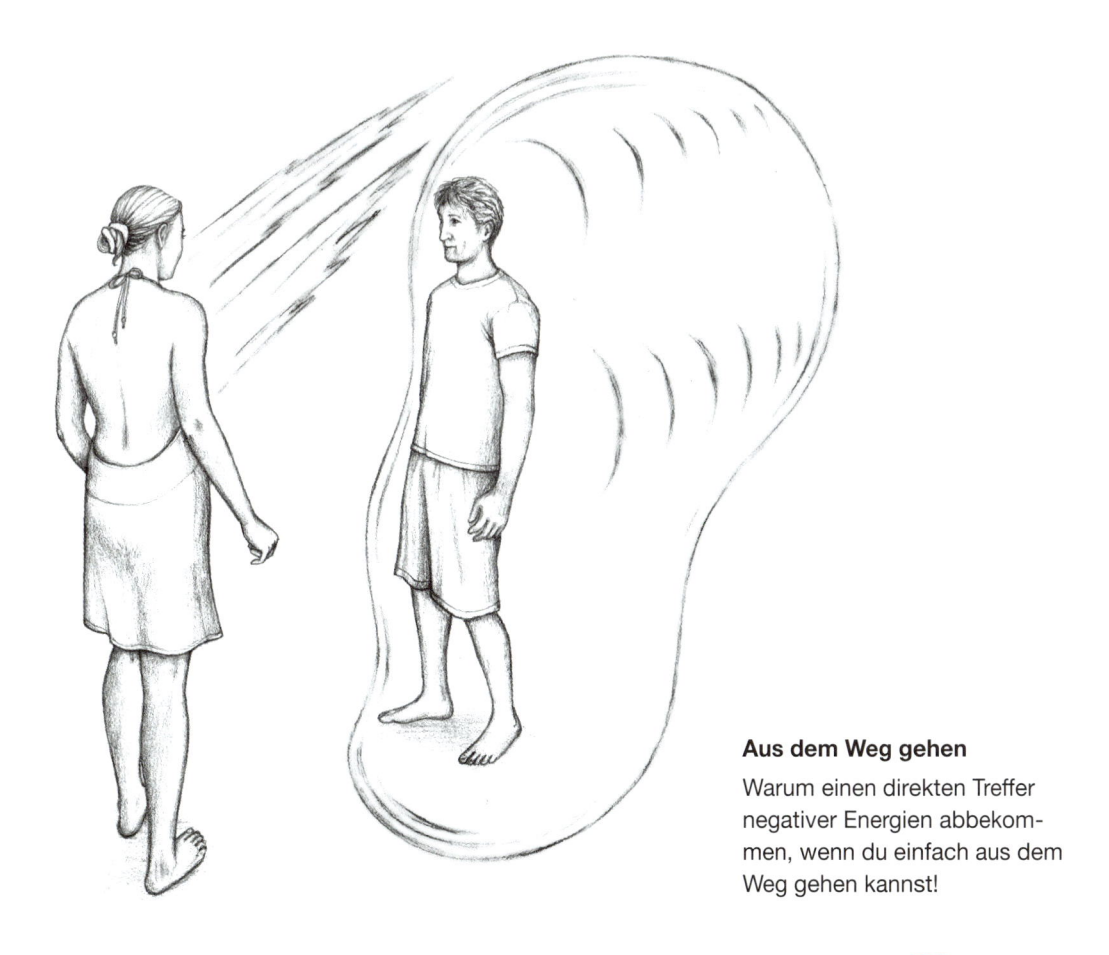

**Aus dem Weg gehen**

Warum einen direkten Treffer negativer Energien abbekommen, wenn du einfach aus dem Weg gehen kannst!

Es gibt eine einfache Lösung: Geh aus dem Weg! Stell dich neben die Person, so dass du nicht direkt vor ihr stehst. Darüber hinaus drehe den Körper ein wenig, damit die sensibleren Bereiche an der Vorderseite deines Energiefelds nicht auf die Person gerichtet sind. Dein seitlicher Energiekörper ist nicht so sensibel wie die Vorderseite. Beide Dinge werden die Auswirkungen der Energie auf dich verringern.

Wenn wir, Kabir und Ritama, eine Auseinandersetzung haben (zur Zeit ziemlich selten, aber es kann dennoch passieren!) wissen wir beide, wie man sich zur Seite dreht. Natürlich handelt die verärgerte Person normalerweise unbewusst und möchte ihren Ärger beim anderen abladen. Deshalb sollte der Empfänger sagen: »Ich kann mir deinen Ärger anhören, aber richte ihn nicht direkt auf mich. Wende dich ab, damit ich nicht getroffen werde.«

## Sich des energetischen Raums bewusst werden

Es ist eine unschätzbare Fähigkeit, sich des energetischen Raums bewusst zu werden. Es bedeutet, dass du wahrnimmst, was im Bereich um dein Energiefeld herum vor sich geht und welche Auswirkungen das auf dich hat.

Nehmen wir an, du gehst in ein Restaurant und bekommst einen Platz, an dem andere Menschen direkt hinter dir sitzen. Ihr sitzt jeweils in der Aura des anderen. Das kann sehr anstrengend für dein Energiefeld sein.

Manchmal kannst du nichts dagegen tun, beispielsweise in Zügen, Bussen und Flugzeugen. Dann kannst du zur Unterstützung die Übung 7.1 machen, um eine schützende Abgrenzung deines Energiefeldes zu bauen. Aber oft *kannst* du die Situation ändern. Wenn du etwa in einem Restaurant einen Platz angewiesen bekommst, schau dich erst um und stelle fest, wo die Menschen nicht so eng aufeinander sitzen. Dann frage, ob du dich dort hinsetzen kannst. Setz dich auch nicht an einen Platz, hinter dem ein belebter Gang verläuft, da die Menschen dort durch dein Energiefeld laufen.

Leider ist dieses Thema zu umfangreich für das vorliegende Buch, aber lerne, dir des Feng Shui des Ortes, an dem du bist, bewusst zu werden, des

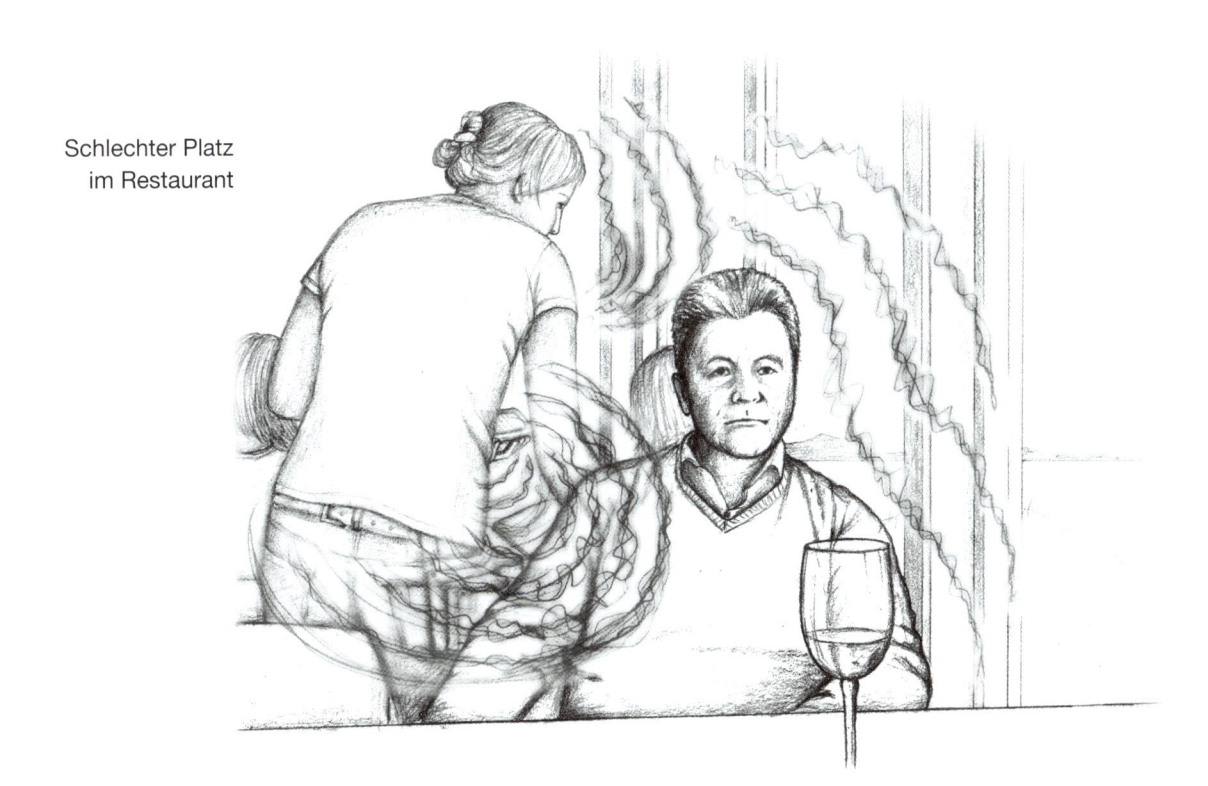

Schlechter Platz
im Restaurant

*Sei wachsam für
die Energien in Räumen
und wähle den Platz,
der dich am meisten
unterstützt.*

Guter Platz
im Restaurant

Energieflusses. Wenn du in einem Raum direkt im Strom des Eingangs sitzt, bedeutet das, dass du störende und sich ruhelos bewegende Energien aufnimmst. Finde stattdessen einen Ort, an dem die Energien friedlicher sind. Wenn du anfängst, auf den Fluss der Energie in Gebäuden und an verschiedenen Orten zu achten, wirst du lernen, was sich für dich gut anfühlt.

## »NEIN« sagen

Auch wenn es nicht unsere Absicht ist, in diesem Buch die tieferen psychologischen Aspekte anzugehen, die hinter vielen Energiemustern stecken, möchten wir doch deine Aufmerksamkeit darauf lenken, was hinter dem Wort »Nein« steckt. Viele von uns sind einfach »nette« Menschen – zu nett. Wir können nicht »Nein« sagen. Es gibt eine Art moralischer/religiöser Ethik, die Wert darauf legt, nicht selbstsüchtig oder egoistisch zu erscheinen. Das macht es uns schwer, »Nein« zu sagen.

Jemand bittet uns, etwas zu tun. Wir sagen oft »Ja«, aber unterschwellig grollen wir, da wir eigentlich »Nein« sagen wollen. Jemand ist sehr aufgeregt oder emotional und möchte dir das erzählen, und du denkst, ihm zuhören zu müssen. Du wagst nicht zu sagen: »Tut mir leid, aber ich kann dir gerade nicht zuhören.«

Wenn wir in unseren Seminaren damit arbeiten, ist es kaum zu glauben, wie viele Menschen stammeln, innerlich kämpfen und das Wort »Nein« fast nicht herausbringen. »Nein« sagen zu können ist notwendig und gesund! Überlege einmal: Wenn du kein echtes »Nein« aussprechen kannst, dann kannst du auch kein echtes »Ja« sagen. Nur wenn du für dich selbst ganz klar deinen Raum einnehmen kannst, kannst du in Freiheit und aus freien Stücken heraus deinen Raum für andere zugänglich machen. Und das ist wunderschön, sowohl für dich als auch für den anderen!

Frau lädt Energie beim Mann ab und überwältigt ihn

*Lerne, »Nein« zu sagen, um das Aufnehmen von Energien, die uns nicht gut tun, zu beenden.*

Mann sagt »NEIN« zu diesen Energien und schützt seinen persönlichen Raum

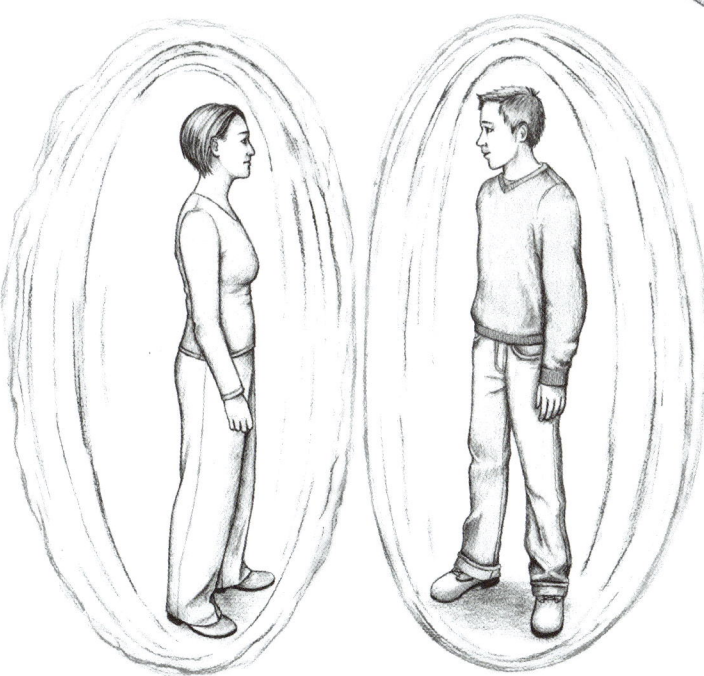

Zu jemandem »NEIN« zu sagen ist ein »JA« zu deinem persönlichen Raum. Es hilft euren beiden Feldern, zu einem »richtigen« Raum zurückzukommen.

**Bewusstseinsübung 7.4   Sage »Nein«**

*Wir möchten dir eine schwierige Übung vorschlagen. Sage heute zu jemandem »NEIN«. Und wenn du es noch nicht tun kannst, sei zumindest ehrlich zu dir selbst. Gestehe dir ein, dass du »Nein« sagen möchtest, und achte auf die Wirkung, die ein ungesundes, unehrliches »Ja« auf dich hat. Du kannst versuchen, innerlich »NEIN« zu sagen, ohne es laut auszusprechen.*

# 8 Energie-Lecks und der »Ring-Pass-Not«

**DEFINITION: »Ring-Pass-Not«**

*Der »Ring-Pass-Not« (der Ring, der nicht zu übertreten ist), ist eine weiche Abgrenzung, die Energien davon abhält, nach außen zu strömen und sich über einen bestimmten Punkt hinauszubewegen. Eine Mauer ist eine Abgrenzung, die Energien von außen davon abhält, nach innen zu gelangen. Ein »Ring-Pass-Not« hält deine Energien davon ab, hinauszuströmen.*

Der »Ring-Pass-Not« ist eine weiche Begrenzung, die Energien davon abhält, nach außen zu strömen und sich über einen bestimmten Punkt hinauszubewegen. Er ist nicht so sehr eine schützende Mauer, die äußere Dinge davon abhält, hereinzukommen, als vielmehr der Rand eines Energiefeldes, der deine Energien davon abhält, nach draußen zu strömen. Obwohl ein »Ring-Pass-Not« auch so funktioniert, dass er Energien davon abhält, hineinzugelangen, möchten wir in diesem Abschnitt das Augenmerk darauf legen, wie du deine Energien daran hindern kannst, hinauszufließen.

Ein natürlicher »Ring-Pass-Not«: ein Wassertropfen

**137**

Das wahrscheinlich beste Beispiel für einen solchen »Ring-Pass-Not« ist etwas, was du gut kennst: ein Wassertropfen. Die Oberflächenspannung hält den Tropfen zusammen und gibt ihm seine charakteristische Form. Ohne diesen Schutzring würde das Wasser in alle Richtungen fließen, und der Tropfen würde verschwinden. Der »Ring-Pass-Not« eines Wassertropfens ist keine harte Wand, aber er verhält sich wie ein Rand, der einen Behälter schafft.

Das menschliche Energiefeld hat einen natürlichen »Ring-Pass-Not« um sich herum. Er dient dazu, dass du unversehrt bleibst, und hält deine Energien davon ab, zu sehr nach draußen zu fließen.

Aber nicht nur das gesamte Energiefeld, sondern auch spezielle Bereiche des Feldes haben einen »Ring-Pass-Not« um sich.

## Das Verletzen unser eigenen Grenzen

Wir alle haben mit dem »Ring-Pass-Not« das Problem, dass wir, ohne es zu wissen, diese natürliche Abgrenzung durchbrechen. Das Ergebnis ist, dass unsere Energien auf eine Art und Weise hinausfließen, die uns aus dem Gleichgewicht bringt, und dadurch verletzen wir unsere eigenen Grenzen.

*Wir verletzen unsere eigenen Grenzen.*

*Ich, Kabir, arbeitete mit einem guten Freund, der mich sehr mochte, in einem Büro. Jeden Tag, wenn er eintraf, begrüßte er mich überschwänglich mit dröhnender Stimme mit einem »Guten Morgen!«. Und ich fiel fast vom Stuhl!*

*Als wir eines Tages darüber sprachen, dachte er eine Weile nach und sagte dann: »Mein Herz ist wie ein großes Hundebaby. Wenn ich jemanden begrüße, den ich sehr mag, springe ich ihn förmlich an. Jetzt erkenne ich, dass ich die Menschen bisher immer umgeworfen habe! Kein Wunder, dass die Leute vor mir davonlaufen!«*

*Er fügte hinzu: »Nachdem wir jetzt darüber gesprochen haben, merke ich, dass ich mich immer etwas unwohl fühle, wenn ich jemanden auf diese Art und Weise begrüße. Obwohl es mich einerseits glücklich macht, fühle ich danach aber auch diese starke Spannung in meiner Brust.«*

*Er hatte nicht nur meine Grenzen verletzt – er hatte auch seine eigenen Grenzen verletzt. Sein Herz sprang in seiner Brust so heftig auf den anderen zu, dass es die Grenze seines eigenen Energiefeldes überschritt.*

Unsere Absicht ist hier bewusstes »Eingrenzen«. Vom Ort der Achtsamkeit her sagst du dir ganz bewusst: »Halte die Energien im Zaum. Lass nicht zu, dass sie andere anspringen.« Du erlaubst der Begeisterung innerlich da zu sein, aber du überträgst sie nicht zu heftig auf andere. Du baust in diesem Augenblick einen »Ring-Pass-Not«, um deine Begeisterung einzudämmen und dafür zu sorgen, dass sie sich auf gesunde Weise äußert. Das bedeutet nicht, dass du deiner Begeisterung nicht Ausdruck verleihst. Es bedeutet, dass du die richtige Balance im Ausdruck findest, ohne die Grenzen deines Energiefeldes zu überschreiten.

**Verletzen unser eigenen Grenzen**
Du kannst leicht deine eigenen Grenzen verletzen, wenn deine Gefühle zu stark sind.

Wenn du das erst einmal verstanden hast, kannst du bewusst einen »Ring-Pass-Not« aufbauen. Das wird dir auf unglaubliche Weise gute Dienste leisten. Tatsächlich ist es eine sehr wichtige energetische Fertigkeit, die du erlernen solltest.

## Die Vorteile eines »Ring-Pass-Not«

- Er grenzt deine Energien ein und ermöglicht ihnen, sich aufzubauen und so Kraft und Ladung zu erschaffen.

**Ein »Ring-Pass-Not« um den äußeren Rand unseres Energiefeldes**

Ein »Ring-Pass-Not« dämmt unsere Energien ein und hält sie davon ab, überallhin zu fließen.

- Er hält deine Energien im richtigen Gleichgewicht und unterstützt so das Erstarken deines Kerns.
- Indem du einen klaren Schutzring hast, erschaffst du einen Raum, der ganz dir gehört. Es ist dein »heiliger« Ort, dein Raum des Seins. Hier kannst du es dir erlauben, verletzlich zu sein. Und in dieser Verletzlichkeit entdeckst du auch das, was wir die Stärke der Verletzlichkeit nennen: die Stärke, die entsteht, wenn das Wesen den Raum hat, zu »sein«, und es dein Feld füllen kann.
- Und zu guter Letzt ist die beste Form des Schutzes die, wenn du »voll« bist und deinen eigenen Raum mit deinen Kernenergien »füllst« und sie in den gegenwärtigen Moment einbringst.

Versuchen wir es:

### Übung 8.1   Baue einen »Ring-Pass-Not«

**A. Vorbereitung**

**1. Mache eine kurze Version der »Baum-Übung« (siehe Übung 4.3)**

*Lass deine Wurzeln wachsen, erde dich, atme den Kernkanal hinauf und dehne deine Krone aus. Visualisiere, wie du ungefähr 90 Zentimeter in alle Richtungen ausstrahlst.*

**B. Kernübung**

**2. Verdichte die Ränder deines Energiefeldes zu einem Ring**

- *Strecke deine Arme weit nach vorn. Die Handinnenflächen zeigen zu deinem Körper hin. Bewege dann langsam die Hände ungefähr 15 Zentimeter weit auf deinen Körper zu. Während du das tust, visualisiere, wie du die Begrenzung deines Energiefeldes verdichtest und dabei verfestigst.*

- *Tu dies um dein gesamtes Energiefeld herum – vorn, hinten, seitlich, oben und unten. »Sieh« mit deinem Inneren Auge, wie der Ring, der gebildet wurde, als Begrenzung dient, um deine Energien im Innern zu halten.*
- *Wenn dein Energiefeld klare und gut umgrenzte Ränder hat, lass deine Hände ruhen und entspanne dich.*

### 3. Stell dir den »Ring-Pass-Not« vor, der deine Energie eingrenzt

*Halte das Bild des schützenden »Ring-Pass-Not« vor deinem geistigen Auge. Stell dir vor, dass die Ränder deines Energiefeldes ringsherum gut definiert, aber nicht gemauert oder starr sind. Sie grenzen deine Energie ein, damit du keine Energie verlierst.*

## C. Abschluss

### 4. Teste deinen »Ring-Pass-Not«

*Öffne jetzt langsam die Augen. Ist dein Schutzring noch stark, oder wurde er schwächer dadurch, dass du nach außen schaust? Mach dir keine Sorgen! Stell ihn dir einfach wieder vor und erinnere dich daran, wie er sich in deinem Körper angefühlt hat.*

> ### Kurzanleitung
>
> 1. Mache eine Kurzversion der Baumübung 4.3
> 2. Verdichte die Ränder deines Feldes zu einem Ring
> 3. Stell dir den »Ring-Pass-Not« vor, der deine Energie eingrenzt
> 4. Teste deinen »Ring-Pass-Not«

# Andere Wege, wie du dich selbst verletzt

Sexuelle Anziehung zerrt den
Bauchbereich auf.

Das Wollen und Tun zerrt den Bereich
des Solarplexus auf.

Denken zerrt den Bereich
des Dritten Auges auf.

**Ein »Ring-Pass-Not«, der die sexuelle Anziehung, das Wollen
und Tun sowie das Denken eingrenzt**

Ein bewusst hergestellter »Ring-Pass-Not« begrenzt willentlich
Energien, die sonst die Tendenz hätten, unsere Feldabgrenzung
zu überschreiten. Das unterdrückt die Energien nicht; vielmehr ist
dies Teil eines größeren Transformationsprozesses, der die
Energien begrenzt, steuert, umleitet und letztlich transformiert.

# Energie-Lecks

> **DEFINITION: Energie-Lecks**
>
> *Ein Energie-Leck sind ein oder mehrere Bereiche in unserem Energiefeld, aus denen Energie nach außen entweichen kann.*

Einer der Vorteile des »Ring-Pass-Not« ist es, dass er dafür sorgt, dass deine Energie unversehrt bleibt und dir zur Verfügung steht. Stell dir das Energiefeld wie einen Behälter vor. Wenn da kein gesunder Schutzring ist, ist das so, als hätte der Behälter Löcher, durch die wir Energie verlieren. Wir bezeichnen diesen Zustand im Scherz als »Schweizer Käse-Energiefeld« – voller Löcher, die der Energie erlauben, sich zu verflüchtigen.

Große Energieentladungen sind Dinge wie »emotional durcheinander« zu sein oder Stress. Beides verbrennt riesige Mengen an Energie. Kleine Entladungen bemerken wir oft gar nicht, aber sie laugen unsere Energie aus, beispielsweise wenn wir auf der Straße gehen und unsere Aufmerksamkeit sich in alle Richtungen zerstreut, oder durch das Geplapper des Verstandes, übermäßiges Reden und vieles andere mehr.

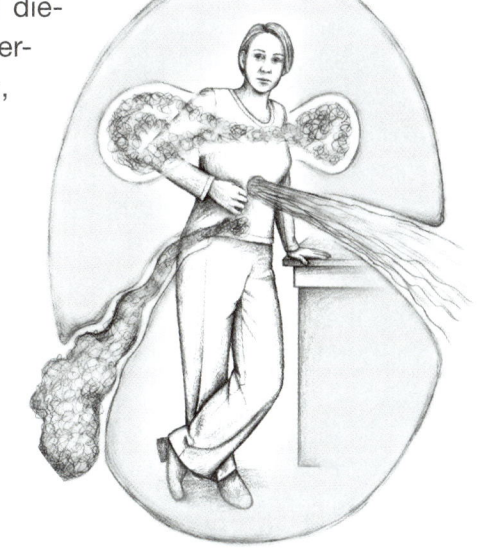

**Energie-Lecks**

## Beispiele für Energie-Lecks

| **Große Energie-Lecks** | **Kleine Energie-Lecks** |
|---|---|
| *Emotional durcheinander sein* | *Aufmerksamkeit, die hierhin und dorthin gezogen wird* |
| *Stress* | *Zu viel sprechen* |
| *»Die Wände hochgehen«* | *Übermäßig nach außen fokussiert sein* |
| *Umgebung mit hoch chaotischer Energie* | *Das Geplapper des Verstandes* |

### Übung 8.2  Dichte dein Energie-Leck ab

**A. Vorbereitung**

**1. Stimme dich auf das Energie-Leck ein**

*Stell dich hin, die Füße schulterbreit. Beginne, indem du dich auf das Gefühl einstimmst, dass du über deine Grenzen gegangen bist, dass deine Energie zu weit draußen ist. Achte genau auf den Ort, die Stelle, an der du das Gefühl hast, deine Grenzen überschritten zu haben, oder an der die Energie nach draußen leckt.*

**B. Kernübung**

**2. Sammle leckende Energien wieder ein**

*Konzentriere dich auf den Ort, an dem die Energien zu weit draußen sind. Benutze jetzt die Hände, um die Energie wieder einzusammeln, sie näher an deinen Körper heranzuholen. Vertraue darauf, dass deine Intuition dir die richtige Entfernung sagt, aber beginne ungefähr auf Armlänge und hole dann die Energie zurück bis ungefähr auf halbe Armlänge. Wenn du das einige Male gemacht hast, wirst du bemerken, dass dieser Bereich sich anders anfühlt. Er fühlt sich angenehmer an, ist wieder mit mehr Energie gefüllt.*

### 3. Verschließe das Energie-Leck

*Stell dir vor, dass deine Hände das Loch oder Leck wieder reparieren können, indem sie die Ränder dieses Bereiches glätten und ein energetisches Pflaster darauf legen. Jetzt können deine Energien nicht mehr so einfach entweichen. Verwende das Bild eines lebendigen, hübsch eierförmigen Feldes um dich herum, das dich unterstützt.*

**C. Abschluss**

### 4. Entspanne dich in deinem versiegelten Energiefeld

*Jetzt ruh die Hände aus und entspanne dich. Stell dir vor, dass die Ränder deines Energiefeldes versiegelt, aber nicht zugemauert sind, und dass deine Energie eingegrenzt ist und dir voll und ganz zur Verfügung steht.*

> **Kurzanleitung**
>
> 1. Stimme dich in das Energie-Leck ein
> 2. Sammle leckende Energien wieder ein
> 3. Verschließe das Energie-Leck
> 4. Entspanne dich in deinem versiegelten Energiefeld

## Übung 8.3   Eine Energie-Leck-Bewusstseinsübung für heute

*Du kannst heute tagsüber eine einfache Bewusstseinsübung machen. Achte auf die vielen Gelegenheiten, bei denen deine Aufmerksamkeit und deine Energie sich nach außen bewegen. Jetzt nimm wahr: Hat mir das Energie gebracht oder meine Energie dezimiert? Beachte auch, dass es uns oft, wenn wir aus uns herausgehen, für den Augenblick Energie gibt. Das kann aufregend oder fesselnd sein, aber etwas später sinkt unser Energieniveau dann erheblich ab.*

# 9 Das gesunde und das ungesunde INNEN

## Gesunde und ungesunde Wege, nach INNEN zu gehen

*»Es ist ein Ruf, sich nach innen zu wenden, doch nicht reaktiv – nicht sich wie ein Hund in der Kälte einrollen, sondern sich wie ein Adler ins Innere aufschwingen.«*

Dschalal ad-Din al-Rumi

Aus der energetischen Perspektive gesehen gibt es gesunde Wege, sich nach innen zu bewegen. Rumi beschreibt dies mit den Worten, *»sich wie ein Adler ins Innere aufschwingen«*. Es ist gesund, wenn die Energie sich nach innen auf dein Zentrum, deinen Wesenskern, zu bewegt und du auf dich eingestimmt bist und in dir ruhst.

Aber Rumi spricht in seinen Worten *»doch nicht reaktiv – nicht sich wie ein Hund in der Kälte einrollen«* noch etwas anderes an – nämlich ungesunde Arten und Weisen, INNEN zu sein. Bei dieser Art des INNEN-Seins hat sich unser Energiefeld kontrahiert, es hat sich zurückgezogen, ist angespannt und klein.

Vielleicht kennst du das aus Situationen, in denen du angegriffen und verletzt wurdest, und ein Teil von dir zog sich ins Innere zurück. Oder du erinnerst dich an Phasen, in denen du dich schlecht gefühlt und verschlossen hast.

Unglücklicherweise haben viele von uns Bereiche im Energiefeld, die fast dauerhaft verschlossen sind. Es sind Dinge in unserem Leben geschehen, die dazu führten, dass wir uns zurückzogen. Jetzt, Jahre später, sind wir immer noch kontrahiert und in dieser Haltung fast eingefroren.

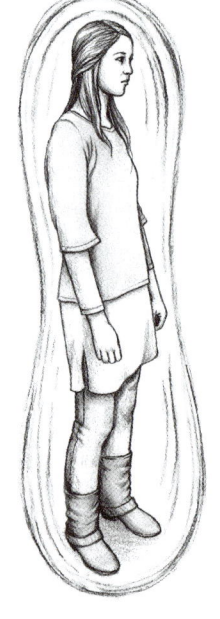

**Kontrahierte Person**
Eine ungesunde Weise, nach innen zu gehen

# Kontraktionen auf tieferen Ebenen deines Selbst

Du kannst auf tieferen Ebenen deines Selbst kontrahiert sein, ohne nach außen hin so zu wirken. Oberflächliche Schichten deines Feldes sind vielleicht fröhlich und aufgeschlossen, während tiefer liegende Bereiche zurückgezogen und nicht zugänglich sind.

Diese kontrahierten Zustände sind nicht nur nicht gut für dich, weil sie dich klein machen und deinen Energiefluss beeinträchtigen, sie schaden auch deinen Beziehungen. Sie sind wie verschlossene Türen, die jede Intimität blockieren. Sekundäre Reaktionen darauf sind, dass andere sich vielleicht von dir zurückgewiesen oder nicht geliebt fühlen. Manchmal ziehen sich diese Menschen dann zurück und wenden sich ab. Bei anderen Gelegenheiten setzt dies die Bedürftigkeit der anderen frei, und sie klopfen dann noch lauter an deine verschlossenen Türen. Das kann zu einem Teufelskreis führen, bei dem du dich noch mehr verschließt, die anderen wiederum versuchen, mehr zu bekommen, und immer so weiter.

Äußerlich strahlende Person mit tieferen, kontrahierten Schichten

Am anderen Ende des Spektrums können diese Kontraktionen andere unbewusst dazu einladen, deinen Raum einzunehmen und Dinge zu tun, die dazu führen, dass du dich noch mehr kontrahierst. Dieser Mechanismus läuft über die Instinkte. Du kennst den Ausdruck »Hackordnung«. Die Henne ganz oben in der Hierarchie hackt auf diejenigen unter ihr ein. Die nächststärkste Henne hackt wiederum auf die Hennen unter *ihr* ein. So geht es immer weiter, und alle hacken auf denen herum, die am unteren Ende der Rangordnung stehen.

Wenn du deinen Raum zusammenziehst, gibst du deinen Raum auf und andere nehmen ihn ein. Ihre Instinkte erleben dich als schwach und verletzbar – man kann also auf dir herumhacken –, und so hackt man auch auf dir herum, was dazu führt, dass du dich noch mehr kontrahierst. Es kann sich ein Teufelskreis einstellen, in dem du kleiner und kleiner wirst. Dieser Mechanismus ist oft in Situationen anzutreffen, in denen gemobbt wird, Rangordnungen vorhanden sind, Macht missbraucht und Herrschaft über andere ausgeübt wird.

### »Öffnet den Vorhang!«

Margarethas Geschichte:

*Das Publikum ist aufgestanden, klatscht Beifall und ruft nach einer Zugabe. Hinter dem Vorhang schauen mein New Yorker Pianist und ich uns beglückt an. »Wir haben es geschafft!« Was für ein Moment. Mein Herz schlägt heftig vor Freude und Dankbarkeit: Unser Liederabend »Moon\*Night\*Dreams« war ein voller Erfolg! Die Musik schwingt noch in der Luft. Da war so viel Übereinstimmung und »Flow« ... Wir waren inspiriert.*

*Plötzlich blitzen die Erinnerungen auf ...*

*... wie Musik für mich bereits als Kind eine magische Welt war. Im Alter von fünf Jahren begann ich Klavier zu spielen, und wann immer ich Musik hörte, begann ich auf der Stelle zu tanzen ... bis zu dem Tag, an dem Klassenkameraden mich auslachten und ich mich zum ersten Mal für mein spontanes Tanzen schämte ...*

*... wie ich mit 14 Jahren in ein musisches Internat geschickt wurde. Ich liebte es, im Chor zu singen, meine ersten Lektionen im Dirigieren zu bekommen und bei Proben am Klavier zu korrepetieren. Aber ich fühlte mich so anders, so verschieden von meinen Klassenkameraden, von der Art, wie sie redeten, sich anzogen oder wie sie ihre Freizeit verbrachten. Ich begann, mich in meinem kleinen Zimmer oder in der dunklen Bibliothek zu verkriechen, oder ich übertönte meine Einsamkeit, indem ich mich an die kleine, ungestimmte Hausorgel setzte, deren Pfeifen alles andere als harmonische Klänge abgaben ...*

*... an die Entmutigung, als ich meinem Lieblingsprofessor, nachdem ich meinen Diplom-Abschluss als Dirigentin und Organistin in der Tasche hatte, mitteilte, dass ich Gesang studieren wollte. Er runzelte daraufhin die Stirn und sagte: »Ich glaube, du hast weder die Stimme noch den Schwung, eine Sängerin auf professioneller Ebene zu werden« ...*

*Und dennoch war da diese Sehnsucht in meinem Herzen, und ich sagte mir: »Ich muss lernen, frei zu singen – ganz gleich wie!« Ich wurde auch wirklich für das Studium der Gesangspädagogik angenommen.*

*Und schließlich ...*

*... einer dieser vielen glückseligen Momente in Cornelius Reids Gesangsstudio in New York City. Ich halte einen langen hohen Ton. Zuerst quietscht und krächzt er, bis plötzlich etwas in mir aufbricht und einen wunderschönen und doch so kräftigen Ton freigibt, dass ich kaum glauben kann, dass er aus mir herauskam ...*

*Der Stups meines Pianisten holt mich zurück. Etwas, wovon ich geträumt hatte, ist jetzt Realität geworden. Und jetzt bin ich hier, eine professionelle Sopranistin hinter der Bühne, die darauf wartet, Schumanns »Mondnacht« als Zugabe zu singen. Das Publikum klatscht noch immer und ruft. Auf geht's!*

Natürlich kam mein Erfolg als Sängerin nicht über Nacht. Und nicht die Stimmbildung allein brachte mich so weit – es war vor allem eine Reise der Selbstfindung. Ich erkannte, dass ich eingefroren gewesen war. In der Schule hatte ich mich zurückgezogen, um mich zu schützen, hatte Wände aufgebaut, die niemand durchdringen konnte, und dabei unbewusst mein Energiesystem festgezurrt. Dieser eingefrorene Zustand blockierte meinen Kern und ließ meine Energie dumpf und schwerfällig werden. Kein Wunder, dass niemand es mir zutraute, Sängerin zu werden!

Im Laufe der Inneren Arbeit erkannte ich, dass ich nur, wenn ich »auftaute« und mich wieder für meine Gefühle und meine Verletzlichkeit öffnete, meine wahre Stimme und meine größte Gabe freisetzen kann.

Nach langen Jahren der Suche begegnete ich schließlich Lehrern, die nicht nur meiner Sehnsucht vertrauten, sondern auch Werkzeuge der Befreiung zur Verfügung stellen konnten. Es dauerte noch einige Jahre, bis ich energetisch und psychisch sowie auch physisch meine authentische Stimme befreien konnte.

Aber nachdem ich das getan hatte, gewann ich ein ganz neues Leben. Heute bin ich als Sängerin, als Gesangslehrerin und als Energietherapeutin erfolgreich. Ich unterstütze Menschen dabei, sich für ihr authentisches Selbst zu öffnen, ihren Energiefluss zu befreien, ihre Stimme von tief innen aus dem Wesenskern erschallen zu lassen und sich spontaner auszudrücken.

## Tiefere Schichten deines Selbst öffnen

Wenn du dich eingefroren, kontrahiert und im Verborgenen fühlst, bedeutet das, dass du dich in das ungesunde INNEN zurückgezogen hast. Du bist INNEN und darin eingesperrt.

Hier folgt eine Übung, die diesen ungesunden INNEN-Zustand wieder öffnet. Sie gibt deinem Innenleben wieder Raum, sich auszudehnen und zu atmen. Das ist kein »Quick fix« – keine schnelle Patentlösung. Jedes Mal, wenn du diese Übung ausführst, öffnest du dich etwas mehr. Wenn du dies über einen gewissen Zeitraum übst, wird es dich auf unglaublich neue Art und Weise öffnen.

### Übung 9.1   Löse den ungesunden INNEN-Zustand auf

**A. Vorbereitung**

**1.   Fühle die Kontraktion und sei bei ihr**

*Richte deine Aufmerksamkeit dorthin, wo du dich kontrahiert fühlst. Du spürst das vielleicht als einen Knoten im Körper oder als eine Taubheit oder ein Eingefrorensein, oder du fühlst dich in einem engen Energiefeld eingesperrt. Konzentriere dich auf diese Empfindungen in deinem Körper und/oder in deinem Energiefeld.*

**B. Kernübung**

**2.   »Schmelze« die Kontraktion und löse sie auf**

*Atme ein paar Mal tief in diese Stelle hinein, die sich verengt anfühlt. Stell dir vor, dass dein Atem diese eingefrorene Stelle zum Schmelzen bringt. Fühle, wie die Knoten weicher werden und die undurchdringlich festen Begrenzungen sich entspannen.*

## 3. Dehne kontrahierte Energien mit deinen Händen aus

- *Atme weiter so und lege nun die Hände auf die Körperstelle, unter der du die Kontraktion spürst.*
- *Visualisiere, wie deine Hände diesen tieferen Ort berühren. Dann bewege sanft die Hände nach außen und öffne diesen Bereich deines Energiefeldes. Fühle es als ein zartes Energiegewebe, das du sanft mit den Fingern nach außen ziehst.*
- *»Sieh«, wie dein Kern weicher wird und sich ausdehnt. Vielleicht stellst du fest, dass dein Atem leichter und tiefer wird. Lass dein Energiefeld weiter und voller werden.*

## C. Abschluss

### 4. Fühle die Freiheit, zu sein

*Fühle, wie du wieder Raum hast. Fühle die Freiheit, zu sein.*

Kontrahierte Energien wieder nach außen öffnen

### Kurzanleitung

1. *Fühle die Kontraktion und sei bei ihr*
2. *»Schmelze« die Kontraktion und löse sie auf*
3. *Dehne kontrahierte Energien mit deinen Händen aus*
4. *Fühle die Freiheit, zu sein*

---

*Das Öffnen des »ungesunden INNEN« öffnet deine Berührbarkeit. Es können tiefe Gefühle hochkommen: alte Tränen, die verborgen waren, manchmal sogar für Jahre, Angst, die dich zittern lässt, sogar unausgedrückter Ärger – all dies kann beginnen, in dir zu schwingen. Wage es, diese Gefühle zu erfahren. Lass sie hochkommen. Dies ist nun ein sicherer Raum. Verletzlichkeit liegt nah an der Essenz. Sie zu öffnen ist das kostbarste Geschenk, das du dir selbst machen kannst.*

Das Öffnen des ungesunden INNEN-Zustands ist ein wichtiger Schritt auf dem Weg, zu deinem authentischen Selbst zurückzukommen. Eine kraftvolle Methode dafür ist das »Energie-Modellieren«, das dir hilft, die Form und die Struktur von Energie im Energiefeld zu »sehen«.

### Übung 9.2 Öffne den ungesunden INNEN-Zustand durch »Energie-Modellieren«

1. **Schritt eins: Diagnostizieren**

- **Scannen – finde heraus, wo du zu sehr im INNEN bist**

*Scanne deine Energie, indem du deine Hände langsam durch dein Feld bewegst – nach oben, unten, vorn, zu den Seiten und nach hinten. An bestimmten Punkten wirst du vielleicht langsamer werden oder innehalten, oder deine Hände werden sich anders anfühlen, dicht oder kühl oder heiß oder ...?*

- **Vertraue deiner Intuition**

*Höre auf deine Hände, auf die Empfindungen in deinem Körper, auf die Gedanken, die plötzlich in deinem Verstand auftauchen. Filtere nichts, ignoriere nichts, sei offen.*

- **Finde die richtige Stelle**

*An einem gewissen Punkt wirst du spüren: »Das ist die Stelle«, das Zentrum der Energie, die zu sehr im INNEN ist. Wenn es mehr als eine Stelle gibt, wähle diejenige, die gerade am stärksten ist.*

2. **Schritt zwei: Energie-Modellieren**

- **Finde die Energie-»Gestalt«**

*Wir werden deine Hände benutzen, um die Struktur der Energie, die da ist, zu formen und zu modellieren. Halte deine Hände an dieser »unzentrierten« Stelle. Nach einiger Zeit werden sich verschiedene Eigenschaften offenbaren. Mögliche Beispiele dafür sind: kollabiert, verknotet, eingefroren, taub, schwer wie ein Stein, leer, dumpf, stachelig oder spitz.*

Versuche, deine Hände und Finger intuitiv auf verschiedene Weise zu bewegen. An einem bestimmten Punkt wird sich eine spezielle Handbewegung oder Position »richtig« anfühlen, so als hättest du die Form oder den Fluss gefunden.

3. Schritt drei: Öffne das »ungesunde INNEN«

- **Nutze die Hände und den Atem**

*Halte deine Hände in der Position, die du beim Energie-Modellieren eingenommen hast. Atme tief ein und aus, um diese Stelle aufzuladen. Die Empfindung wird beginnen, sich zu verlagern.*
*Nun verändere langsam deine Handposition zu einer neuen, offeneren Position hin, die sich gesünder anfühlt. Visualisiere, wie die Energie sich öffnet und in gesünderer Art und Weise fließt.*

- **Öffne dich voll und ganz**

*Setze diesen Öffnungsprozess fort und lass ihn sich in andere Körperbereiche ausdehnen. Stell dir deinen Atem wie ein helles Licht vor, das langsam Knoten in deinem System schmilzt. Vertraue deinem Körper. Wenn du dich schütteln oder winden möchtest, lass es geschehen.*

- **Wage es, dein tieferes Selbst zu öffnen**

*Konzentriere dich auf das tiefere Selbst in deinem Kern. Lass die Energien deines essenziellen ICH deinen Handbewegungen folgen. Wage es, dich auszudehnen. Bewege deine Hände und Arme weiterhin, bis sie ganz offen sind. Halte diesen expandierten Zustand für ein paar Momente – das expandierte, offene ICH.*

> **Kurzanleitung**
>
> 1. *Schritt eins: Diagnostizieren*
>    - *Finde heraus, wo du zu sehr im INNEN bist*
>    - *Vertraue deiner Intuition*
>    - *Finde die richtige Stelle*
>
> 2. *Schritt zwei: Energie-Modellieren*
>    - *Finde die Energie-»Gestalt«*

3. Schritt drei: Öffne das »ungesunde INNEN«
- Nutze die Hände und den Atem
- Öffne dich voll und ganz
- Wage es, dein tieferes Selbst zu öffnen

## DEFINITION: Energie-Modellieren

*Das Energie-Modellieren hilft dir, den Fluss, die Form und die Struktur einer Energie zu identifizieren, die dich aus dem Zentrum wirft.*

## Das gesunde INNEN – Essenz und die Reise nach innen

Bis jetzt haben wir uns mit Energien beschäftigt, die in dein INNEN gelangen, und damit, wie du deine eigenen Energien INNEN in deinem Energiefeld halten kannst. Es gibt aber noch einen weiteren Aspekt des Wortes INNEN: dein Innenleben, deine innere Welt, die unabhängig von der äußeren Welt um dich herum besteht.

Ein großartiger Schritt auf der inneren Reise der Selbstfindung ist, wenn du lernst, nach innen zu gehen. Es gibt Dimensionen über Dimensionen, Welten über Welten an Gefühlen, Gedanken und Bewusstsein in uns. Dieses Buch unterstützt den Prozess des Nach-Innen-Gehens.

Es gibt ein wunderschönes Lied des Musikers Donovan, das dies ausführlich beschreibt:

> *There is an ocean of vast proportion,*
> *And she flows within ourselves.*
> *To take dips daily we dive in gaily,*
> *He knows who goes within himself.*

*The abode of Angels, the mystical Promised Land,*
*The one and only Heaven, the God of man*
*Is but the closing of an eyelid away.*

*Es gibt einen Ozean riesigen Ausmaßes,*
*und der fließt in uns selbst.*
*Um täglich einzutauchen, springen wir fröhlich hinein,*
*der weiß davon, der in sich geht.*
*Der Aufenthalt von Engeln, das mystische Gelobte Land,*
*der einzig wahre Himmel, der göttliche Mensch,*
*ist nur einen Wimpernschlag entfernt.*

Als ich, Kabir, noch ein Teenager war, erlebte ich die typische Angst der Teenager, die Achterbahn der Gefühle, den Ärger über das System, die Lehrer, die Schule und Autoritäten und die übliche Selbstverurteilung und Identitätskrise. Wie so viele Teenager dachte ich: »Wenn ich nur zu dieser angesagten Gruppe gehören würde, ein schönes Auto hätte, besondere Aufmerksamkeit von diesem hübschen Mädchen bekäme, dann wäre ich glücklich.« Natürlich gab es Momente des Glücks, in denen ich für einen Augenblick obenauf war, nur um dann wieder in den Strudel geworfen zu werden.

In einem dieser dunkleren Momente der Innenschau und des »Mich-in-Frage-Stellens« erinnerte ich mich an einen vergangenen glücklichen Augenblick. Kurze Zeit war es so, als erlebte ich diesen Augenblick wieder, und das machte mich glücklich. In meinem Inneren ging mir ein Licht auf. Ich erkannte, dass, wenn ich durch eine Erinnerung wieder glücklich sein konnte, Glück ein Gefühl war, das irgendwo in meinem Gehirn lebte und zu dem es einen Zugang gab, unabhängig davon, was in der äußeren Welt geschah. Es war so, als gäbe es einen Glücksschalter in meiner Psyche, und wenn ich diesen Schalter umlegen könnte, wäre ich glücklich.

Als diese Einsicht in mir wuchs, erkannte ich, dass die äußeren Dinge, von denen ich gehofft hatte, dass sie mir Glück bringen würden, vergänglich und unbeständig waren. Mein Auto lief gut, als ich es kaufte, aber dann ging es kaputt. Ein Freund, den ich letzte Woche noch hatte, war diese Woche weg. Sogar Menschen, von denen ich zuvor gedacht hatte, dass sie glücklich waren, weil sie das hatten, was ich nicht hatte, erlitten die gleichen Enttäuschungen wie ich und erlebten ihre eigene Achterbahn.

# Glücklichsein ist eine Geisteshaltung und hängt nicht von äußeren Dingen ab

Ich erkannte, dass Glücklichsein eine Geisteshaltung ist, die nicht von äußeren Dingen abhängt, und dass ich Zugang dazu hatte. Glück lebte in mir, unabhängig von der äußeren Welt. Es spielte keine Rolle, was ich besaß, wen ich kannte, wie viel Geld ich hatte oder wie erfolgreich ich war – einzig wichtig war mein Zugang zu diesem Ort im Inneren, an dem das Glücksgefühl wohnt.

Diese Einsicht setzte eine intensive Reise nach innen in Gang. Ich wollte unbedingt verstehen, warum ich manchmal diesen Schalter fand, aber andere Male nicht. Ich wollte den Ursprung dieser Gedankenwolken und Gefühle finden, die das Licht der inneren Sonne verdunkelten. Ich stellte fest, dass ich eine ganze Menge Gefühle aus meiner Erziehung mit mir herumtrug, die mich verstopften. Und ich erlebte immer wieder neue Facetten des Glücks, Momente großer Freude und noch tieferer Erkenntnis.

Ich verstand jetzt, wie reich wir im Inneren sind. Was wir in Körper und Geist umfassen, ist unglaublich: Intelligenz, Freude, Kreativität, Liebe und noch so viel mehr. Wir müssen nur lernen, einen Zugang dazu zu finden.

Ich erkannte, dass die sprichwörtlichen fünf Sinne – Sehen, Fühlen, Riechen, Hören und Schmecken – alle auf die äußere Welt gerichtet sind. Ihr kontinuierlicher Input sorgt dafür, dass auch wir nach außen gewendet bleiben. Ich sah, dass es noch einen anderen Wahrnehmungssinn gibt, der nicht erwähnt wird und den wir den »Inneren Sinn« nennen könnten. Er ermöglicht es uns, uns auf unser Innenleben einzustimmen.

### DEFINITION: Der »Innere Sinn«

*Der Innere Sinn ermöglicht es uns,*
*uns auf unser Innenleben einzustimmen.*

In dem Maße, wie sich dieser Wahrnehmungssinn öffnet, enthüllt sich uns die innere Welt, und Schicht für Schicht, Schritt für Schritt werden die tieferen Schätze des Lebens offenbart. Du entdeckst das Glücksgefühl, nach dem du gesucht hattest, *in dir.* Eine Freiheit entsteht, in der deine Freude nicht mehr davon abhängt, was in deinem äußeren Leben geschieht. Und du beginnst deine Essenz zu entdecken, dein wesentliches Sein, das, was dich einzigartig macht, das »Goldene Wesen« in deinem Zentrum.

## Zweiter Abschnitt

# Die Horizontale
## Die Ebene der Aktion: INNEN und AUSSEN
## Teil II – AUSSEN

# 10 Schöpferkraft – deine Macht, zu erschaffen

## Die Macht der Schöpferkraft

Wärst du gern effektiver? Hättest du gern mehr Einfluss in deinem Leben? Hättest du gern erfülltere Beziehungen? Dann bist du bereit für einen weiteren großen Schritt im Umgang mit den Energien, die du nach AUSSEN schickst. Damit dein Leben gut funktioniert, ist es von zentraler Bedeutung, dass Energie auf gute Weise nach AUSSEN strömt.

**Schöpferkraft**
Energie strömt nach außen, um auf die Umgebung einzuwirken

Wir denken normalerweise, dass wir uns über Worte oder Handlungen ausdrücken. Aber bist du dir dessen bewusst, dass es mächtige Energien gibt, die aus deinem Energiekörper herausströmen? Du sendest Kordeln, Strahlen, Fäden und subtile Schwingungen aller Art aus. Diese nach AUSSEN fließenden Energien beeinflussen dein Umfeld auf unzählige Weise.

### ENERGIE-PRINZIP 11:
### Wir sind machtvolle Energieübermittler

*In jedem Moment senden wir von unserem Energiefeld kraftvolle Energien aus.*

**Deine AUSSEN-Energie erschafft:**

- Selbstausdruck
- Stärke und Durchschlagskraft
- Verbundenheit
- Kreativität
- Handlungsfähigkeit
- Leistungsfähigkeit
- Manifestation

Jeder formt und gestaltet die Umgebung durch die Energie, die er hinausschickt. Wir nennen das unsere Schöpferkraft. Sie ist eine der Säulen eines bewussten Lebens mit Energie.

### DEFINITION: Schöpferkraft

*Schöpferkraft ist unsere Fähigkeit, die Umgebung durch die Energie, die wir aussenden, zu formen und zu gestalten.*

Manchmal kann man erst im Nachhinein die Energien der Schöpferkraft klar erkennen, die eine Situation hervorgerufen haben. Im Augenblick des Geschehens sind wir zu sehr im Eifer des Gefechts, um objektiv sein zu können.

*Während eines Projekttreffens ärgerte ich, Kabir, mich über ein Teammitglied. Ich begegnete ihm in der Woche darauf in einem anderen Zusammenhang. Und plötzlich befanden wir uns mitten in einer Auseinandersetzung.*

*Als ich später am Tag darüber nachdachte, was geschehen war, erkannte ich, dass es bei dem Streit um einen Diskussionspunkt ging, der zu diesem Zeitpunkt nur scheinbar von Bedeutung gewesen war, aber nicht wirklich. Der Streit war ein Ausdruck des nicht aufgelösten Ärgers gewesen, den ich vom vorigen Treffen immer noch in mir trug.*

*Auch wenn meine Worte offensichtlich keinen Ärger erkennen ließen, war doch die Energie des Ärgers in meinem Energiefeld, und sie kam fast unmerklich heraus und traf den anderen. Er wurde davon verletzt und reagierte zunächst erschreckt, dann abwehrend und aggressiv. Obwohl ich es nicht bemerkt hatte, hatte ich meinen Mitarbeiter angegriffen und eine Auseinandersetzung vom Zaun gebrochen.*

## Bewusste und unbewusste Urheberschaft

Wir sprechen hier von unbewusster Urheberschaft. Obwohl Kabir sich nicht bewusst war, dass er es tat, hatte er doch eine Auseinandersetzung verursacht.

Unbewusste Urheberschaft liegt vor, wenn man sich der Energien, die man aussendet, und der Auswirkung, die sie haben, nicht bewusst ist.

> **DEFINITION: Unbewusste Urheberschaft**
> *Du bist dir der Energien, die du aussendest, und der Auswirkung, die sie haben, nicht bewusst.*

Wie viel geschieht in deinem Leben als Folge von Energien, die du unbewusst aussendest? Sicher hattest du schon einmal einen Streit oder Spannungsmomente oder Schwierigkeiten mit jemandem und stelltest hinterher

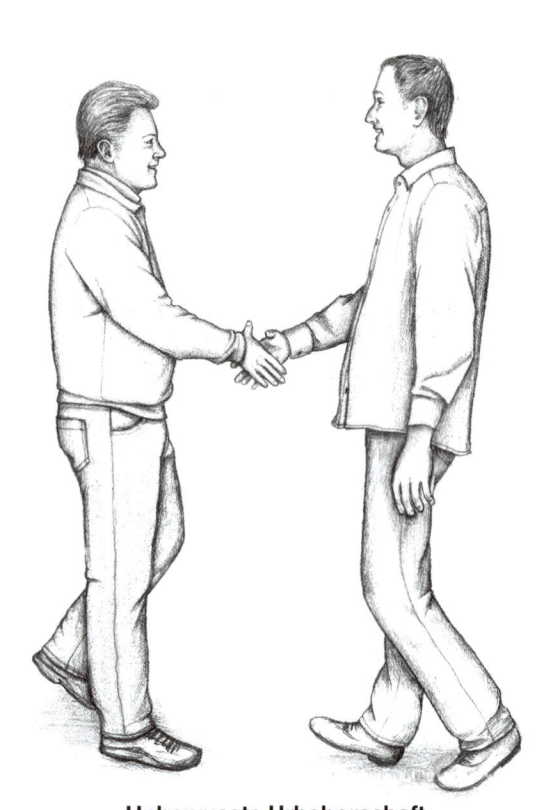

**Unbewusste Urheberschaft**
Du denkst, dass du einen herzlichen Gruß sendest …

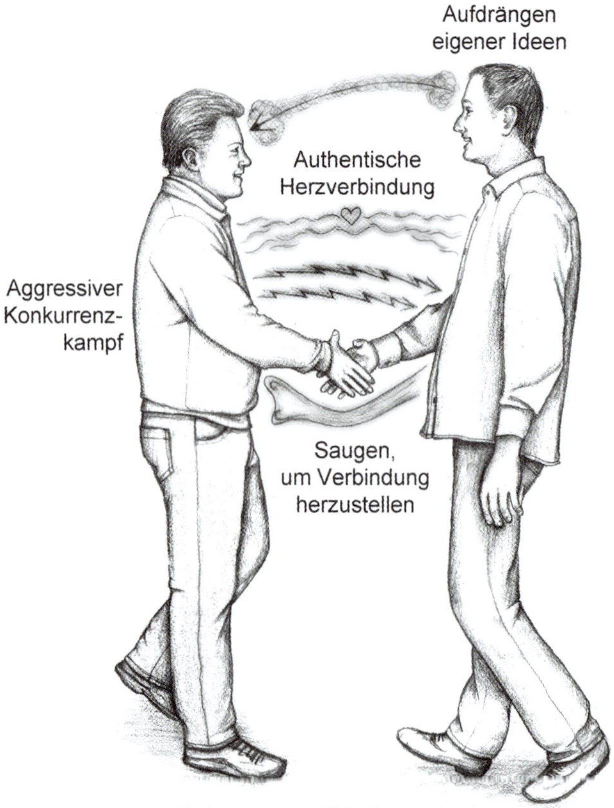

**Unbewusste Urheberschaft**
… aber unbewusst tust du etwas anderes.

fest, dass Unterströmungen von Gefühlen, Einstellungen oder Energien, die du mit dir trugst, deine Worte oder Handlungen verpestet hatten und die wahre Ursache für diese Situation waren.

## DEFINITION: Bewusste Urheberschaft

*Du bist dir der Energien, die du trägst und aussendest, bewusst und bekommst Übung in ihrer Anwendung.*

Bewusste Urheberschaft liegt vor, wenn du dir deiner Energien bewusst bist und sie willentlich einsetzt, um die Welt um dich herum zu beeinflussen. Die Fähigkeit der bewussten Urheberschaft wächst. Wenn du einmal beginnst, mit Energiebewusstsein und bewusster Urheberschaft zu leben, wirst du immer geschickter in deiner Kreativität.

Wir sind Schöpfer, die lernen, zu erschaffen.

Beim Erschaffen lernen wir. Während wir lernen, erschaffen wir noch geschickter. Wir treten in einen Feedback-Kreislauf ein von Urheberschaft, Lernen und dem Verbessern unserer Fähigkeiten.

*»Wir sind Schöpfer, die lernen, zu erschaffen.«*

# Die Energie der Urheberschaft

Lass uns dieses Verständnis von Schöpferkraft praktisch umsetzen in ein energetisches Werkzeug.

Denke an einen Menschen, dem du gern einen Rat geben würdest, ganz gleich welchen Rat, einen kleinen oder großen, tiefgehenden oder banalen. Ich bin sicher, es fällt dir jemand ein, für den du einige Worte der Weisheit parat hast. Für den Zweck unseres Beispiels nehmen wir mal so etwas Banales wie: »Du solltest dir ein neues Auto kaufen.«

Wenden wir nun unser Verständnis von Urheberschaft darauf an. Es geht nicht nur um die Worte, die du äußerst, es ist die Energie, die mit ihnen einhergeht. Um das aufzuzeigen, werden wir diese Worte sprechen und die Hände dazu bewegen. Im wahren Leben setzen wir normalerweise die Hände nicht so ein, aber untergründig benutzen wir die Energie in genau dieser Art und Weise. Machen wir also die Übung mit den Händen, um die Energie besser darzustellen.

Du kannst die Übung für dich allein machen, aber wenn du sie mit jemandem zusammen machen kannst, um so besser.

## Übung 10.1 Erforsche die Energie der Urheberschaft

1. Halte die Hände vor deine Brust, die Handflächen zeigen **nach oben**. Jetzt bewege sie langsam nach vorn, während du die folgenden Worte aussprichst: »Du könntest dir ein neues Auto kaufen.« Achte auf das Gefühl, das damit einhergeht.

*du könntest ein neues Auto kaufen*

Hände mit den Handflächen nach oben

2. Jetzt halte die Hände wieder auf Brusthöhe, aber die Handflächen zeigen diesmal **nach außen**. Bewege sie nach vorne weg vom Körper mit den Worten: »Du solltest dir ein neues Auto kaufen.«

*du solltest ein neues Auto kaufen*

Hände mit den Handflächen nach außen

3. Und zu guter Letzt balle deine rechte **Hand zu einer Faust**. Führe sie hoch zum Ohr, als hieltest du einen Hammer. Jetzt sage die Worte: »Du musst dir ein neues Auto kaufen«, und haue dabei gleichzeitig mit dem Hammer nach unten.

Eine hämmernde Faust

Bemerkst du einen Unterschied zwischen den verschiedenen Versionen?

Ein ziemlicher Unterschied!

Beim ersten Mal, mit den Handflächen nach oben, wirkt es sanft. Du machst ein Angebot. Das zweite Mal, mit den Handflächen nach vorn, drängt dem anderen den Gedanken auf. Beim dritten Mal, mit der nach vorn schlagenden Faust, wird die Idee dem anderen eingehämmert.

Jedes Mal, wenn wir uns anderen gegenüber ausdrücken, senden wir die Energie auf ähnliche Art und Weise wie oben beschrieben aus, und die Menschen reagieren entsprechend.

> **Übung 10.2 für heute** **Beobachte Urheberschaft in Aktion**
>
> *Wir schlagen vor, dass du heute damit experimentierst, wenn du im Austausch mit anderen bist. Beobachte, was du tust, wenn du dich diesen Menschen gegenüber äußerst. Wie strömt die Energie aus dir heraus? Wie beeinflusst es das Energiefeld der anderen? Beobachte, wie die Energien aus dir herausfließen und welche Wirkung das auf die anderen hat.*

## Eigentümerschaft – ein Wechsel der Perspektive mit tiefgreifenden Folgen

Da du dir jetzt deiner Urheberschaft bewusst bist, gehen wir einen Schritt weiter zur »Eigentümerschaft«. Eigentümerschaft ist eine Haltung der Verantwortung oder des »Sich-zu-eigen-Machens« der Dinge, die wir erschaffen.

### DEFINITION: Eigentümerschaft

*Eigentümerschaft ist eine Haltung der Verantwortung oder des »Sich-zu-eigen-Machens« der Dinge, die wir erschaffen.*

Dies ist ein scheinbar simpler Wechsel der Perspektive, aber einer, der dein Leben tiefgreifend verändern kann. Auch wenn es viele Vorbehalte gibt und ganz gewiss Einiges daran noch der Erläuterung bedarf, so betrachte diese Aussage zunächst einmal bitte als wahr: »Ich erschaffe alles, was in meinem Leben geschieht.«

Wende diese Aussage auf alles an – deine Stimmungen, deine Beziehungen, das Verhalten anderer Menschen, deine Gesundheit, deine Finanzen und deine Lebenssituation. Selbst wenn ein Teil von dir sagt: »Also, das habe ich nicht geschaffen. Es ist offensichtlich, dass das nichts mit mir zu tun hat.« Frage dich dennoch für einen Moment: »Wie erschaffe ich das?«

> **Übung 10.3 für den Tag**  **Übernimm Verantwortung für deine Schöpfung**
>
> *Schau dir in den nächsten Tagen bei allen Interaktionen zwischen dir und anderen, besonders bei denen, die nicht so sind, wie du es gern hättest, deine Urheberschaft an. Übernimm die Eigentümerschaft für deinen Teil dieser Schöpfung.*

Hier ist ein Beispiel: Wir beziehen uns auf obige Geschichte, als Kabir Ärger aus einem früheren Meeting mit sich herumtrug. Stell dir vor, er hätte zu seinem Mitarbeiter gesagt: »Ich habe eben erkannt, dass ich wegen der Situation, die wir letzte Woche hatten, noch sauer bin und dass mein Ärger herauskam und unbewusst zum Angriff auf dich wurde.« Das ist Eigentümerschaft.

## Die verschiedenen Schichten der Energie

Die Art und Weise, wie du »Hallo« zu deinem Chef sagst, wenn du zu spät zur Arbeit kommst, ist anders, als wenn du »Hallo« zu deinem oder deiner Geliebten sagst, den oder die du eine Woche lang nicht gesehen hast und am Flughafen begrüßt. »Hallo« sagen hat, abgesehen von einem einfachen Gruß, viele Schichten.

»Hallo« zu deinem Chef sagen, wenn du zu spät kommst, kann auch ausdrücken: »Es tut mir leid, dass ich zu spät dran bin. Bitte verzeihen Sie. Entlassen Sie mich nicht.« Oder es kann auch ausdrücken (und sogar gleichzeitig): »Sie besitzen mich nicht. Ich kann machen, was ich will. Ich mache Ihnen klar, wer hier wirklich der Chef ist.«

Wenn du »Hallo« zu deinem oder deiner Geliebten sagst, könnte das ausdrücken: »Ich liebe dich.« Es könnte aber auch bedeuten: »Ich habe dich vermisst.« Oder vielleicht fragst du auch: »Liebst du mich noch? Willst du mich noch?«

Es gibt oft viele Schichten versteckter Energien, und jede Schicht hat eine Auswirkung auf das Feld des anderen. In dem Maß, in dem du dir deiner

# Schichten der Energie

Hallo

**Ein »Hallo« für den Boss**

Auch wenn die Worte dieselben sind, so ist doch die Art und Weise, wie du »Hallo« zu deinem Boss sagst ...

Hallo

**Ein »Hallo« für deinen Geliebten oder deine Geliebte**

... ganz anders als die Energie, mit der du »Hallo« zum oder zur Geliebten sagst.

Energie bewusster wirst, erkennst du die mannigfaltigen Ebenen, die an der Situation beteiligt sind.

## Energie-Prinzip 12:
## Jede Schicht des menschlichen Energiefeldes kreiert

*Jede Schicht kreiert und hat ihre ganz spezifische Auswirkung auf Situationen.*

Das ist eine große Aufgabe. Der alte Grundsatz der Mysterienschulen, Mystiker und spirituellen Führer durch die Jahrhunderte war immer: »Erkenne dich selbst.« Indem du dein Selbst kennen lernst, lernst du immer mehr Schichten und Teile von dir kennen. Einige sind unglaublich schön, andere ziemlich verzerrt.

Wir würden uns wünschen, dass wir dir hier eine klare Anweisung geben könnten, wie du dich kennen lernen und dir deiner vielen Schichten bewusst werden kannst, aber in der Realität ist das ein lebenslanger Prozess, der eine tiefgehende Selbstbeobachtung und viele Kämpfe mit sich selbst beinhaltet. Es ist so schwierig, weil viele Teile in unserem Unbewussten vergraben sind, und manche sind mit Scham, Furcht und dergleichen mehr behaftet und sorgen dafür, dass unsere Psyche ihrer Enthüllung Widerstand leistet. Wenn du bei dieser Art der Selbsterkundung tiefer gehen willst, dann schlagen wir vor, dass du mit ernsthafter Innerer Arbeit beginnst oder mit dem, was wir »den Pfad gehen« nennen.

Was wir hier tun können ist, dir ein Verständnis zu vermitteln und Übungen an die Hand zu geben, durch die du lernen kannst, deine Energien effektiver zu lenken und den Einfluss zu gewinnen, den du gern hättest.

# 11 Die Kunst, eine Wirkung zu erzielen

## Die Kunst, eine Wirkung zu erzielen

Stell dir vor, Michelangelo meißelt gerade sein Meisterstück aus dem Marmor, den David. Er hat einen Hammer und einen Meißel. Er platziert den Meißel an einer bestimmten Stelle. Er bewegt den Hammer nach hinten und dann nach vorn mit genau bemessenem Krafteinsatz, trifft den Meißel und schlägt präzise das Stück Marmor ab, das er abzuschlagen beabsichtigte.

Jetzt stell dir neue Studenten der Bildhauerkunst vor, die an ihrem ersten Projekt arbeiten. Erstens ist die Platzierung ihres Meißels an sich bedenklich. Dann ist ihr erster Schlag mit dem Hammer auf den Meißel zögernd, es fehlen die Kraft und das Vertrauen. Sehr wenig passiert. Ihr Krafteinsatz ist ineffektiv. Da sie bemerken, dass sie zu sanft zuschlagen, holen sie nochmals mit dem Hammer aus, und dieses Mal lassen sie ihn mit Wucht den Meißel treffen. Ein großes Stück des Steins fliegt davon, und ein Riss erscheint. Auch das ist nicht ihr gewünschtes Ergebnis.

Genauso setzen wir Energie ein – wir senden entweder *zu viel* oder *zu wenig* aus. Auch unsere »Position des Meißels« –

**Eine Wirkung erzielen**
Genau wie ein Bildhauer mit einem Meißel auf den Marmor einwirkt, um ihn zu formen, so wirken wir auf die Welt um uns herum ein und formen sie durch Energie.

*wohin* wir die Energie schicken – ist nicht optimal. Das Ergebnis? Für gewöhnlich nicht das, was wir wollten.

Die Kunst ist also zu lernen, wie man Energie effektiv aussendet, um die richtige Wirkung zu erzielen:

- die richtige Menge an Energie aussenden
- sie an den richtigen Ort senden

**DEFINITION: »Impacting« – eine Wirkung erzielen**

*»Impacting« ist die Auswirkung der Energie, die wir an die uns umgebende Welt aussenden.*

## Erschaffe die richtige Wirkung, erziele den gewünschten Effekt

Du hast einen Grund dafür, Energie auszusenden: Du möchtest etwas erreichen. Alles, was wir tun, entspringt einem Wunsch und geschieht, weil wir ein bestimmtes Ergebnis im Sinn haben.

Betrachten wir dazu ein paar Beispiele.

Du sagst zu jemandem: »Guten Morgen.« Deine Absicht ist es, den anderen zu grüßen und seine Anwesenheit zu würdigen. Du schickst einen Strom herzlicher, warmer Energie aus.

Du sagst zu deinem Ehepartner: »Würdest du bitte Brot mitbringen, wenn du im Lebensmittelladen bist.« Deine Absicht ist es, eine spezielle Handlung auszulösen. Du gibst nicht nur die Information, sondern sendest auch einen Strom an »Willensenergie« aus, die sie oder ihn dazu bringen soll, etwas zu tun.

In einem Meeting sagst du: »Ich denke, Plan A ist besser als Plan B.« Deine Absicht ist es, die anderen zu überzeugen, Plan A zu nehmen. Zusätzlich zu dem mentalen Strom an Energie, der deine Idee trägt, schickst du einen

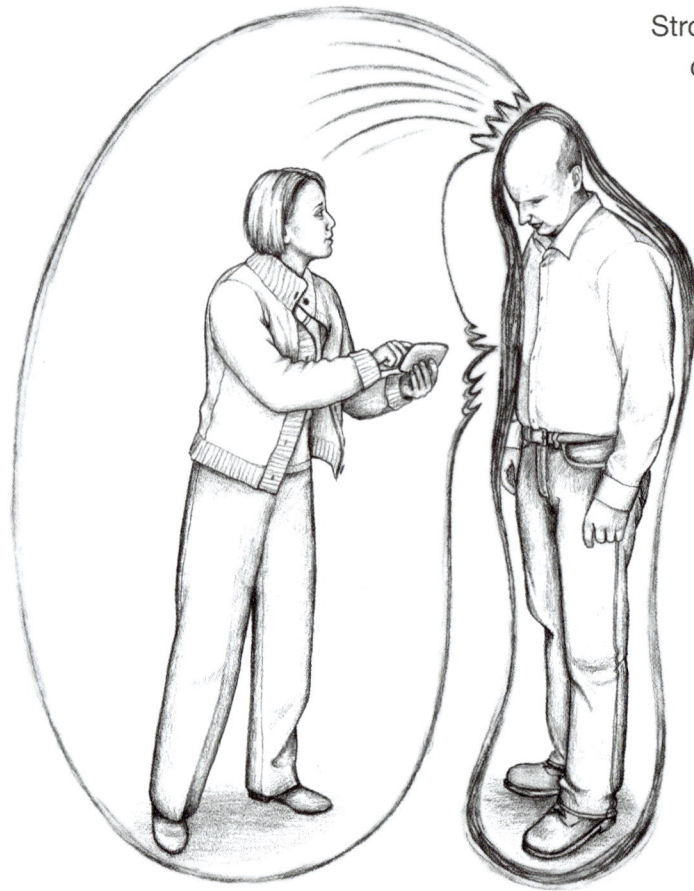

Strom an »Willensenergie« aus, um die anderen von deiner Ansicht zu überzeugen.

In jeder dieser offensichtlich normalen Situationen senden wir Energieströme nach außen, welche die Energiefelder anderer beeinflussen. Je nachdem, wie wir das tun, wird auch die Reaktion ausfallen. Die meisten Reibungspunkte, die wir mit Menschen haben, beruhen darauf, dass unsere Einwirkung unbewusst und ungeschickt ist, mit dem Ergebnis, dass wir Reaktionen hervorrufen, die wir nicht beabsichtigt haben.

**Bitte und Wille**
Wenn du einen anderen bittest, etwas zu tun, sendest du einen Strom an »Willensenergie« aus.

## Die richtige Menge an Energie senden

Jede Interaktion sendet eine spezifische Menge an Energie. Es gibt eine »richtige Menge«, um effektiv das Ergebnis zu erhalten, das du möchtest. Wenn man zu viel oder zu wenig Energie sendet, erzeugt man nicht die optimalen Ergebnisse.

# Übung 11.1  Wirf den Energieball, finde die richtige Wirkung

## A. Vorbereitung

- *Wenn du mit Partner übst, stellt sich dieser ungefähr zwei Meter vor dich. Ansonsten platziere dort stellvertretend einen Stuhl.*
- *Nimm deine dominante Hand, Handinnenfläche nach oben. Visualisiere einen imaginären Energieball dort in deiner Hand.*

## B. Kernübung

*Stell dir die folgenden Situationen vor:*

### 1. Du bist bei einem kleinen Kind, das etwas neu lernt

- *Sage laut: »Nein, mach das nicht«, so als sprächst du mit einem kleinen Kind, das gerade erst lernt, den Computer zu benutzen, und das gerade das falsche Symbol anklicken will.*
- *Jetzt stell dir den Energieball in deiner Hand vor, sprich die Worte nochmals aus und werfe gleichzeitig dem Kind den Ball zu. Wirf ihn mit der gleichen Menge an Energie, mit der du die Worte aussprichst.*
- *Wirfst du ihn sanft, oder schleuderst du ihn mit viel Kraft? Dieser Ballwurf verdeutlicht die Energie, die du aussendest.*

### 2. Du bist bei einer Person, die kurz davor ist, einen Fehler zu machen

- *Als Nächstes sprich laut die gleichen Worte aus: »Nein, mach das nicht«, so als redetest du mit einer Person, die kurz davor ist, versehentlich ein Dokument zu löschen, an dem du eine Woche lang gearbeitet hast.*
- *Jetzt sag das noch einmal und werfe dieses Mal den imaginären Ball der Person zu, die dabei ist, dein wichtiges Dokument zu löschen.*
- *Wie wirfst du ihn?*

### 3. Du bist bei einer Person, die kurz davor ist, lebensbedrohlich zu verunglücken

- *Als Letztes sage die Worte »Nein, mach das nicht!« so, als sprächst du mit*

> *jemandem, der kurz davor ist, auf ein Brett zu treten, das, wie du sehen kannst, angebrochen ist, so dass er gleich durch den Boden abstürzen wird.*
> - *Wiederhole dieselben Worte und wirf den Ball.*
> - *Wie hast du ihn diesmal geworfen? Sanft oder mit aller Kraft?*

Die Menge an Energie, die du jedes Mal, wenn du sprichst, nach außen sendest, ist ziemlich unterschiedlich. Das erste Mal geschieht es (hoffentlich!) sanft; du sendest sanft einen kleinen Strom aus. Das zweite Mal ist es schon dringlicher; du sendest einen kraftvolleren Strom aus. Das dritte Mal ist es ein absoluter Befehl, und es geht um Leben und Tod. Du sendest einen mächtigen Energiestrom aus.

> **4. Die richtige oder die falsche Intensität der Energieströme**
> - *Um den Unterschied der Energien aufzuzeigen, versuche mit dem Kind, das gerade den Umgang mit dem Computer lernt, mit der gleichen Intensität zu sprechen, mit der du versucht hast, das Leben des Menschen in der lebensbedrohlichen Situation zu retten.*
> - *Und jetzt versuche, mit der Person, die kurz davor ist, durch den Boden zu stürzen, mit derselben Sanftheit zu reden, mit der du zum Kind am Computer gesprochen hast.*

Du kannst fühlen, dass der Einsatz der Energie in beiden Situationen nicht richtig ist. Unwissentlich verwendest du oft eine der Situation unangemessene Menge an Energie und erzielst dadurch ein Ergebnis, das du nicht möchtest.

### Übung 11.2   Angemessene oder unangemessene Menge an Energie?

*Übertragen wir das ins wirkliche Leben:*

- *Denke an jemand, der etwas für dich tun soll. Es könnte irgendjemand in deinem Leben sein. Sagen wir hier zum Beispiel, du denkst an deinen Partner, der für dich einen Einkauf erledigen soll, wenn er oder sie heute unterwegs ist.*
- *Denke an die Worte, die du ihm oder ihr sagen würdest, und stell dir diesen Energieball vor, den du gleich werfen wirst, während du die Worte sagst. Sprich jetzt die Worte aus und wirf den Ball.*
- *Wie hast du ihn geworfen? Sanft oder mit Kraft? Für die Situation angemessen oder unangemessen?*

## Energie an den richtigen Ort schicken

### Übung 11.3   Schicke Energie an den richtigen Ort

**Teil 1:** *Genauso, wie du den Ball mit angemessener oder unangemessener Menge an Energie werfen kannst, kannst du ihn auch zur richtigen oder zur falschen Stelle werfen. Das folgende Beispiel illustriert, was wir mit richtiger oder falscher Stelle meinen.*

#### 1. Schöner Bogen

*Nimm wieder den Energieball in die Hand. Wirf ihn jetzt dem anderen so zu, dass er in einem schönen Bogen direkt zu ihm fliegt. Der andere muss sich fast nicht bewegen, um ihn zu fangen.*

#### 2. Zu kurzer Fall

*Wirf den Ball jetzt ohne ausreichende Energie, so dass der Ball zu kurz fällt und den anderen nicht erreicht.*

### 3. Komplizierte Windung

*Jetzt mach eine komplizierte Windung. Mach es so wie der Ballwerfer beim Baseball an der Abwurfstelle, aber mach es wirklich kompliziert. Bewege dich hin und her, und dann wirf den Ball so, dass du dir vorstellen kannst, wie er im Zickzack fliegt. Der Andere wird vollständig verwirrt.*

### 4. Große Anstrengung

*Und zuletzt stell dir vor, dass du den Ball mit Wucht genau auf diese Person zu schleuderst, so als würdest du versuchen, die Person umzuwerfen.*

## Den Ball auf vier verschiedene Arten werfen

Den Ball ohne ausreichend Energie werfen

Den Ball in einem schönen Bogen werfen

Den Ball auf komplizierte Art werfen

Den Ball mit zu viel Kraft schleudern

**Teil 2:** *Jetzt möchten wir dies noch durch Worte ergänzen. Nimm die gleichen Worte, die du einen Moment zuvor zu deinem Partner gesagt hast. Wenn dir nichts einfällt, kannst du Folgendes versuchen: »Würdest du meinen Computer bitte zur Reparatur abgeben, wenn du heute im Einkaufszentrum bist?«*

### 1. Schöner Bogen

*Jetzt sprich deinen Satz und wirf den Ball auf vollkommen angemessene Art und Weise.*

### 2. Zu kurzer Fall

*Jetzt sage es sanft und zaghaft und wirf den Ball mit so wenig Kraft, dass er den anderen nicht erreichen kann.*

### 3. Komplizierte Windung

*Sprich deinen Satz jetzt auf indirekte, gewundene Art und Weise aus. Du kannst herumdrucksen und so etwas sagen wie: »Also, vielleicht, wenn du ins Einkaufszentrum gehst, falls es dir nichts ausmacht, es fiel mir grade so ein, dass du dann vielleicht im Laden vorbeischauen könntest ...« Wirf den Ball auf eine ähnlich verdrehte, komplizierte Weise.*

### 4. Große Anstrengung

*Und zuletzt sprich wieder einen Satz wie: »Gib meinen Computer bitte in Reparatur, wenn du heute im Einkaufszentrum bist.« Sage es mit einer befehlsgewohnten, dominierenden Stimme, die nicht so sehr um etwas bittet, sondern befiehlt. Wirf den Ball mit sehr viel Kraft, so als wolltest du den anderen damit umwerfen.*

Jetzt hast du also etwas über die richtige Menge und den richtigen Ort beim Senden von Energie erfahren und kannst nun diese beiden Kriterien einsetzen, um deine Wirkung in jeder beliebigen Situation einzuschätzen.

> **Übung 11.4 für heute   Wie gibst du Anweisungen?**
>
> *Denke an eine Anweisung, die du jemandem in den letzten Tagen gegeben hast.*
>
> **1. Wie war das Maß deiner Energie?**
>
> - Hast du die angemessene Menge an Energie geschickt?
> - Oder hast du zu wenig oder zu viel geschickt?
>
> **2. Wohin ging deine Energie?**
>
> - Ging sie bis an den Rand des Energiefeldes des anderen?
> - Oder ist sie in das Energiefeld des anderen eingedrungen und hat ihn verletzt?
> - Ging die Energie auf direktem Weg zum anderen oder schwankte sie hin und her?
> - Gab es nicht genug Energie, und kam sie nicht beim anderen an?
> - Oder vielleicht hast du den anderen erreicht, aber die Energie dann zurückgenommen, so als hinge sie an einer Schnur, die du wieder eingeholt hast?

## Anbieten versus Aufzwingen

*Energie an den Rand des Energiefeldes einer anderen Person senden*

Unsere hinausfließende Energie ist machtvoll. Viele der Reibungen, die wir mit anderen haben, entstehen dadurch, dass wir sie unwissentlich verletzen, indem wir zu viel Energie schicken oder ihre Grenzen überschreiten. Du bist vielleicht ärgerlich/kontrollierend/emotional/mitteilsam/liebevoll, oder du hast eine starke Meinung, die du jemandem gegenüber zum Ausdruck bringen willst. Mit hoher Wahrscheinlichkeit wirst du in diesem Prozess übergriffig werden. Wenn du jedoch achtsam bist, lernst du, deine Energie richtig zu lenken. Du lädst deine Sachen nicht bei anderen ab und verletzt ihr Energiefeld nicht. Du respektierst ihren Raum und verfährst mit deinen Energien auf die richtige Art und Weise.

Dies führt zu einer *neuen, energieorientierten Form bewusster Kommunikation* – eine unschätzbare Fertigkeit in Beziehungen mit anderen.

Sagen wir, eine Person spricht davon, etwas zu tun, und dein erster Impuls ist, »Tu's nicht« zu sagen und einen ganzen Haufen Gründe dafür anzuführen, warum nicht. Aber stattdessen hältst du deinen Impuls hinter einem »Ring-Pass-Not« im Zaum. Dann präsentierst du deinen Impuls als Angebot und gehst damit bis an den Rand des Energiefeldes der anderen Person, statt den Impuls ihrem Feld aufzuzwingen und sie zu verletzen.

Das könnte verbal ungefähr so aussehen: »Mein erster Impuls, als du geredet hast, war, zu sagen: ›Tu es nicht‹, aber ich habe mich zurückgehalten. Stattdessen möchte ich dir die Bedenken mitteilen, die bei mir auftauchen. Und obwohl ich diese Bedenken habe und finde, ich sollte sie dir mitteilen, vertraue ich darauf, dass du die richtige Entscheidung für dich triffst. Ich möchte mich dir nicht aufdrängen.«

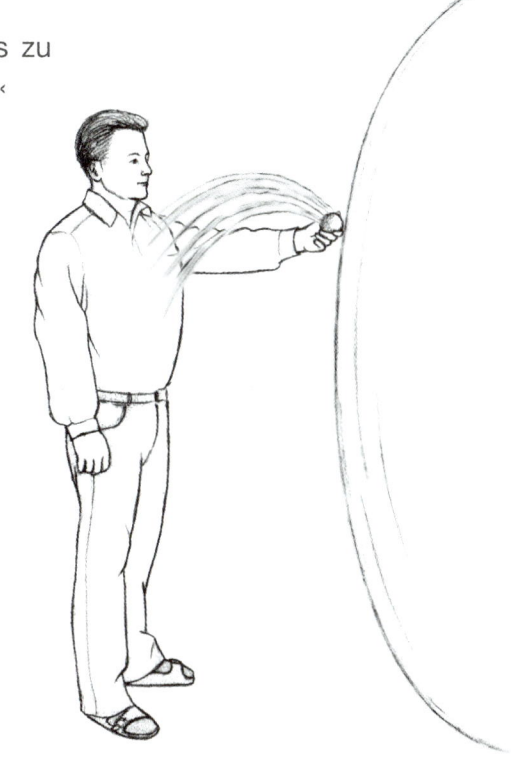

Der anderen Person etwas am Rand des Energiefeldes anbieten

Das ist der verbale Teil. Diese Worte spiegeln eine tiefere energetische Dynamik wider. Du hast Bedenken. Gut – wir alle reagieren auf das, was andere sagen oder tun. Aber du respektierst jetzt den Raum der anderen und bietest ihnen deine Gedanken an, präsentierst sie am Rand ihres Energiefeldes, statt deine Gedanken in ihr Feld hineinzudrücken.

Versuchen wir es.

## Übung 11.5 Anbieten versus Aufzwingen – sende Energie an den Rand des Energiefeldes

### A. Vorbereitung

*Denke an eine Situation, in der dein Wille beteiligt war und die Kommunikation ganz und gar nicht so verlief, wie es dir lieb gewesen wäre. Vielleicht gab es Reibungen mit anderen oder Widerstand von ihnen, oder du warst enttäuscht, ärgerlich, frustriert oder aufgebracht. Vielleicht wolltest du etwas von der anderen Person, oder du hast die Anweisung gegeben, »Tun Sie das«, oder einen Ratschlag erteilt oder einfach eine Information weitergegeben. Das kann mit jedermann gewesen sein – Familie, Kollegen, sogar mit Fremden. Wähle eine Situation, über die du mehr Klarheit gewinnen möchtest oder in der du die Kommunikation verbessern willst, und dann arbeiten wir damit.*

### B. Diagnose

*Visualisiere, was du versucht hast zu übermitteln. Stell dir vor, dass Information eine Substanz ist. Nimm ein Blatt Papier, knülle es zusammen und lass es diese Substanz repräsentieren. Wie hast du der Person die Substanz übergeben? Wie ist diese Substanz in ihr Energiefeld gelangt?*
- *Hast du sie ihr zugeworfen?*
- *Hast du sie ihr aufgezwungen?*
- *Hast du sie ärgerlich in sie hineingeschmettert?*
- *Hast du sie unsicher auf den Boden vor sie fallen lassen?*
- *Wie wirkt sich das auf diese Kommunikation aus?*

### C. Versuche, anzubieten anstatt aufzuzwingen

*Versuchen wir etwas Neues. Biete dieses Mal das Papier behutsam der anderen Person an, am Rand ihres Energiefelds. Lass ihr die Wahl, es anzunehmen oder nicht. Achte darauf, ihr Feld nicht zu verletzen.*

### D. Abschluss: Aufgabe für Situationen im wirklichen Leben

*Da du dies jetzt für dich selbst geübt hast, möchten wir dich heute einladen, es im wirklichen Leben zu praktizieren. Wenn es etwas gibt, das du jemandem mitteilen möchtest, dann schau, ob du die Substanz der Kommunikation auf bewusste Art und Weise anbieten kannst.*

# Himmel und Hölle in Beziehungen

Energie, die unsachgemäß nach AUSSEN fließt, ist ein großes Thema. Sie verletzt andere leicht und veranlasst sie, zu reagieren. Oder sie kann unklar, verwirrend, indirekt oder ohnmächtig sein, mit dem Ergebnis, dass du nicht das bekommst, was du möchtest. Wir setzen so oft unsere nach AUSSEN gerichteten Energien anderen gegenüber unbewusst und inkorrekt ein, und andere tun dies bei uns. Wir alle leiden, da wir einander andauernd auf die energetischen Zehen treten.

Der richtige Einsatz der AUSSEN-Energie und wie sie sich mit dem Energiefeld der anderen Person verbindet, macht den Unterschied aus: nämlich zwischen Himmel und Hölle in Beziehungen und zwischen Effektivität und dem Unvermögen, Dinge zu erledigen.

Wie sähen Beziehungen aus, wenn wir uns gegenseitig nicht verletzten? Eine *ganz neue Dimension von Beziehungen* würde entstehen. Wir nennen das Bewusste Beziehung. Sie beruht auf dem Respekt für das Energiefeld des anderen, und sie erschafft die erfüllendste und produktivste Art von Beziehung, die du dir vorstellen kannst.

*Bewusste Beziehung*
*erschafft den Himmel in Beziehungen.*

Warum? Kommen wir auf das Beispiel zurück, dass du von jemandem willst, dass er etwas tut, und darauf, was wir über das Anbieten versus Aufzwingen gelernt haben. Du kannst ihn oder sie zwingen, es zu tun, oder du kannst es der Person am Rand ihres Energiefeldes anbieten. Anbieten ist respektvoll. Es würdigt ihren Raum, ihren freien Willen und ihre Wahlmöglichkeit. Durch diese Würdigung erhältst du nicht den Widerstand, die Zurückweisung, Sabotage oder Feindseligkeiten, die normalerweise entstehen, wenn du die Grenzen eines anderen überschreitest. Und erstaunlicherweise sind Menschen, wenn du so mit ihnen umgehst, sogar noch eher bereit, das zu tun, worum sie gebeten wurden, weil sie gefragt statt angewiesen wurden.

# Energie aus dem Zentrum senden

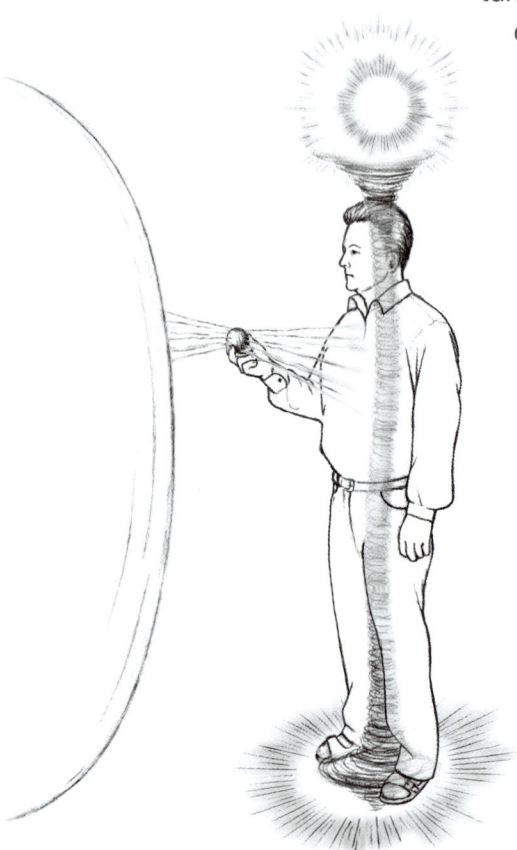

Das Thema des Zentrums ist von zentraler Bedeutung beim »Energy Balancing« – ein Thema, auf das wir immer wieder zurückkommen und dem wir jedes Mal neue Aspekte hinzufügen, um dich dabei zu unterstützen, dein Zentrum zu vertiefen. Jeder Abschnitt dieses Buches erkundet eine bestimmte Richtung des Energieflusses, die unsere Erfahrung des Zentrums erweitert.

Die nach AUSSEN strömende Energie enthält einen wichtigen Schlüssel für das Zentriertsein. Wenn wir in unserem Zentrum sein können und Energie auf ausgeglichene Weise nach AUSSEN schicken, sind die Ergebnisse unglaublich.

Das Problem jedoch ist die eigentliche Natur der ausströmenden Energie. Sie holt uns aus uns selbst heraus und nimmt uns mit in die Richtung, in die wir die Energie senden. Bis zu dem Moment, in dem wir gelernt haben, in der Aktion unser Zentrum zu halten, schickt die ausströmende Energie unsere Energie mit nach draußen und holt uns daher aus unserem Zentrum heraus.

Energie vom Zentrum aus senden

Das war die Essenz von Ritamas Erfahrung beim Tanzen, die sie uns zuvor geschildert hat: Sie war zu sehr vor sich selbst getreten. Die Kunst, die wir hier lernen müssen, ist, das Zentrum zu finden, unsere Energie vom Zentrum her auszudehnen und sie dann wieder ins Zentrum zurückzuholen.

## Das Zentrum während einer Aktivität halten

Wir hatten einmal ein Team-Meeting, in dem eine Mitarbeiterin eine bestimmte Idee vorstellte. Sie begann, zur Gruppe zu sprechen, und wurde immer begeisterter, je mehr sie sich für das Thema erwärmte. Als sie in Fahrt kam, weitete sie ihre Energie immer mehr nach außen aus, auf uns zu. Sie schickte nicht nur Energie aus, um uns zu erreichen, ihr Energiekörper dehnte sich auch vor ihr aus und brachte sie aus dem Zentrum. Die anderen Teilnehmer der Besprechung wurden unruhig und fühlten sich unbehaglich, begannen zu zappeln und wurden in zunehmendem Maß weniger ansprechbar. Als Ergebnis davon, dass diese Person dezentriert war, wurden alle anderen Teammitglieder aus ihrer Mitte geworfen.

Es gibt zwei Aspekte, wenn wir bei einer Aktivität das Zentrum halten wollen. Der erste ist, im Zentrum zu bleiben, während man in Aktion ist. Der zweite ist, die Energie nach außen auszudehnen und sie dann wieder zurückzuholen.

Den ersten Teil des »Zentrumhaltens« haben wir bereits in Kapitel 4 über Zentrierung angesprochen. Du verbindest dich mit deinem Zentrum, und dann ist es so, als richtetest du ein Auge auf das Zentrum und ein Auge auf deine Aktivität. Du bleibst nach innen verbunden, sogar während du dich auf das Außen konzentrierst.

Als Nächstes versuchst du, deine Energie nach vorn auszudehnen, sie freizulassen und dann wieder nach innen zu holen. Je mehr du das übst, desto mehr findest du den richtigen Rhythmus von Zentrierung, Ausdehnung, Loslassen und Zurückholen.

## Übung 11.6  Lass den Pfeil los, kehre ins Zentrum zurück

*Stell dir vor, dass du in einer ähnlichen Situation wie die Frau in unserer Mitarbeiterbesprechung zu anderen sprichst.*

### 1. Lade dich auf

*Sammle energetische Ladung in deinem Kernkanal.*

### 2. Dehne dich aus

*Dehne diese vitale Ladung in dein Energiefeld aus.*

### 3. Lass die Energie fliegen

*Weite die Energie von deinem Feld kraftvoll auf die anderen aus und bleibe dir der richtigen Wirkung bewusst.*

### 4. Lass los

*Trenne die Verbindung! »Schieß den Pfeil ab« sozusagen. Lass los und erlaube der Energie, dass sie sich von selbst bewegt. Es ist nicht nötig, mit ihr verbunden zu bleiben. Vertraue darauf, dass du die Energie in Bewegung gesetzt hast.*

### 5. Komm zurück

*Während du ein Auge weiterhin auf die Energie richtest, die du ausgesendet hast, und auf die Wirkung, die sie hat, richte dein Hauptaugenmerk wieder nach innen auf dein Zentrum.*

### 6. Zentriere dich

*Atme in das Zentrum. Hole deine Energien wieder in dein Zentrum zurück.*

> **Kurzanleitung**
>
> 1. *Lade dich auf*
> 2. *Dehne dich aus*
> 3. *Lass die Energie fliegen*
> 4. *Lass los*

> 5. Komm zurück
> 6. Zentriere dich

Denke an einen Tennisspieler, der ein Match hat. Er holt nicht kräftig mit seinem Tennisschläger aus und bleibt dann mit dem Schläger längere Zeit in der ausgestreckten Position. Er schwingt ihn und holt ihn zurück, schwingt ihn und holt ihn zurück.

Der gleiche Rhythmus von Hinausbewegen und Zurückkommen ist auf alles anwendbar, was du tust und was deine Energien nach außen fließen lässt. In manchen Fällen kannst du einfach eine Ausdehnung vornehmen, einen einmaligen Anstoß geben. Wenn du zu jemandem sagst: »Würdest du bitte deine Teller nicht im Abwaschbecken stehen lassen, sondern in den Geschirrspüler räumen«, kannst du das einmal sagen, loslassen und dann wieder zu dir zurückkehren.

Aber sagen wir, du legst einem anderen Menschen ein Konzept vor, das viele Bestandteile hat. Die Tendenz ist, anzufangen zu reden und dann immer und immer weiter zu reden, wobei du deine Energie zunehmend von deinem Zentrum entfernst. Das Ergebnis ist möglicherweise, dass der andere aufhört, dir zuzuhören, sich zurückzieht oder in Abwehr geht. Du fängst vielleicht an, deine Ansicht noch mehr zu beteuern oder Macht auszuüben, oder wirst sogar aggressiv in der Art, wie du deine Energie rüberbringst.

Stell dir stattdessen vor, dass deine Kommunikation, deine Idee viele Bestandteile hat. Jeder Bestandteil muss mit dem richtigen Effekt ausgesendet werden, und dann lässt du los und kehrst in dein Zentrum zurück. Du sammelst energetische Ladung, um den nächsten Bestandteil loszuschicken. Wie ein Tennisspieler schlägst du einen Ball, kehrst wieder in die Ausgangsstellung zurück, dann schlägst du den nächsten Ball. Du zentrierst dich, dehnst dich vom Zentrum ausgehend aus und kehrst ins Zentrum zurück.

# 12 Energetische Übergriffe und Verletzungen

## Energetische Übergriffe und Verletzungen

Du beginnst nun zu verstehen, dass ein großer Teil unseres Umgangs mit Energie unbewusst ist. Und nicht nur unbewusst: Wir sind auch nicht zentriert, wenn wir Energie benutzen. Das Ergebnis ist, dass wir einander Dinge antun, die nicht sehr nett sind, und dass wir Menschen mit unseren Energien oft verletzen. Wir übertreten ihre Grenzen, bombardieren sie, treffen sie, schicken ihnen Energien, die sie nicht wollen, kontrollieren und manipulieren sie, saugen sie aus – kein sehr angenehmer Stand der Dinge.

Denke daran, wir reden hier nicht von physischen Übergriffen. Wir beziehen uns auf Energien, die von deinem Energiefeld nach AUSSEN strahlen und die ohne deren Erlaubnis in das Feld anderer eindringen und deren Grenzen übertreten. Da Energie Substanz ist, sind diese Übergriffe genauso real wie physische.

Wir haben bereits in Kapitel 7 über Übergriffe gesprochen. Aber frischen wir unser Gedächtnis jetzt ein wenig auf, um dann unser Verständnis von Übergriffen zu erweitern.

## Definition: Energetischer Übergriff

*Alles, was ohne deine Bereitschaft in dein Energiefeld eindringt, kann ein energetischer Übergriff und eine Verletzung sein.*

Wir bemerken oft, dass wir von anderen verletzt werden. Wie steht es aber damit, uns selbst als diejenigen zu erkennen, die verletzen? Jetzt sagt vielleicht ein Teil von dir: »Ich doch nicht, ich verletze andere nicht. Ich bin liebevoll, freundlich, großzügig und rücksichtsvoll.« Ja, wir glauben dir, dass du das bist. Und wir glauben auch, dass du, ohne dass du es weißt, sogar in deiner liebevollen Haltung oft Menschen auf heftige Weise verletzt.

Verletzungen sind ein großes Thema. Sie finden ständig zwischen uns statt. Sie sind der Hauptgrund von Spannungen in Beziehungen und der Grund Nummer eins für Schmerz und Wut. Wenn du verstehst, wie andere dich verletzen, und in der Lage bist, dies zu handhaben, gibt dir das eine ganz neue innere Ruhe in Beziehungen. Und wenn du dir dessen bewusst wirst, wie du andere verletzt, und lernst, dies nicht zu tun, ist das nicht nur ein bedeutender Schritt für deine eigene Reife. Es ist ein Schritt sowohl für deine Liebesfähigkeit als auch für deine Schöpferkraft, hin zu erfüllteren Beziehungen.

In Kapitel 7 über »Abgrenzung« haben wir uns angesehen, wie du dich davor hüten kannst, verletzt zu werden. Jetzt sehen wir uns an, wie du dir der Grenzen anderer bewusster werden und aufhören kannst, sie zu verletzen!

## 1. Übergriffe durch Aggression

Wir kennen alle die offensichtliche Art von Übergriff durch Aggression – wenn du deinen Ärger oder deine Wut über andere ausschüttest. Aber bist du dir dessen bewusst, dass deine Energie, wenn du auf jemanden sauer bist, mit hoher Wahrscheinlichkeit ihn oder sie trifft, selbst wenn du den Ärger gar nicht ausdrückst? Und ist dir bewusst, dass, wenn du gereizt oder mürrisch bist, dies auch Stacheln aus deinem Energiefeld schicken kann, wie die Stacheln eines Kaktus, die in den anderen eindringen und ihn verletzen?

## 2. Übergriffe durch Willenskraft

Übergriffe durch Willenskraft kommen vor, wenn du jemandem »deinen Willen aufzwingst«, ihm oder ihr deine Absicht, deinen Willen aufdrängst – eine Person dazu bringst, etwas zu tun. Obwohl solche Übergriffe oft durch Worte erfolgen, können sie ebenso wortlos geschehen. Ein Mensch kann einen mächtigen Strom an Willensenergie aussenden, ohne überhaupt zu sprechen, wenn er möchte, dass ein anderer etwas Bestimmtes tut.

Hier folgen einige verschiedene Arten von Übergriffen kraft des Willens. Obwohl sich die Arten und Weisen überschneiden, führen wir sie einzeln auf, um ihre Besonderheiten herauszustellen.

### Den Willen aufzwingen

»Gehen wir in den Laden. Dort gibt es heute einen tollen Ausverkauf.«

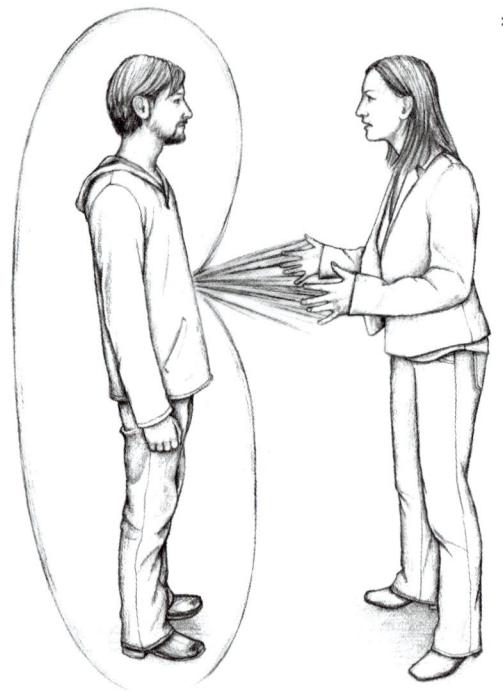

Das klingt wie eine unschuldige Einladung. Und manchmal ist es das auch. Aber es kann auch ein mächtiger Übergriff kraft des Willens sein, je nachdem, wie es gesagt wird. Mit mir, Kabir, wurde das einmal so heftig gemacht, dass ich fast aus meinem Sessel herausgezerrt wurde. Die Person, die sich in ihrer Begeisterung dessen überhaupt nicht bewusst war, packte mich ganz kräftig mit ihrem Willen.

## Kampf der Willenskräfte

Stell dir ein Tauziehen vor, bei dem Menschen ein Seil in verschiedene Richtungen ziehen. Vielleicht warst du schon einmal in einem Meeting, in dem es stark unterschiedliche Meinungen über eine Sache gab. Statt dass es eine von allen kreativ unterstützte Diskussion gab, bei der das Für und Wider betrachtet wurde, versuchte jede Partei, der anderen ihren Standpunkt aufzuzwingen. Dies wird zu einer spannungsgeladenen Situation mit mächtigen Willensströmen, die die Energielinien im Raum »straff anziehen«.

## Kontrolle

Übergriffe durch Kontrolle geschehen, wenn du versuchst, eine andere Person zu kontrollieren. Oft geschieht das mit den besten Absichten. Die Energie drückt auf das Feld des anderen mit der Absicht, dass dieser auf bestimmte Art und Weise handle/sei/sich verhalte. Vielleicht hast du schon mal einen Hundebesitzer gesehen, der in den Nacken des Hundes griff und den Kopf in eine bestimmte Richtung zwang. Das ist es, was kontrollierende Energie tut.

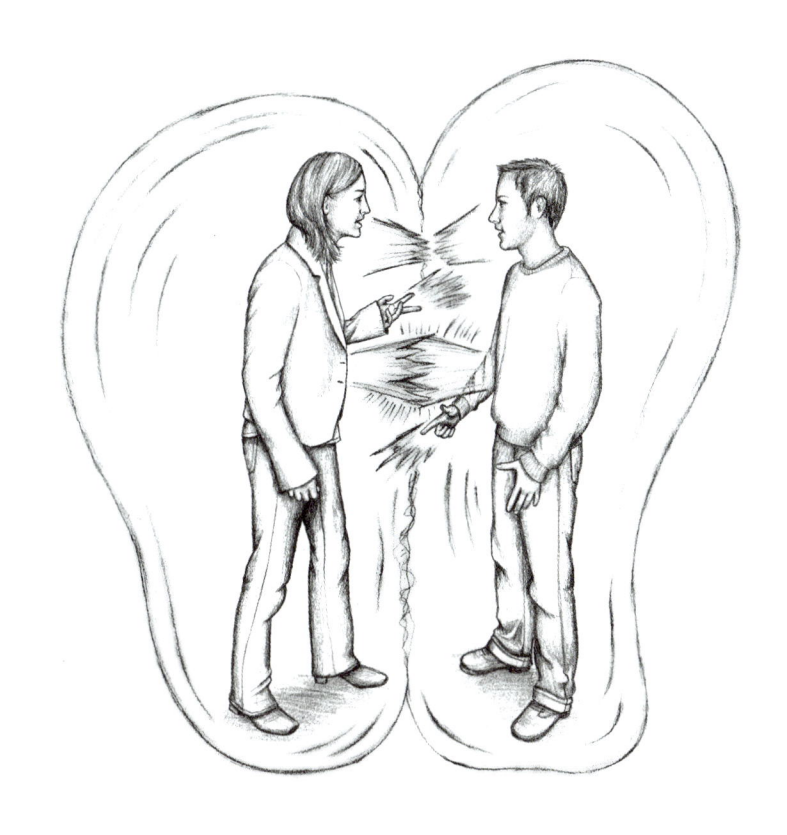

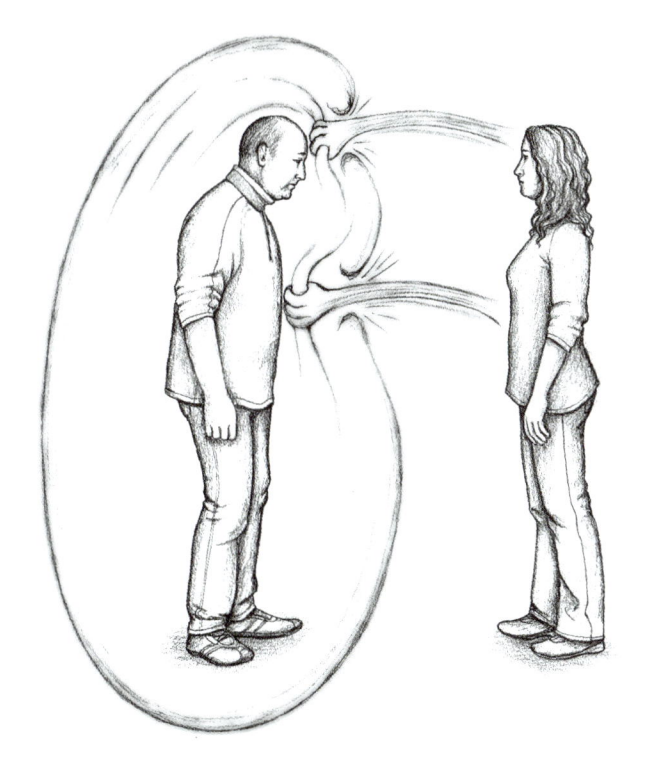

Obwohl Übergriffe durch Kontrolle mit einer offensichtlich herrischen und gebieterischen Stimme erfolgen können, geschehen sie oft in einem viel freundlicheren Ton. Du kannst jemandem mit den besten Absichten einen Ratschlag erteilen. Das Wort sagt es bereits. »Ratschlag« setzt sich aus »Rat« und »Schlag« zusammen: Du schlägst dann mit Rat.

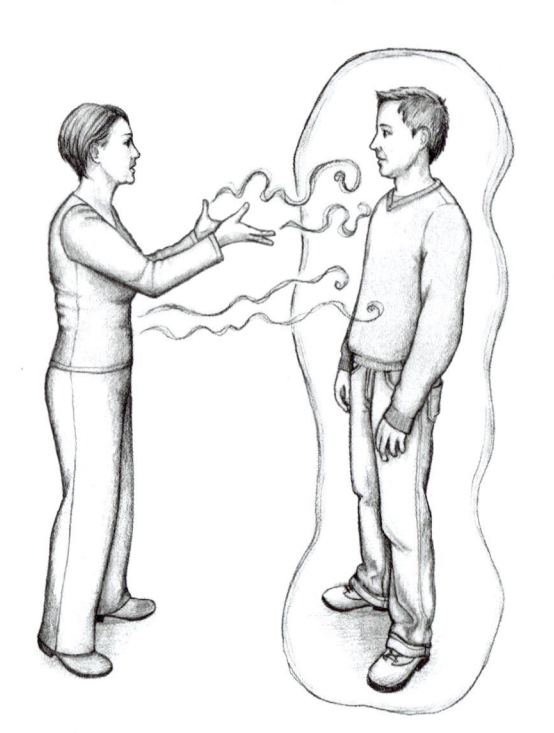

## Manipulation

Dies ist eine Form des Übergriffs durch Kontrolle, aber sie erfolgt viel subtiler, nicht so offensichtlich. Die Absicht ist hinter etwas anderem versteckt.

## »Rücksitzfahrer-Übergriff«

Ein »Rücksitzfahrer-Übergriff« stellt eine Form der Manipulation dar. Für gewöhnlich ist die Basis davon Angst, und der Wille wird dafür eingesetzt, die Energie des anderen zu ergreifen und zu versuchen, ihn zu etwas zu bewegen. Hast du jemals mit jemandem in einem Auto gesessen, der möchte, dass du langsamer fährst? Vielleicht sagt der Betreffende nicht einmal etwas, aber er kann sich dir ganz sicher mit seiner Angst aufdrängen.

Warst du auch schon einmal ein »Rücksitzfahrer«?

## *Dominieren*

Dominieren unterdrückt andere. Du hast das Gefühl, das hierarchische Recht zu haben, dir andere unterzuordnen.

# 3. Übergriffe durch Überwältigen

Übergriffe durch Überwältigen geschehen, wenn die Energie eines Menschen einfach zu stark ist.

**Überwältigen durch Emotionen**

Du hast wahrscheinlich schon mal mit jemandem zusammengesessen, der übersprudelt vor Gefühlen. Ob glücklich, traurig oder ärgerlich spielt keine Rolle. Der emotionale Geysir dieses Menschen ergießt sich über dich! Wenn du sehr gefühlsgeladen bist, ergießt sich dein Geysir über andere. Vielleicht war es sogar ein angenehmes Erlebnis, über das du sprichst – das hängt von den Gefühlen ab –, aber es kann leicht zu viel werden.

**Überwältigen durch Gedanken**
Hattest du je das Gefühl, von einer mentalen Flutwelle getroffen und in Grund und Boden geredet zu werden? Sicher doch! Gedanken sind Energie. Ein Mensch kann dich mit Gedankenenergie plätten. Kannst du dich auch an einen Moment erinnern, in dem *du* eine andere Person mit deinen Gedanken geplättet hast?

**Überwältigen durch energetische Ladung**
Ein Mensch kann mit Energie aufgeladen sein. Er ist vielleicht stark und vital, vielleicht auch nervös, aggressiv oder ruhelos. Vielleicht steht dieser Mensch einfach nur neben dir und tut nichts Besonderes, aber seine mächtige Ausstrahlung kann dich umwerfen oder bewirken, dass du dich ohne Grund ruhelos fühlst. Wenn du eine starke Ladung mit dir herumträgst, strahlt diese aus und beeinflusst andere.

## 4. Übergriffe durch Fürsorge

Wir haben oft gehört, dass in einer Beziehung ein Partner zum anderen sagt: »Bitte hör auf, mich zu bemuttern.« Und wie oft hast du erlebt, dass ein Elternteil sich fürsorglich um ein Kind kümmert und dieses Kind Widerstand leistet? In Situationen wie diesen kümmerst du dich fürsorglich um andere, du möchtest, dass es dem Betreffenden besser geht, oder du möchtest ihm oder ihr etwas geben. Aber mit diesem Verhalten überschreitest du vielleicht schon deren Grenzen, drängst ihnen deine Fürsorge auf.

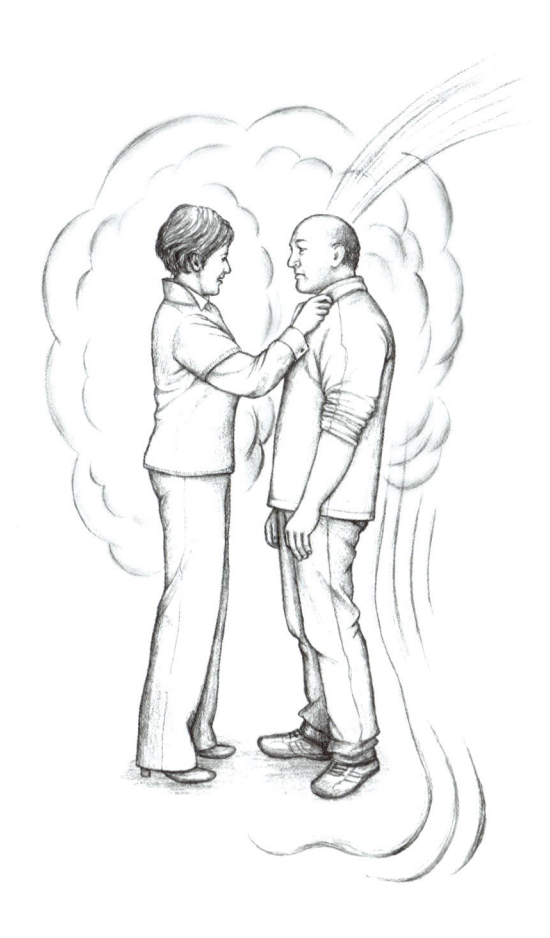

## 5. Übergriffe durch Liebe

Die Tochter unserer Sekretärin sagte zu ihr: »Mama, würdest du mir bitte nur einmal pro Monat sagen, dass du mich liebst.« Das Bedürfnis unserer Sekretärin, ihre Tochter zu lieben, war so groß, dass sie sie mit ihrer Liebe überwältigt hat. Übergriffe durch Liebe führen zu viel Schmerz in Beziehungen. Ein Partner »überliebt« den anderen mit dem Ergebnis, dass der andere sich verschließt, ihn zurückstößt und gereizt oder ärgerlich wird.

Übergriffe aus Liebe sind komplex, denn oft sind noch andere Energien zusätzlich zur »reinen Liebe unseres Herzens« mit in diese Liebe verwoben, wie beispielsweise Bedürftigkeit und Abhängigkeit, Anhänglichkeit, Festhalten oder Kontrolle, welche die Liebe verderben und zu Übergriffen führen.

## 6. Übergriffe durch Aussaugen – energetischer Vampirismus

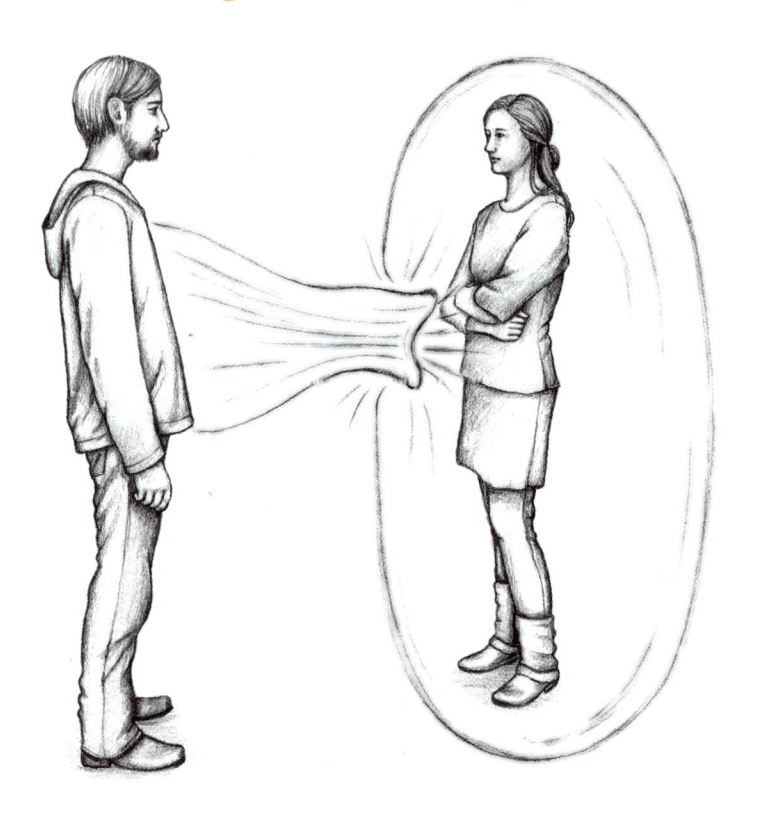

Eine der unbequemeren Formen des Übergriffs kommt vor, wenn man versucht, Energie aus dem anderen »herauszusaugen«. Dies geschieht häufig, wenn man sich bedürftig fühlt. Als bedürftiger Mensch sendest du ein kräftiges Energieband aus deinem Bauch, heftest dich an das Energiefeld des anderen und ziehst an ihm, um eine Verbindung, Sicherheit, Nähe, Schutz oder ein Gefühl der Zugehörigkeit zu bekommen.

Übergriffe durch Aussaugen sind oft getarnt. Das Aussaugen kann unter einer großzügigen, fürsorglichen, freundlichen oder gefälligen Maske verborgen sein. Der Mensch, der ausgesaugt wird, gerät in Verwirrung, da in ihm gemischte Gefühle auftauchen. Auf der einen Seite fühlt er sich vielleicht geschmeichelt, dass du seine Nähe so begehrenswert findet oder dass du dich um ihn kümmern möchtest. Und dennoch fühlt er sich seltsam ambivalent in deiner Gegenwart, sogar oft wie ausgelaugt, nachdem er mit dir zusammen war, und oft erleichtert, wenn du weggehst.

Übergriffe durch Aussaugen passieren ständig in ganz normalen Situationen. Sie ereignen sich auch in Krankheitssituationen, sowohl bei physischer als auch bei psychischer Erkrankung. Ein kranker Mensch benötigt Energie und zieht sie von denjenigen, die um ihn herum sind, ab. Viele Krankenschwestern, Ärzte und Ärztinnen leiden darunter.

## 7. Durch Energie-Resonanz die Macht über jemanden gewinnen

Eine subtile, aber dennoch mächtige Form des Übergriffs geschieht durch das Energieprinzip der Resonanz. In diesem Fall strahlst du, wenn du starke Gefühle für etwas hast, diese Energie nach außen. Es ist ungefähr so, als spielte man Musik mit einem starken Beat im Hintergrund. Obwohl man nicht wirklich auf die Musik hört, beginnt der Fuß im Rhythmus zu zucken. Durch Resonanz kann ein Mensch Kontrolle über einen anderen gewinnen. Die zweite Person verliert in diesem Moment dann die Verbindung zu sich selbst.

# 13 Die Kunst, deine Essenz nach AUSSEN zu bringen

## Sich das LOS(!)legen und Totalsein erlauben

Im letzten Abschnitt von Kapitel 11 haben wir den Begriff »Loslassen« verwendet. Stell dir nun eine Person vor, die von einer hohen Klippe aus ins Wasser springen möchte. Sie klettert einen schmalen Pfad hoch, bewegt sich dann vorsichtig Zentimeter für Zentimeter auf die Stelle des Absprungs zu. Und dann sitzt sie in der Klemme. Die Angst hat sie gepackt, und nun klammert sie sich an den Rand der Klippe. Freunde in der Nähe rufen: »Lass los, es ist sicher! Spring!« Schließlich löst die Person ihren Griff an der Klippe und erlebt diesen unglaublichen Adrenalinschub, während sie hinunter ins Wasser springt und eintaucht.

Festhalten und Loslassen

Die Betonung in dieser Situation liegt auf dem Vorgang, die Hände zu lösen – etwas loszulassen, das man festhält.

*Das LOS(!) erlauben – grünes Licht bekommen*

Man kann es auch anders betrachten. Stell dir einen Rennwagen vor, der bei Rot an der Startmaschine wartet. Der Fahrer gibt Gas, um den Motor auf Touren zu bekommen, und wartet darauf, dass es grün wird. Es gibt einen Countdown ... 3, 2, 1 – und es wird grün. Er nimmt den einen Fuß von der Bremse, presst den anderen aufs Gaspedal, und der Wagen prescht vorwärts. Die Betonung liegt hier auf losfahren und sich nach vorn bewegen.

Denke an Loslassen in der Bedeutung von »LOS!(legen) zulassen«, eine Vorwärtsbewegung gestatten, ein nach vorn Preschen, ein Vorwärtsgehen. Das ist ein ganz anderes Gefühl als im vorherigen Beispiel, bei dem man etwas loslässt, an dem man sich festgehalten hat.

*Totalität bedeutet,*
*deinen Energien ein totales »Los!« zu gestatten.*

Wenden wir das auf die Kunst an, deine Energien nach außen zu bringen. Beispielsweise, wenn du jemandem sagst, du liebst ihn oder sie. Wir könnten auch jeden anderen x-beliebigen Satz verwenden. Dennoch: Nehmen wir einmal an, du möchtest jemandem sagen, dass du ihn liebst. Manchmal ist das die einfachste und natürlichste Sache der Welt. Ein anderes Mal ist es sehr schwierig, so als wollten die Worte einfach nicht herauskommen und unsere Energie dehnt sich nicht nach vorn aus.

In diesen Momenten wird etwas zurückgehalten. Etwas gestattet dir nicht, LOS(!)zulegen. Um auf unser Bild vom Rennwagen zurückzukommen: Stell dir vor, dass der Fahrer nur teilweise den Fuß von der Bremse nimmt und nur teilweise Gas gibt. Es kommt zu einer Vorwärtsbewegung, aber sie ist gehemmt, spannungsgeladen und wird nur teilweise ausgeführt.

Einen Großteil der Zeit geschieht das so mit unserer Energie. Wir möchten unsere Energie nach außen bringen, aber gleichzeitig bremsen wir. Sei es, dass wir jemand sagen wollen, dass wir ihn oder sie lieben, unseren Boss um eine Gehaltserhöhung bitten oder eine Idee ausdrücken wollen, von der wir begeistert sind ... Wir bremsen uns selbst aus und brechen so unseren Energiefluss.

Hier folgt nun eine Übung, durch die du die Kunst des LOS(!)legens und des Totalseins lernen kannst.

### Übung 13.1  Erlaube dir das LOS(!)legen und Totalsein

*1. Bringe die Hände vor deine Brust, ungefähr auf Höhe des Herzens, die Handflächen zeigen nach innen.*

*2. Jetzt atme ein, und wenn du ausatmest, öffne die Arme weit nach außen, nach vorn und zu den Seiten.*

*3. Sieh, wie die Energie weit vor dich hinausreicht, als gäbe es keine Spannung, nichts, was sie behindert, so dass die Energie sich mühelos weit nach vorn bewegen kann.*

Die Hände benützen,
um LOS(!)zulegen

*4. Konzentriere dich auf das Ausatmen und erlaube dir, dich zu entspannen. Stell dir vor, dass die Energie leicht und flüssig nach draußen fließt. Visualisiere vor deinem Inneren Auge das LOS(!)legen.*

Ein LOS! zuzulassen ist mit einer Haltung verbunden, die wir Totalität nennen. Totalsein bedeutet, alles zu geben. Du hast sicher schon Erfahrungen damit gemacht, etwas zu tun, ohne dass dein Herz dabei ist. Du tust es mechanisch, aber du bist nicht wirklich dabei. Es ist nicht wirklich Energie dahinter, oder noch schlimmer, du leistest Widerstand und trittst auf die Bremse, während du es tust.

Jetzt stell dir einen Moment in deinem Leben vor, in dem du total warst. Vielleicht hast du an einem sportlichen Wettkampf teilgenommen und 200 Prozent gegeben. Oder du hast an deinem Computer gearbeitet und warst völlig vertieft in das anstehende Projekt. Totalsein kann bei allem geschehen, es ist ein Zustand der Präsenz: volle Energie, kein Zurückhalten, ein volles LOS(!) zulassen.

> **Übung 13.2 für heute** »Totalsein« – Bestandsaufnahme deiner Aktivitäten
>
> - *Mache eine kurze Bestandsaufnahme deiner heutigen Aktivitäten und die der jüngsten Vergangenheit. Wie total warst du? Wie präsent warst du? Wie sehr hast du alles gegeben? Einige Bereiche deines Lebens haben wahrscheinlich einen höheren Stellenwert als andere.*
>
> - *Jetzt stell dir vor, dass alles, was du tust, »total« ist. Wenn du es tust, dann tue es richtig. Wenn du da bist, dann sei wirklich da. Was für eine großartige Art zu leben, und ebenso effektiv wie voller Freude.*

»Totalsein« bedeutet nicht, dass du dich mit zu viel unangemessener Energie überstrapazierst. Sagen wir, du fährst auf einer wunderschönen, kurvenreichen Straße durch die Berge. Du kannst mit halsbrecherischer Geschwindigkeit fahren, so als würdest du an einer Rallye teilnehmen. Das heißt es, total zu sein. Du kannst aber auch mit entspannter und lässiger Geschwindigkeit fahren und wirklich präsent sein. Du achtest genau auf das Auto und die Straße, und du nimmst die Landschaft wahr. Du bist präsent, im Hier und Jetzt, eins mit dem Auto, der Straße und der Umgebung. Auch das bedeutet, total zu sein.

Also bedeutet »total« nicht, dass man zu viel Energie einsetzt. Es ist ein Seinszustand mit der richtigen Menge an Energie. Jetzt stell dir vor, du lebst dein Leben so, dass du total bist bei allem, was du tust. Du lebst in jedem Moment mit der angemessenen Menge an Energie, bist in jedem Moment präsent und wach. Jetzt hast du die Kunst gelernt, Energie fließen zu lassen.

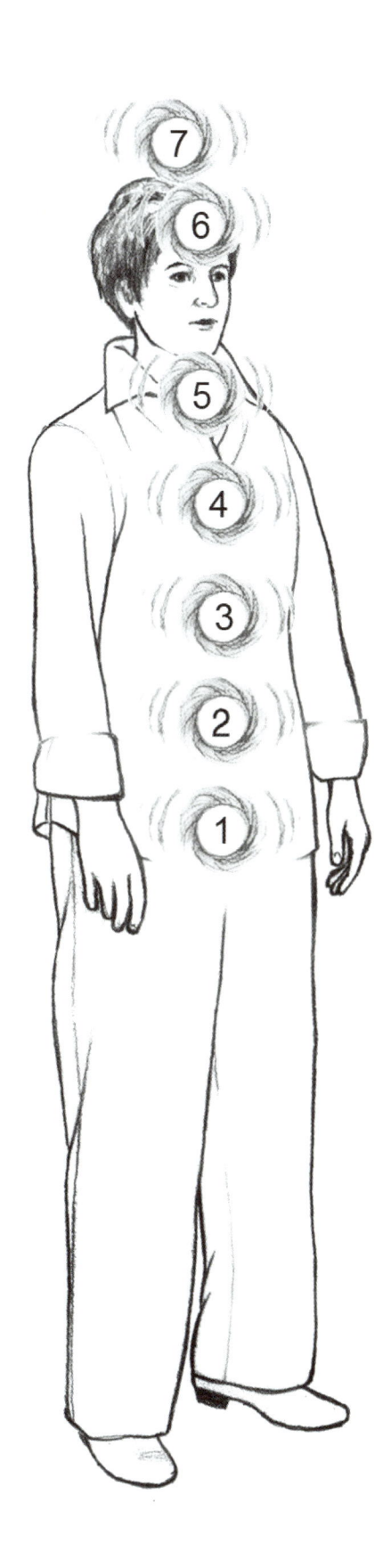

**7 – Krone**
Lebenssinn und Lebensabsicht,
Inspiration, Einheit

**6 – Drittes Auge**
Vision, Erkenntnis, Intelligenz,
Holistisches Denken, Intuition

**5 – Kehle**
Ausdruck, Kreativität, Wahrheit

**4 – Herz**
Liebe, Mitgefühl, Empathie, Offenheit,
Dankbarkeit, Dienen, Großzügigkeit

**3 – Solarplexus**
Identität, Selbstwert, Stärke, Selbst

**2 – Bauch**
Verbindung, Fürsorge, Wärme,
Sinnlichkeit, Spiel, Vergnügen

**1 – Basis**
Überfluss, Lebendigkeit,
Erdung, Manifestation

## Essenz-Qualitäten

Unsere Essenz ist einzigartig und individuell und gleichzeitig universell. Essenz entfaltet sich über die Energiezentren zu unverwechselbaren »Blüten des Seins«. Einige der Essenz-Qualitäten sind oben aufgelistet.

## Lebe deine Essenz: Wage es, du selbst zu sein

Zuletzt möchten wir noch die tiefere Bedeutung des Ausströmens von Energie erwähnen. Es bringt deine Essenz, deinen Wesenskern zum Vorschein.

Was meinen wir mit Essenz?

Es gibt etwas, das für dich von fundamentaler Bedeutung ist – dein SEIN, der essenziellste Teil von dir. Das ist etwas, das einfach IST. Niemand kann es dir wegnehmen, niemand kann es verändern – es ist einfach.

Wenn du mit deiner Essenz in Berührung kommst, ist das die freudigste aller Erfahrungen. Zweifel und Unsicherheiten fallen weg. Der Lärm des Verstandes verschwindet, und du wechselst von den stürmischen äußeren Schichten der Persönlichkeit und des Energiefeldes in diesen tiefen und tiefgründigen Kontakt mit dem, was du wirklich bist – deine Essenz.

Deine Essenz ist wie ein Diamant, der viele Facetten hat. Durch sie kommst du vielleicht in Berührung mit deiner Liebe oder deiner Stärke, deiner Klarheit oder deiner Verspieltheit. Es gibt viele Aspekte deiner Essenz. Jeder ist anders, und doch ist jeder auch du. Das wechselnde Licht bricht sich in verschiedenen Momenten ganz unterschiedlich in den Facetten eines Diamanten. So erschafft er diese wunderschönen und mannigfaltigen Effekte.

Dein Bewusstsein hat die gleiche Funktion wie das Licht: Es beleuchtet gewisse Aspekte deiner Essenz und lässt sie glänzen. Genau wie ein Diamant reflektiert auch die Essenz in verschiedenen Momenten ganz unterschiedliche Seiten, zeigt so viele verschiedene Aspekte dessen, wer du bist. Und dennoch sind es alles Aspekte deiner Essenz.

### DEFINITION: Essenz

*Die Essenz ist das wesentliche, elementare ICH und birgt die strahlenden Qualitäten, mit denen jeder von uns geboren wird.*

Eines der wichtigsten Dinge, die man je tun kann, ist, seine Essenz kennen zu lernen und zu leben. Dennoch haben die meisten von uns nicht das Gefühl, dass sie ihre Essenz zum Vorschein bringen können. Vielleicht fühlst du dich nicht sicher oder erwartest, dass andere dich abweisen, nicht wirklich bei der Sache sind oder deine Verletzlichkeit gegen dich verwenden. Und wahrscheinlich hast du recht – all diese Dinge können geschehen.

Es braucht Mut, sich selbst treu zu sein und das tiefere eigene Selbst auszudrücken. Das ist die höhere Bedeutung von AUSSEN: deine Essenz nach außen zu bringen. Du gibst deinem Selbst mehr Raum und drängst diejenigen Energien zurück, die dich beeinträchtigen. Du gibst dir Raum, groß zu sein. Du dehnst dich aus. Du lebst aus deinem Zentrum heraus, in Kontakt mit deiner Essenz – und du verströmst dich, während du dein Leben lebst.

> *Du dehnst dich aus, lebst aus deinem Zentrum heraus, in Kontakt mit deiner Essenz – und du verströmst dich, während du dein Leben lebst.*

### Übung 13.3   Bring deine Essenz nach AUSSEN

**A. Vorbereitung: Stimme dich auf deine Essenz ein**

*Beginne damit, an einen Moment zu denken, in dem du »reich in deinem Selbst« warst. Das war vielleicht ein Moment der Liebe, in dem dein Herz offen war, oder ein Moment der Stärke, in dem du wirklich in deiner Energie warst. Es könnte auch ein Moment der Klarheit gewesen sein, in dem du wirklich »sahst«. Essenz hat viele Qualitäten, aber was sie charakterisiert, ist, dass da ein ganz tiefgreifendes ICH ist: reich, vollkommen und elementar für das, was du bist.*

*Dieser Moment der Essenz kann ein Gefühl, ein Gedanke oder eine Empfindung im Körper gewesen sein. Welche Form auch immer dieser Moment der Essenz annahm, sei jetzt ganz eins damit.*

### 1. Stimme dich auf die physische Empfindung von Essenz ein

*Lass dir ein paar Augenblicke Zeit, damit das Gefühl so lebendig wie möglich wird. Beachte, dass dieser Gedanke oder dieses Gefühl mit einer deutlichen physischen Empfindung irgendwo im Körper oder in deinem Energiefeld einhergeht. Nimm dir einen Moment Zeit, um die Körperlichkeit der Essenz bewusst wahrzunehmen.*

### 2. Stimme dich auf die energetische Ebene der Essenz ein

*Jetzt lenke dein Bewusstsein auf die energetische Ebene dieses Gefühls oder Gedankens. Dieser Zustand hat eine eigene energetische Substanz an sich und befindet sich irgendwo in deinem Energiefeld. Die Substanz dort hat eine unverwechselbare Qualität und einen spezifischen Energiefluss.*

### 3. Forme die Energie der Essenz

*Lege die Hände dorthin, wo sich deinem Gefühl nach diese energetische Substanz befindet: Öffne und schließe einen Moment lang die Hände an dieser Stelle, bewege sie nach innen oder außen, verändere ihre Gestalt, bis deine Hände eine Form finden, die die Energie an dieser Stelle widerspiegelt. Du hast jetzt diese Energie modelliert und dabei unterstützt, greifbarer zu werden.*

### 4. Weite deine Essenz aus

*Jetzt lass diesen Zustand in dir noch größer werden. Benutze die Hände, um ihn auszudehnen. Stell dir vor, dass das Energiefeld sich nach außen öffnet und stärker in die Umgebung ausstrahlt. Lass dir Zeit, damit die Essenz sich ihren »Raum nehmen« kann.*

Seine Essenz zum Vorschein bringen

Perfekt. Nun werden wir den nächsten, schwierigeren Schritt tun.

### 5. Finde den dir angemessenen Ausdruck

*Stell dir vor, dass du diesen Essenz-Zustand auf eine Art und Weise ausdrückst, die dir entspricht. Vielleicht sind es Worte, die du aussprichst, oder es ist der überschwängliche Ausdruck eines Gefühls. Vielleicht ist es etwas, das du tun möchtest, eine Aktion, die du unternehmen möchtest. Vielleicht geht es auch einfach darum, dazustehen und auf besondere Weise zu »sein«, eine bestimmte Körperhaltung einzunehmen, einen Gesichtsausdruck zu zeigen, eine gewisse Ausstrahlung zu haben.*

### 6. Drücke deine Essenz in der Matrix aus

*Zuallerletzt, und das ist die wirkliche Herausforderung, stell dir vor, dass du dies mit Menschen um dich herum tust, in deiner Umgebung. Wir nennen die Umgebung die Matrix – das Gewebe von Energien, Menschen, Dingen, Schwingungen und so weiter, die deine Umgebung ausmachen. Stell dir vor, dass du deine Essenz in der Matrix zum Ausdruck bringst.*

#### Kurzanleitung

1. *Stimme dich auf deine Essenz ein*
2. *Stimme dich auf die physische Empfindung der Essenz ein*
3. *Stimme dich auf die energetische Ebene der Essenz ein*
4. *Forme die Energie der Essenz*
5. *Weite deine Essenz aus*
6. *Finde den dir angemessenen Ausdruck*
7. *Drücke deine Essenz in der Matrix aus*

## Lebe deine Essenz inmitten der Stürme des Lebens

Es ist sehr wohl möglich, dass es Menschen gibt, die nicht auf derselben Wellenlänge mit deiner Essenz sind. Vielleicht verurteilen sie deine Essenz, fühlen sich von ihr bedroht, oder sie sind schlicht zu sehr im Eigenen verfangen, um sie zu bemerken. Vielleicht leben diese Menschen gerade in einem anderen Raum, und ihre Schwingungen und deine eigenen sind nicht synchron.

Diese Energien beeinflussen dich. Sie können dich blockieren und dich dazu veranlassen, deine Essenz eher für dich zu behalten. Sie greifen dich womöglich sogar aktiv an und versuchen, dich zum Stillschweigen zu bringen.

Inmitten von dichten Energien leuchten

Dies ist ein zentraler Punkt im Leben – dass unsere Essenz, unsere tieferen und kostbareren Gedanken und Gefühle nicht immer unterstützt oder verstanden und vielleicht sogar auf subtile oder auch nicht so subtile Art und Weise angegriffen werden. Deshalb ist dies für uns eine der wichtigsten Fertigkeiten, die wir erlernen können:

- den Mut zu haben, unser Selbst unsere Essenz leben zu lassen, und dann die Fähigkeit zu besitzen, unser Zentrum inmitten all dessen, was uns begegnen mag, zu halten

> *Lass es dich einen Moment lang wagen. Fühle die energetische Präsenz deiner Essenz. Lass sie groß und strahlend sein. Sieh dich selbst in einer realen Lebenssituation.*
> *Male dir aus, wie dein Selbst diese Essenz ausagiert und ausdrückt. Und obwohl es da vielleicht dichtere Energien gibt, die nicht hilfreich sind, fühlst du dein Zentrum und bist dir bewusst, wie kostbar du und deine Gaben sind. Bleibe dieser Energie wirklich treu!*
> *Lass deine Essenz stärker werden und verankere sie noch fester, damit sie den Stürmen, die das Leben mit sich bringt, standhält.*

Das ist die eigentliche Kunst des Lebens:

- mit deiner Essenz, mit deinem tieferen Selbst verbunden zu sein und es leuchten zu lassen

Erlaube dir, eine Wirkung auf die Welt um dich herum zu haben. Erschaffe, forme und präge sie auf der Grundlage deiner Essenz, des Höchsten in dir, des »Goldenen Wesens« in deinem Zentrum.

## Dritter Abschnitt

# Die Vertikale
## Die Ebene des Bewusstseins: OBEN, JENSEITIG und UNTEN

### Teil I – OBEN und JENSEITIG

# 14 Nach OBEN – die Veränderung im Bewusstsein

## Nach OBEN – die Veränderung im Bewusstsein

*Der Verstand kann nur bis zu einem gewissen Grad mit dem, was er weiß und überprüfen kann, Fortschritte machen. Es kommt eine Zeit, da der Verstand eine höhere Ebene des Wissens erreicht, aber niemals nachweisen kann, wie er dorthin gelangt ist. Alle großen Entdeckungen haben einen derartigen Sprung mit sich gebracht.*

Albert Einstein

Diese Worte enthüllen eine tiefe Einsicht in das menschliche System, nämlich dass wir verschiedene Ebenen des Wissens und des Denkens haben. Und es liegt eine zweite Einsicht dahinter verborgen, die eine immense Bedeutung für uns hat: dass wir willentlich jederzeit zu einer höheren Ebene des Denkens wechseln können.

### ENERGIE-PRINZIP 13:
### Energie hebt das Bewusstsein an

*Der Prozess, Energie von einem niedrigeren zu einem höheren Zustand zu bewegen, hebt die Ebene des Bewusstseins an.*

Wenn du das begreifst, besitzt du einen Generalschlüssel zum Leben. Er gibt dir nicht nur die mächtigste aller energetischen Fertigkeiten in die Hand. Er hebt dich auf eine Ebene, auf der du nicht einfach nur lebst, sondern aufblühst – und in Fülle, Freude und Wohlbefinden lebst.

Vielleicht kommt jetzt der Einwand: »*Also schön, Einstein kann das so sagen. Er war ein Genie. Aber ich bin nur ein ganz durchschnittlicher Mensch.*«

Falsch!

- Du bist sehr viel mehr, als du erkennen kannst oder dir selbst zugestehst.
- Du rufst die ganze Zeit über Orte höheren Bewusstseins ab, auch wenn du vielleicht nicht bemerkst, dass du es tust.
- Es gibt Wege, willentlich Zugang zu diesen höheren Ebenen zu erlangen.

Der Weg dorthin geht über den Kernkanal der Energie und den vertikalen Fluss darin, den wir »nach OBEN« und »nach UNTEN« nennen.

## Nach OBEN und nach UNTEN

Wir haben bereits über den Kernkanal und seine Bedeutung für das Zentrieren geredet. Aber er hat noch eine Bedeutung: Mit dem Kernkanal sind sieben Energiezentren verbunden, die Chakras genannt werden. Ein Chakra ist ein Energiewirbel, ein kraftvoller Ort wirbelnder Energien. Jedes Chakra ist mit einem bestimmten Typus von Gedanken und Gefühlen verbunden, also mit dem, was wir Bewusstseinsebene nennen.

Die beste Art und Weise zu verstehen, was wir mit Bewusstseinsebene meinen, ist, sich einen Totempfahl vorzustellen, wie man ihn in den Kulturen verschiedener Naturvölker findet. Visualisiere diesen imaginären Totempfahl mit sieben Gesichtern darauf. Das gesamte Spektrum der Evolution ist repräsentiert, jedes Gesicht stellt eine der sieben evolutionären Phasen dar.

Das Gesicht am unteren Ende des Totempfahls sieht am primitivsten aus. Es stellt unseren frühesten evolutionären Ursprung dar und entspricht den primitivsten Anteilen der Psyche.

Wenn wir uns nach oben bewegen, stellt jedes Gesicht einen weiteren Schritt in der Entfaltung der Evolution dar und ist entsprechend differenzierter.

Am obersten Ende unseres imaginären Totempfahls befinden sich unsere jüngsten und fortgeschrittensten evolutionären Entfaltungen, die mit den

Höhen und der Größe des menschlichen Geistes korrespondieren. Das Gesicht dort ist das differenzierteste von allen.

Genauso funktioniert das Chakrasystem. Es korrespondiert mit der Evolution. Das Gesicht am unteren Ende des Totempfahls entspricht dem Basis-Zentrum unten an der Wirbelsäule und unseren frühesten evolutionären Antriebskräften und Instinkten.

Das Gesicht am oberen Ende des Totempfahls entspricht dem Kronen-Zentrum am Scheitelpunkt, dem letzten der Chakras, die sich im menschlichen Energiesystem entwickelt haben. Es ist das fortschrittlichste und elaborierteste Chakra und entspricht den erhabensten Eigenschaften des Bewusstseins, der Intelligenz und des menschlichen Geistes. Es stellt unser Potenzial und unsere Zukunft dar, denn es ist das Zentrum, das sich für die meisten von uns gerade erst zu öffnen beginnt.

**Ein Totempfahl**
Viele indigene Völker haben die vielfachen Dimensionen des Menschen durch das Symbol des Totempfahls ausgedrückt.

Ein Totempfahl ist eine ausgezeichnete Repräsentation des Chakrasystems, denn jedes Gesicht auf ihm scheint eine Einheit für sich zu sein. Genauso funktionieren die Chakras. Jedes Zentrum oder Chakra stellt eine Ebene des Denkens und Fühlens dar, die fast autonom arbeitet. Ein Chakra denkt vielleicht eine Sache, und ein anderes Chakra denkt vielleicht gleichzeitig etwas anderes.

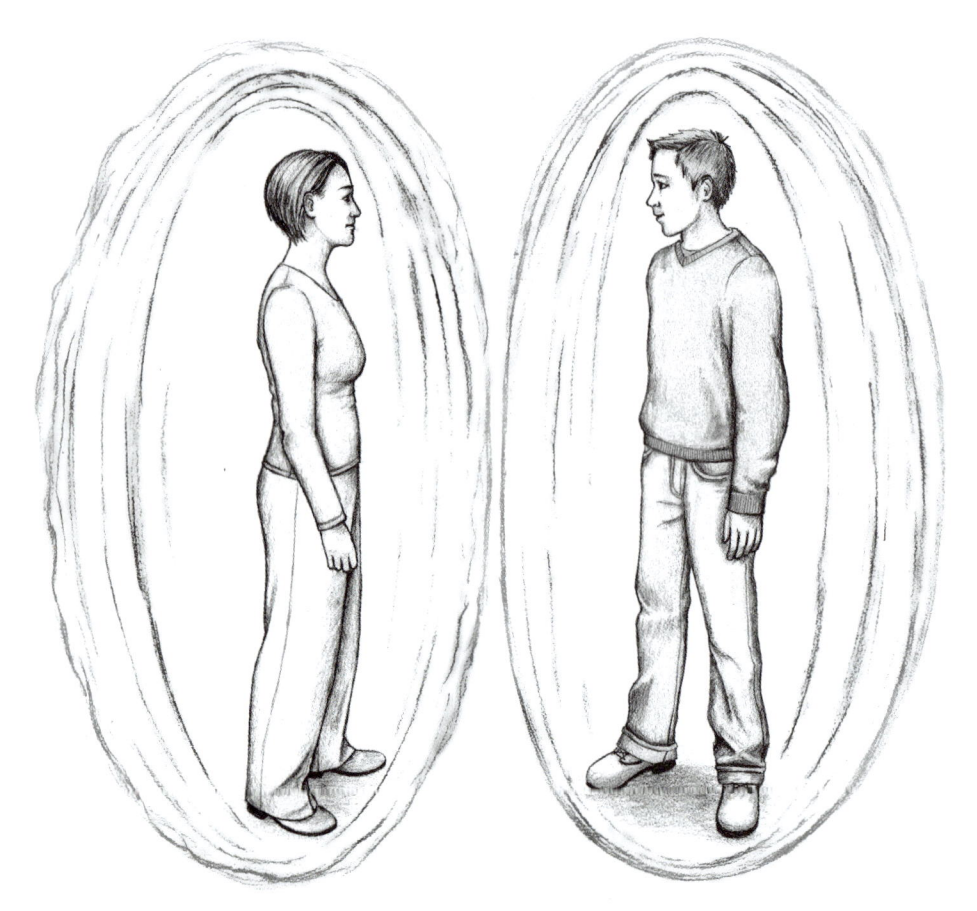

**Die sieben Ebenen des Bewusstseins**

Eine Ebene des Bewusstseins funktioniert so, als schaute man durch eine Linse, die die Wirklichkeit in einer bestimmten Weise »einfärbt«. Die Beispiele unten zeigen, wie ein Chakra eine andere Person »sieht«.

|   | Zentrum | Ebene des Bewusstseins |
|---|---|---|
| 7 | Krone | sieht den anderen als eine göttliche Seele |
| 6 | Drittes Auge | sieht eine kultivierte und intelligente Person |
| 5 | Kehle | sieht eine kreative Person |
| 4 | Herz | sieht eine liebevolle Person |
| 3 | Solarplexus | sieht jemand, mit dem man wetteifern muss |
| 2 | Bauch | sieht den anderen als ein sexuelles Objekt |
| 1 | Basis | sieht den anderen als eine Bedrohung, jemanden, den man fürchten muss |

# Liebe versus Sex

Wir wollen das an einem Beispiel, das dir vertraut ist, deutlich machen: Sex haben. Die Genitalien befinden sich an der Basis der Wirbelsäule und korrespondieren mit dem Basis-Chakra, dem Zentrum, in dem die sexuellen Antriebe ihren Ursprung haben. Auch wenn das vielleicht nicht für uns alle gilt, so hatten doch die meisten von uns sexuelle Erfahrungen, die ziemlich genau das waren: eine sexuelle Erfahrung – lustvoll, leidenschaftlich und grob. Es ging nicht um Liebe. Es ging nicht um Intimität oder eine tiefe seelische Verbindung. Es ging um Sex.

Du hattest aber wahrscheinlich auch schon mit jemandem, den du liebst, eine sexuelle Erfahrung. Du warst verliebt, und aus dieser Liebesverbindung heraus habt ihr miteinander geschlafen. Was für eine andere Erfahrung! Eure Herzen begegnen sich, da ist ein »Aufeinander-eingestimmt-Sein«, ein Schmelzen und sich Vereinigen und sich Öffnen, das euch beide in die wunderbarste Intimität erhebt.

Beide Erfahrungen sind sexuell. Was ist der Unterschied? Und warum kann derselbe Akt so völlig verschieden sein?

Wenn man es energetisch versteht, involviert Sex in erster Linie das Basis-Chakra (und ein wenig auch das zweite Chakra dicht darüber). Diese Zentren sind grob und instinktiv, ihre Antriebe sind kraftvoll und kräftezehrend. Hast du je zwei Katzen zugehört, die Sex haben? Lieben sie sich oder bringen sie einander um? Schwer zu sagen.

Jetzt kontrastiere das mit der sexuellen Erfahrung, mit jemandem ins Bett zu gehen, den du wirklich liebst. Du kannst dein Herz fühlen, es ist fast greifbar mitten in deiner Brust. Dort öffnet sich solch eine Wärme. Hand in Hand mit diesen physischen Gefühlen kommen die wundervollsten Gefühle der Zartheit, des Respekts, der Fürsorge und der Einstimmung.

Der Grund dafür ist, dass jetzt ein höheres Zentrum im Chakrasystem am sexuellen Akt mitbeteiligt ist: das Herz-Zentrum. Seine Schwingungen sind feiner, und sein Bewusstsein ist größer. Obwohl das Basis-Zentrum immer noch involviert ist, da der sexuelle Akt mit der Basis verbunden ist, wird eine neue Qualität ins Spiel gebracht, weil jetzt das Herz-Zentrum dabei ist. Die

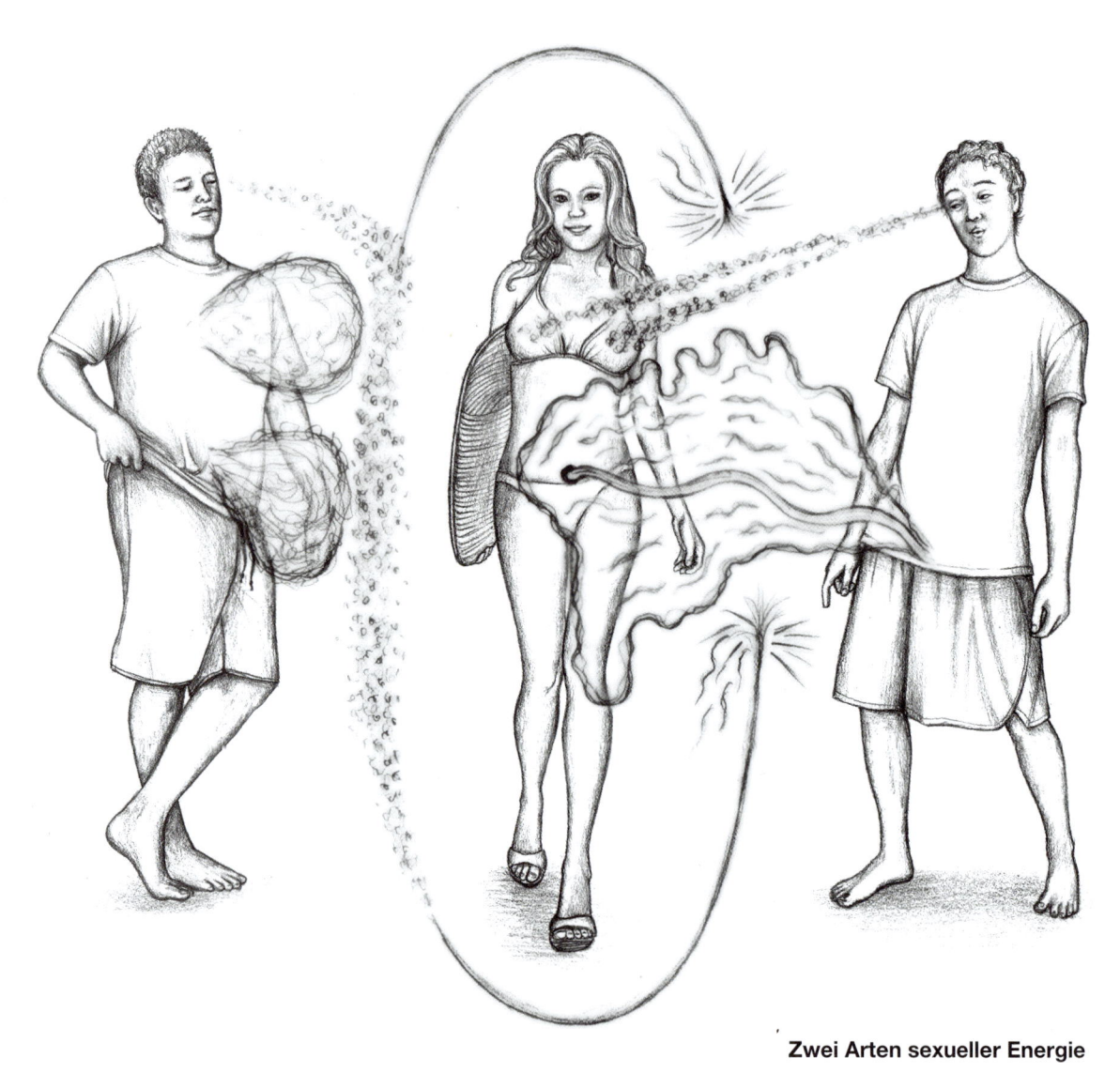

**Zwei Arten sexueller Energie**
Links: Sexualität präsent, aber feiner, herzlich und repektvoll
Rechts: Sexualität außer Kontrolle – roh, penetrierend und übergriffartig

Energie des Herzens erhöht und transformiert die rohen sexuellen Energien und hebt sie auf eine ganz neue Ebene.

Wenn ihr »Liebe macht« statt einfach »Sex zu haben«, bewegt ihr die Ebene eures Bewusstseins den Kernkanal hinauf zu einem Zentrum, das höher im Chakrasystem angesiedelt ist. Diese höhere Ebene wirkt jetzt auf die niedrigere ein und verändert sie.

*Wenn ihr »Liebe macht« statt einfach »Sex zu haben«, bewegt ihr die Ebene eures Bewusstseins den Kernkanal hinauf, vom Basis-Zentrum zum Herzen, einem Zentrum, das höher im Energiesystem angesiedelt ist.*

Wir heben unser Bewusstsein andauernd an. Du hattest sicher schon einen Moment der Wut, in dem du mit Worten um dich schlagen oder sogar physisch zuschlagen wolltest, es aber nicht getan hast. Warum nicht? Weil etwas in deinem Innern dich aufgehalten hat. Ein höheres Zentrum – in diesem Fall dein Drittes Auge, ein Zentrum, das Entscheidungen fällt – hat die Gefühle der Aggression gestoppt, die weiter unten im Basis-Zentrum und im Solarplexus beheimatet sind.

Beide Beispiele illustrieren die Veränderungen im Bewusstsein und in der Energie dank der Bewegung entlang des Kernkanals. Das ist darum so wichtig, weil du die Energie willentlich nach oben und unten bewegen und tatsächlich von einem Gefühl auf ein anderes umschalten kannst, von einer Art des Denkens oder Bewusstseins auf eine andere.

*Du kannst willentlich die Energie nach oben und unten bewegen, um von einem Gefühl oder Gedanken zu einem anderen zu wechseln.*

Schauen wir uns Einsteins Zitat noch einmal in diesem Zusammenhang an:

*Der Verstand kann nur bis zu einem gewissen Grad mit dem, was er weiß und überprüfen kann, Fortschritte machen. Es kommt eine Zeit, da der Verstand eine höhere Ebene des Wissens erreicht, aber niemals nachweisen kann, wie er dorthin gelangt ist. Alle großen Entdeckungen haben einen derartigen Sprung mit sich gebracht.*

Er bezieht sich auf eine »höhere Ebene des Wissens«. Eine »Ebene« impliziert höher und niedriger, etwas über oder unter etwas anderem. Es beinhaltet auch überlegen und unterlegen, nicht im Sinne von gut und böse, besser oder schlechter, sondern im Sinne von mehr oder weniger verfeinert, kultiviert und kraftvoll.

**DEFINITION: Ebene des Bewusstseins**

*Eine Art und Weise, die Welt zu betrachten, die sowohl Gefühle als auch Gedanken beinhaltet. Die Ebenen des Bewusstseins sind mit der Evolution verbunden und spiegeln frühere und spätere Entwicklungen in der Wahrnehmungsfähigkeit wider.*

Das ist der magische Schlüssel, den das Verständnis der »Oben und Unten«-Dimension im Kernkanal und im Chakrasystem enthüllt: dass es höhere und niedrigere Ebenen des Bewusstseins gibt, der Gedanken und des Denkens. Und auch, dass es in unserem System eine kontinuierliche Bewegung der Energien, Gedanken und Gefühle hinauf und hinunter gibt. Normalerweise geschieht das unbewusst, aber – und das ist das große Aber –, wenn du diese »Orte der Gedanken« verstehst und wenn du lernst, wie man Energie bewegt, kannst du eine aktivere Rolle bei der Entscheidung spielen, aus welchem Zentrum heraus du »denken« möchtest.

## Es nach OBEN atmen

Fügen wir unserer Arbeit mit dem Kernkanal jetzt eine neue Dimension hinzu. Wir werden auf einem unserer zuvor vorgestellten Energie-Prinzipien, »Energie folgt dem Gedanken«, aufbauen: Wo unser Denken hingeht, dahin fließt auch die Energie.

Wenn wir unsere Gedanken lenken, können wir zusätzlich noch unseren Atem einsetzen, um den Fluss der Energie zu steuern. Atmen ist eines der mächtigsten energetischen Werkzeuge, denn wenn wir atmen, atmen wir auch die Lebenskraft ein und aus. Gelenktes Atmen bedient sich der Vorstellungskraft, um den Atem »sehen« zu können, wie er sich zu einer bestimmten Stelle hinbewegt.

Wir werden das mit dem Herz-Zentrum versuchen, da dies ein einfach zu fühlendes Zentrum ist.

## Übung 14.1   Entfache die Flamme deines Herzens

*Führe diese Übung langsam aus. Lass dir bei jedem Schritt etwas Zeit für die Öffnung.*

### 1. Vitalisiere dein Herz

*Stell dir vor, dass dein Herz-Zentrum vitaler und strahlender wird.*

### 2. Stimme dich auf die Liebe ein

*Stimme dich auf die Gefühle der Liebe ein, die in deinem Herzen wohnen. Wenn du möchtest, kannst du dich auf eine Person einstimmen, die du liebst, oder auf einen Moment, in dem deine Liebe stark war.*

### 3. Schüre deine Liebe

*Atme in dein Herz hinein und aus ihm heraus. Stell dir vor, dass deine Liebe von der Lebenskraft, die im Atem enthalten ist, entfacht wird, und dass deine Liebe stärker und leuchtender wird.*

### 4. Lass die Liebe hinausfließen

*Sobald du eine starke liebevolle Energie im Herzen aufgebaut hast, sieh vor deinem geistigen Auge, wie diese Liebe beim Ausatmen aus dir herausfließt.*

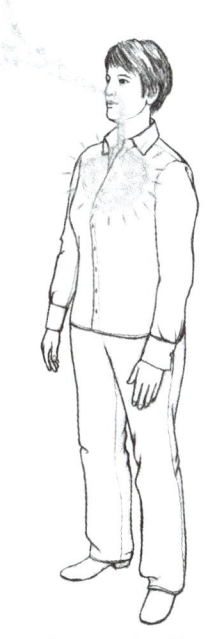

Gelenktes Atmen – ins Herz und aus dem Herz heraus

### Kurzanleitung

1. *Vitalisiere dein Herz*
2. *Stimme dich auf die Liebe ein*
3. *Schüre deine Liebe*
4. *Lass die Liebe hinausfließen*

Wie du siehst, kann das gelenkte Atmen sehr wirkungsvoll sein, wenn es mit der Absicht eingesetzt wird, Gefühle zu verändern, Denkweisen zu öffnen und Energie zu bewegen.

Wir machen folgende Übung, damit du ein Gefühl dafür bekommst, Energie im Kernkanal zum Herz hinauf zu bewegen. Danach werden wir beginnen, das Bewusstsein auf noch höhere Ebenen anzuheben.

👉 **Übung 14.2  Entzünde mehr Liebe –
atme Energie zu deinem Herzen**

**A. Vorbereitung: Wecke das Basis-Zentrum auf**

**1. Atme durch die Basis des Baums**

*Kommen wir auf das Bild des Baums zurück. Beginne durch das Basis-Zentrum, durch den Beckenboden, ein- und auszuatmen.*

**2. Erde dich**

*Jetzt stell dir vor, dass die Energie jedes Atemzugs sich vom Basis-Zentrum aus nach unten bewegt, in die Wurzeln des Baums unter der Basis und in die Erde.*

**B. Kernübung**

**3. Vitalisiere das Basis-Zentrum**

*Dann, mit dem Einatmen, atme die Energie der Erde durch die Wurzeln hinauf und in dein Basis-Zentrum. Jeder Atemzug bringt Vitalität in die Basis. Stell dir vor, dass die Ladung stärker und stärker wird und das Reservoir sich mehr und mehr füllt. Führe dieses Atmen der Erdenergie in die Basis zehn Mal aus – zehn tiefe, volle, langsame Atemzüge.*

**4. Sauge die Energie hinauf zu deinem Herzen**

*Beim nächsten Einatmen atme diese Ladung die Wirbelsäule hinauf bis ins Herz. Du kannst dir das so vorstellen, wie wenn du Flüssigkeit durch einen Strohhalm hochsaugst. Verwende den Atem dafür, die Energie der Basis die Wirbelsäule hinauf und hoch bis zu deinem Herzen zu saugen. Mache das drei Mal.*

### 5. Atme durch das Herz

*Stell dir jetzt, wie in der vorherigen Übung, einen Moment lang vor, dass du durch das Herz in der Mitte deiner Brust ein- und ausatmest. Visualisiere, wie die Energie jeden Atemzugs sich dort hinein- und hinausbewegt. Jeder Atemzug stimuliert das Herz-Zentrum, bringt Vitalität dorthin.*

### C. Abschluss

### 6. Stimme dich auf dein Herz ein

*Wenn du dich jetzt auf dein Herz einstimmst, bemerkst du vielleicht, dass die Gefühle in deinem Herzen eine andere Qualität haben als nach der vorangegangenen Übung, in der wir nur ins Herz geatmet haben, ohne die Energie hinauf zu lenken.*

#### Kurzanleitung

1. Atme durch die Basis des Baums
2. Erde dich
3. Vitalisiere das Basis-Zentrum
4. Sauge die Energie hinauf zu deinem Herzen
5. Atme durch das Herz
6. Stimme dich auf dein Herz ein

# Bewusstsein durch das Aufwärtsbewegen von Energie verändern

Jetzt, da wir die Grundlagen dafür haben, Energie den Kernkanal hinauf zu bewegen, werden wir das als praktisches Energiewerkzeug einsetzen, um Bewusstsein zu verändern.

Die unteren drei Zentren, das Basis-Zentrum, der Bauch und der Solarplexus, sind im Allgemeinen die aktivsten in uns. Sie beherrschen uns mit ihren Gefühlen und Gedanken, deren Palette von »sehr aufgeweckt« bis zu »extrem

> **Typische Gedanken der ersten drei Zentren**
>
> **Basis**
>
> *Werde ich genug Geld haben?*
> *Ich mache mir Sorgen.*
> *Ich bin verängstigt.*
> *Ich vertraue ihm/ihr/dem nicht.*
>
> **Bauch**
>
> *Gehöre ich dazu?*
> *Meine Bedürfnisse werden nicht befriedigt werden.*
> *Ich möchte nah bei ihm/ihr sein.*
> *Ich muss mehr bekommen.*
>
> **Solar Plexus**
>
> *Respektier mich!*
> *Er ist erfolgreicher/reicher/wichtiger als ich.*
> *Ich möchte die Nummer eins sein.*
> *Ich bin so dumm/blöd/minderwertig usw.*

beschränkt« reicht. Wir werden uns, abgesehen von einer kurzen Erwähnung in der Seitenleiste, nicht das gesamte Spektrum anschauen, das diese Zentren beinhalten. Aber wir werden uns auf einige der Schwierigkeiten konzentrieren, denen du im Zusammenhang mit den unteren Zentren begegnen könntest, und darauf, wie du damit umgehen kannst.

Es gibt viele Ebenen, zu denen wir uns hinbewegen können, viele verschiedene Etagen im Gebäude des Bewusstseins. Wir werden uns auf vier verschiedene Aufwärtsbewegungen konzentrieren. Wir haben diese vier ausgesucht, weil sie von zentraler Bedeutung für den Reifeprozess eines jeden Einzelnen sind.

# Die vier wichtigsten Anhebungen im Bewusstsein

## *Anhebung 1: Von der Abhängigkeit zur Befähigung*
### *Sich vom Bauch-Zentrum zum Solarplexus bewegen*

Unsere erste Bewegung ist die vom Bauch-Zentrum nach oben zum darüberliegenden Solarplexus. Das ist eine der wichtigsten Bewusstseins-Anhebungen, die jeder Mensch durchleben muss, um ein selbstermächtigtes Individuum zu werden.

Das Bauch-Zentrum hat mit dem Inneren Kind zu tun. Es repräsentiert deine emotionalen Abhängigkeiten von anderen Menschen und Dingen. Wenn es nicht gesund oder aus dem Gleichgewicht gekommen ist, hast du die Gefühle und das Denken eines Kindes. Du wirst abhängig, bedürftig, überemotional und anhänglich.

Der Solarplexus hat seinen Sitz unter dem V der Rippen. Wenn er gesund ist, gewährt er dir Zugang zum reifen Erwachsenen in dir. Du hast ein Gefühl von Autonomie, davon, auf eigenen Füßen zu stehen. Du fühlst dich kompetent, unabhängig, autonom, selbstbestimmt und stark.

Du kannst dieses energetische Werkzeug anwenden, wenn du dich wie folgt fühlst:

- bedürftig oder abhängig
- gefangen in »Ich kann nicht«-Haltungen
- wie ein verlorenes Kind
- emotional überwältigt
- träge, schlapp, trübe

### Übung 14.3 Von der Abhängigkeit zur Befähigung – bewege dich vom Bauch-Zentrum zum Solarplexus

#### 1. Wecke den Bauch auf

*Beginne, indem du durch den Bauch ein- und ausatmest. Stell dir vor, wie jeder Atemzug tief in den Bauch fließt und sein Zentrum mit Energie und Bewusstsein füllt. Es fühlt sich vielleicht so an, als werde dein Bauch ruhiger oder wärmer. Nimm bei dieser Übung mindestens fünf volle und langsame Atemzüge.*

#### 2. Atme hinauf in den Solarplexus

*Beim nächsten Einatmen atme jetzt die Energie vom Bauch hoch in deinen Solarplexus unter deinen Rippen und visualisiere, wie der Solarplexus sich mit Energie füllt. Tu dies drei Mal.*

### 3. Öffne den Solarplexus

*Jetzt atme durch den Solarplexus ein und aus. Bei jedem Ausatmen stellst du dir vor, wie sich der Solarplexus entspannt und öffnet. Dein Körper verändert dabei vielleicht fast unmerklich seine Haltung. Du bemerkst vielleicht Veränderungen in deinem Körpergefühl und deinen Gefühlen. Fühlst du dich autonomer und selbstbestimmter? Überprüfe, ob sich deine Perspektive verändert hat.*

### 4. Teste deine Befähigung

*Denke an eine Situation, in der du dich zuvor nicht befähigt gefühlt hast. Fühlst du dich jetzt, während du weiter in den Solarplexus atmest, selbstsicherer, stärker oder eher in der Lage, in dieser Situation zu handeln?*

> **Kurzanleitung**
>
> 1. Wecke den Bauch auf
> 2. Atme hinauf in den Solarplexus
> 3. Öffne den Solarplexus
> 4. Teste deine Befähigung

## Anhebung 2: Vom animalischen Menschen zum »Göttlich-Menschlichen«

**Sich von den drei unteren Zentren hinauf zum Herzen bewegen**

Wir haben bereits mit dem »Ins-Herz-Atmen« gearbeitet, werden aber jetzt das »Herzbewusstsein« einbringen, das dem noch eine ganz andere Dimension hinzufügt.

Dein Herz ist eines der mächtigsten und wichtigsten Zentren in dir. Es öffnet dich nicht nur für die Liebe, es eröffnet auch eine neue Art und Weise, die Welt zu sehen und zu fühlen, die Einheit und Einssein, Mitgefühl und Einfühlungsvermögen beinhaltet.

## Das Atmen zum Herzen – Sinn und Zweck

Die unteren drei Zentren, das Basis-Zentrum, der Bauch und der Solarplexus, enthalten mächtige Instinkte, die mit unserer evolutionären Vergangenheit verbunden sind. Diese Zentren sind zwar lebensnotwendig, dennoch bleiben wir, wenn wir nur aus ihnen heraus leben, ein »animalischer Mensch«, dem es rein ums Überleben, um Fortpflanzung und soziale Stellung geht. Das »Zum-Herzen-Atmen« hebt dich auf eine höhere Ebene des Bewusstseins. Es öffnet das »Göttlich-Menschliche« in dir, in dem du deine Verbundenheit mit allen Dingen erkennst und die Einheit des Lebens erfährst. Als Teil dieser Erfahrung treten Altruismus, Einfühlungsvermögen, Großzügigkeit und Mitgefühl hervor.

### Übung 14.4 Vom animalischen Menschen zum »Göttlich-Menschlichen« – bewege dich vom Niedrigeren zum Herzen

**1. Erwecke die unteren drei Zentren**

- *Richte deine Aufmerksamkeit auf dein Basis-Zentrum, die Wurzel deines Baumes. Atme Vitalität hinein, fülle dein Reservoir auf. Lass die Vitalität bis zum Bauch-Zentrum hinaufsteigen, bis sich dieses voll und warm anfühlt.*
- *Jetzt sauge die Energie nach oben bis zum Solarplexus.*
- *Visualisiere die Verbindung zwischen den drei unteren Energiezentren als eine Säule voller Vitalität, Wärme und Leidenschaft. Stell dir vor, dass diese drei Energiezentren miteinander verbunden und zentriert sind.*

**2. Werde weicher und hebe Energie ins Herz hinauf**

*Jetzt lass deinen Atem weicher und feiner werden und hebe die Energie ins Herz. Belebe die Energie in deinem Herzen, damit sie heller leuchtet und strahlender wird.*

Die Energien hinauf zum Herzen bewegen

> **3. Strahle Liebe aus**
>
> *Lass Liebe und Dankbarkeit überfließen. Lass beides in die Welt hinausstrahlen.*
>
> ***Ergänzung:*** *Wenn du vor dieser Übung mit Themen oder Problemen beschäftigt warst, kannst du diese Anhebung benutzen, um dir diese Themen »durch die Augen des Herzens« anzuschauen. Du wirst vielleicht überrascht feststellen, dass dein Herz dir eine neue Sichtweise und ein neues Verständnis für diese Themen oder Probleme vermittelt.*
>
> **Kurzanleitung**
>
> 1. Erwecke die unteren drei Zentren
> 2. Werde weicher und hebe Energie ins Herz hinauf
> 3. Strahle Liebe aus

## Anhebung 3: Vom Drama zum Beobachter

### Bewegung von den fünf unteren Zentren hinauf zum erwachten Dritten Auge

Dein Drittes Auge ist ein Wunder des Bewusstseins. Es gibt dir die Macht des Denkens, der Intuition, der Vision und der Einsichten. Der Zugang zum Dritten Auge ist ein wesentliches »Energy Balancing«-Werkzeug, denn es holt dich aus dem »Lärm« des emotionalen Dramas heraus.

## Atmen zum Dritten Auge – Sinn und Zweck

Das Atmen zum Dritten Auge öffnet eine der Qualitäten, die essenziell für das »Zentriertbleiben« ist: Wir nennen diese Qualität den »Beobachter«. Der Beobachter ist ein Ort der unbeteiligten, objektiven Beobachtung, der die Gefühle oder Gedanken, die sich in dir bewegen, einfach beobachtet. Er analysiert oder beurteilt diese nicht. Er versucht nicht, sie zu ändern oder umzuwandeln. Er verlässt einfach das Drama und wird zum wachsamen und präsenten Zuschauer.

Die folgende Übung ist eine der außerordentlichen Juwelen des »Energy Balancing«, ein hell strahlender Diamant, den du in deiner Tasche überallhin mitnehmen kannst. Sie ist ganz einfach und kann überall und jederzeit eingesetzt werden, und dennoch sind ihre Auswirkungen erstaunlich. Wir laden dich ein, die Übung zu einem Schatz in deinem Leben werden zu lassen, so wie sie es für uns wurde, und dich in Situationen, in denen du dich angespannt, überwältigt, verloren, zerstreut oder einfach nur aus dem Gleichgewicht fühlst, an sie zu erinnern.

Das Dritte Auge hat aufgrund der Art und Weise, wie wir denken, die Tendenz, sich zu verspannen. Wir benutzen diese Übung dazu, das Dritte Auge zu entspannen und seinen Bewusstseinszustand zu erweitern. Die Übung lockert auch Spannungen in deinen physischen Augen und in deiner Stirn.

Wir schlagen vor, dass du die ganze Übung erst einmal durchliest, damit du sie verstehst, und danach führen wir dich durch eine einfache Vier-Schritte-Version.

## Übung 14.5 Vom Drama zur Klarheit des »Beobachters« – bewege dich von den unteren fünf Zentren zum erwachten Dritten Auge

### A. Vorbereitung

#### 1. Entspanne das Dritte Auge

*Reibe zuerst das Gesicht mit beiden Händen, um es aufzuwecken. Dann massiere langsam mit drei Fingern die Stirn vom Nasenbein bis zum Haaransatz. Verfolge diese Bewegung mit den Augen und deinem Atem. Lass die Hände und Augen einen Augenblick lang am Haaransatz ruhen und fühle die Veränderung. Wiederhole das drei bis fünf Mal.*

### B. Anhebung deiner Energien

#### 2. Vitalisiere die unteren Zentren

*Richte die Aufmerksamkeit auf deine unteren drei Energiezentren: Basis, Bauch und*

Solarplexus. Achte auf jegliche Bewegungen oder Gefühle an diesen Stellen. Dann atme Vitalität in alle drei hinein, mit mehreren starken Atemzügen.

### 3. »Fege« vitale Energie im Kernkanal hinauf zum Dritten Auge

Sauge die Vitalität der unteren Zentren in deinen Kernkanal und hinauf zum Dritten Auge in die Mitte der Stirn. Setze die Hände vor deinem Körper ein und bewege sie so, als wolltest du die Energie den Kernkanal hinauffegen, um die Aufwärtsbewegung der Energie zu unterstützen.

### 4. Dehne das Dritte Auge aus

Führe die aufwärtsgerichtete »Fege«-Bewegung einige Male aus, bis sich dein Kopf leichter, vibrierend und strahlend vor Energie anfühlt. Setze die Hände ein, um den gesamten Bereich um deinen Kopf herum zu öffnen, so als hättest du einen Heiligenschein um dich herum.

## C. Kernübung

### 5. Ruhe im Beobachter

Verbinde dich mit dem Beobachter in dir. Stell dir mitten in deinem Kopf einen leuchtenden Ort der Intelligenz und Klarheit vor und lass ihn mit jedem Atemzug heller leuchten.

### 6. Lass den Beobachter auf die unteren Zentren hinabschauen

Lass deine Aufmerksamkeit auf dem Gefühl der Ausdehnung und Klarheit in deinem Dritten Auge ruhen und schau nun vom Beobachter aus hinunter auf deine unteren Zentren. Lass den Beobachter in dir zur Kenntnis nehmen, was sich dort bewegt. Es lebt dort ein großes Spektrum an möglichen Gefühlen, vielleicht Aufregung, Trauer oder Ärger, Wärme, Anspannung, Rastlosigkeit oder Müdigkeit, ein Energiefluss an einer Stelle und ein Energieleck oder eine Blockierung an einer anderen. Dies sind lediglich einige Ideen, um dir zu helfen, dich auf das, was sich in einzigartiger Weise in dir bewegt, zu konzentrieren und es zu »beobachten«.

## D. Abschluss

### 7. Hier und Jetzt

Was immer du »siehst«, bleibe einfach dabei und sei damit. Verändere es nicht.

*Verurteile dich nicht dafür. Beobachte einfach. Bleibe im Hier und Jetzt präsent. Das ist die Gabe des Beobachters.*

### Kurzanleitung

1. Reibe deine Stirn, um dein Drittes Auge aufzuwecken
2. »Fege« die vitalen Energien von ganz unten hinauf zum Dritten Auge
3. Verbinde dich mit dem Beobachter tief im Innern des Dritten Auges
4. Lass den Beobachter nach unten schauen und zur Kenntnis nehmen, was in dir vor sich geht

## Anhebung 4: Von der Persönlichkeit zur Weisheit

**Sich von den sechs unteren Zentren hinauf zur Krone bewegen**

Das Kronen-Zentrum oben am Scheitelpunkt deines Kopfes öffnet eine Fülle an Weisheit, Verständnis und Denken in größeren Zusammenhängen. Hier gehst du über das begrenzte Selbst hinaus in ein Bewusstsein des größeren Universums, von dem du Teil bist. Du wirst dir der vielen Kräfte bewusst, die die Dinge formen, und du hast ein umfassendes Zeitbewusstsein, das deine gegenwärtige Situation im Kontext sowohl von Vergangenheit als auch von Zukunft sieht. Du wirst dir deiner selbst als spirituellem Wesen bewusst, einem Wesen aus unermesslichen Energien und Bewusstsein.

## Atmen zum Kronen-Zentrum – Sinn und Zweck

Das Atmen zum Kronen-Zentrum hat den Sinn, diese höhere Dimension des Bewusstseins zu öffnen und von dort neue Richtung, Bestimmung und Perspektiven für die Herausforderungen, die sich dir stellen, zu gewinnen.

## Übung 14.6 Von der Persönlichkeit zur Weisheit – bewege dich von den sechs unteren Zentren zur Krone

### A. Vorbereitung

**1. Erde dich und richte dich aus wie ein Baum**

*Kehren wir zum Bild vom Baum zurück. Nimm dir einen Moment Zeit, um durch das Basis-Zentrum am untersten Ende deiner Wirbelsäule ein- und auszuatmen. Visualisiere die Energie jedes Atemzugs, wie sie sich durch das Basis-Zentrum nach unten in die Wurzeln des Baums und in die Erde bewegt. Dann, mit dem Einatmen, atme die Energie von der Erde durch die Baumwurzeln hinauf in dein Basis-Zentrum. Jeder Atemzug bringt Vitalität dorthin. Stell dir vor, dass die Ladung stärker wird und sich das Reservoir weiter füllt. Mach zehn volle, langsame Atemzüge.*

**2. »Feure« Energie hinauf zum Scheitelpunkt**

*Schicke beim nächsten Einatmen diese Ladung mit kräftigem Atem die Wirbelsäule hinauf bis zum Scheitelpunkt. Du kannst dir das so vorstellen, als saugtest du Flüssigkeit mit einem Strohhalm auf: Stell dir vor, dass du den Atem vom Basis-Zentrum die Wirbelsäule hinauf bis ganz zum Scheitelpunkt hochsaugst und das Kronen-Zentrum füllst. Tu dies drei Mal.*

### B. Kernübung

**3. Visualisiere leuchtendes Licht in deinem Kopf und um ihn herum**

*Jetzt atme durch das Kronen-Zentrum ein und aus. Stell dir eine Sphäre glühenden Lichts über deinem Kopf und um ihn herum vor. Das ist das Kronen-Chakra, der höchste Teil unseres Baums. »Sieh«, wie diese Sphäre heller und vitaler wird.*

**4. Vitalisiere »Weisheit«**

*Stell dir hier die Eigenschaft der Weisheit vor. Du bekommst Zugang zu deiner eigenen Weisheit, der kollektiven Weisheit der Menschheit und der Weisheit, die von grundlegender Bedeutung für das Leben ist. Vitalisiere die »Weisheit« mit jeden Atemzug. Das hilft dir, mit dem unermesslichen Bewusstsein, das du hältst, in Kontakt zu treten. Menschen, die Meditation praktizieren, atmen wiederholt von der Basis hinauf zur Krone und meditieren dann eine Stunde lang oder länger über das Kronen-Zentrum.*

*Verbringe hier also so viel Zeit, wie es für dich angenehm ist.*

## C. Abschluss

### 5. Komm zurück und genieße das »Leuchten«

*Wenn du so weit bist, öffne die Augen und schau dich um. Du bemerkst vielleicht, dass deine Augen klarer sind oder dass in dem, was du siehst, ein Glitzern liegt. Nimm dir ein paar Momente Zeit, das »Leuchten« zu genießen, das diese kraftvolle Energieübung erschaffen hat.*

#### Kurzanleitung

1. *Werde zum Baum*
2. *»Feure« Energie hinauf zum Scheitelpunkt*
3. *Visualisiere leuchtendes Licht*
4. *Vitalisiere »Weisheit«*
5. *Komm zurück und genieße das »Leuchten«*

---

*Wenn du dich nach dieser Übung nicht geerdet fühlst, kannst du dir etwas Zeit nehmen, um die Energie von der Krone die Wirbelsäule hinunter bis zum Basis-Zentrum und in die Erde zu atmen. »Sieh« vor deinem geistigen Auge, wie du dich erdest und in der Erde verankerst. Schlage in Kapitel 16 weitere Informationen über das »Sich-Erden« nach.*

---

Wir haben bereits an früherer Stelle davon gesprochen, um auf eine andere Lebensdimension hinzuweisen, die uns Freude und Wohlbefinden bringt: Wir wollen »nicht einfach nur leben, sondern aufblühen«. Das Bewegen von Energien nach OBEN ist hierzu das ultimative »Energy Balancing«-Werkzeug. Das OBEN erhöht deine Schwingung und hebt dein Bewusstsein an. Du wirst aus den Gefühlen und Gedanken, die dich beeinträchtigen und hemmen, herausgehoben, und das vermittelt dir neue Einsichten und eine höhere Perspektive. Das OBEN verwandelt dichte Energien in etwas, was das Leben stärker unterstützt. Schließlich transformiert das OBEN das an sich Banale oder sogar Negative in etwas mit Sinn und Bedeutung, in etwas tiefgehend Erhabenes – in der höheren Dimension des Denkens und Fühlens, die dir von Natur aus eigen ist.

# 15 Das Transzendente – begegne der Magie des Höheren

## Die Magie des Höheren

*Die Wogen des Ozeans rollen sanft über das ruhige Meer, und die Wellen brechen sich weich am Strand. Eine warme Brise liebkost meine Haut. Über mir ein klarer Sternenhimmel – die Weite des Universums. Meine Gedanken steigen empor, zum Wunder dieses Planeten, den wir Erde nennen, zu den Milliarden Jahren der nie endenden Evolution, zu den Millionen von Sternen, die hell funkeln, und zu denen, die bereits vor Äonen von Jahren zu Stein wurden. Die Urknall-Theorie, die Quantentheorie, Paralleluniversen – mein Verstand kann das nicht begreifen! Aber die Ewigkeit lässt mich erschauern. Wer bin ich? Auf mysteriöse Art und Weise bin ich mit etwas Größerem verbunden. Ich*

*bin ein Sandkorn in der Wüste, ein Tropfen im Ozean, ewig in Bewegung mit dem Fluss …*

Wir alle haben schon etwas »Größeres« berührt. Diese Berührung hebt uns über das Vertraute hinaus ins Außergewöhnliche. Du hast dies vielleicht in einem Moment wie dem oben Beschriebenen erlebt, oder als du allein in der Natur warst. Oder du fühltest es in einem Glücksmoment, als du mit jemand geschlafen oder in die Augen eines anderen Menschen geschaut hast oder im Miteinander einer Gemeinschaft. Wie auch immer es geschah, du hattest Momente, die dich aus dem Normalen herausgehoben und mit etwas Größerem verbunden haben.

Dieses »Größere« ist das höchste Ziel der Energiearbeit. Hier hebt uns die Energie an und bringt uns an einen Ort des Bewusstseins, der Weisheit, der Verbindung, der Klarheit, der Bestimmung, der Dynamik und der Liebe. Es hat dasselbe Ziel und Versprechen wie die Religionen und die Spiritualität – das Ziel, uns für eine höhere Dimension des Lebens zu öffnen. Energie wird zu einem Weg zum Transzendenten.

## Alle spirituellen Traditionen weisen auf dasselbe hin – da ist ein »Mehr«

In allen Kulturen und Zeitaltern gibt es, wie die Zen-Meister sagen, »Finger, die zum Mond zeigen« – Anzeichen, **dass ein »Mehr« existiert und dass dieses »Mehr« ein Geburtsrecht und Bestimmung aller Menschen ist**. Und fast alle Kulturen bieten Wege und Praktiken an, dorthin zu gelangen. Ob es die würdevollen Rituale der organisierten Religionen sind oder das tranceähnliche ekstatische Tanzen indigener Völker, überall bieten die Kulturen Mittel und Wege an, durch die wir mit dieser anderen Dimension in Kontakt kommen können.

Unser modernes Zeitalter bietet uns viele einzigartige Beiträge, die in diese Richtung führen. Einer davon ist so bedeutsam und dabei doch so unscheinbar, dass wir seine Bedeutung nicht einmal erkennen. Dieser Beitrag ist die Möglichkeit, Zugang zu allen spirituellen Lehren der Welt und dem sich daraus ergebenden Studium der vergleichenden Religion zu bekommen.

In der Vergangenheit existierten spirituelle Überzeugungen und Praktiken einer jeden Kultur innerhalb der Grenzen der betreffenden Kultur mit wenig Kontakt zur Außenwelt. Wegen der eingeschränkten Handelswege und gefährlichen Wasserstraßen gab es keine nennenswerte wechselseitige Beeinflussung und gegenseitige Befruchtung. Obwohl dies ein relativ ungestörtes Umfeld für die spirituellen Traditionen der jeweiligen Kultur und ihrer Weiterentwicklung bot, schuf es aufgrund der kulturellen Begrenzungen und Einseitigkeiten auch Verzerrungen.

Plötzlich, in nur einem einzigen Jahrhundert, hat sich die Welt geöffnet. Du kannst in irgendeinen großen Buchladen gehen, und du findest spirituelle Texte aus jeder Kultur und jedem Zeitalter. Das, was Schamanen, Mönche, Mystiker und Medizinmänner einmal als ihre kostbarsten und oft streng gehüteten Geheimnisse in Klöstern und Mysterienschulen bewahrten, ist jetzt öffentlich zugänglich, ordentlich gestapelt oder kann über einen Webbrowser aufgesucht werden.

An der Oberfläche scheinen sich diese vielen spirituellen Traditionen zu unterscheiden, denn jede ist in ihr einzigartiges kulturelles Gewand gekleidet. Aber wenn du sie nebeneinander legst, treten Gemeinsamkeiten hervor. Anscheinend erfassen diese vielen Traditionen die gleichen universellen Wahrheiten und Prinzipien, und die Unterschiede liegen meistens in der Form des kulturellen Ausdrucks begründet.

## Etwas Bedeutsames öffnet sich am Scheitelpunkt des Kopfes

Die zentralste dieser wiederkehrenden Gemeinsamkeiten ist, dass sich oben am Scheitelpunkt des Kopfes etwas von hoher Bedeutsamkeit öffnet. Das gebräuchlichste Symbol, das fast alle Kulturen einsetzen, um eine Person von spirituellem Stand zu kennzeichnen, ist daher eine besondere Kopfbedeckung. Ob goldene Krone oder Federschmuck – alle Kulturen haben in Verbindung mit spiritueller Errungenschaft durch die Jahrhunderte hindurch etwas auf dem Kopf platziert. Und wenn wir uns religiöse Kunst anschauen, so werden dort Heilige und Buddhas mit einem Lichtkranz um ihren Kopf herum oder darüber dargestellt.

| | | |
|---|---|---|
| Penacho<br>Aztekischer Priester | Turban<br>Indischer Hindu-Mönch | Mitra<br>Katholische Äbte und Bischöfe |
| Goldener Hut<br>Sonnenkult-Priester Bronzezeit | Tefillin und Tallit<br>Jüdische Gebetsbekleidung | Federschmuck<br>Indianischer spiritueller Führer |
| Caodai-Kopfbedeckung<br>Vietnamesischer Priester | Buddhistischer Hut<br>Tibetischer Mönch | Päpstliche Tiara<br>Papst Pius IX |

**Spiritueller »Kopfschmuck«, der den spirituellen Stand anzeigt**

Die meisten Kulturen haben den spirituellen Stand mit einer Kopfbedeckung oder einer Art Kopfschmuck angezeigt.

Und das sind nur die äußerlichen Darstellungen. Wenn man sich die Praktiken anschaut, die für die spirituelle Entwicklung quer durch die vielen Traditionen verwendet werden, trifft man immer wieder auf Methoden, die den Fokus auf den oberen Bereich des Kopfes legen. Kontemplation und Meditation, die Verwendung bestimmter Substanzen oder Objekte sowie die Energiearbeit sind nur einige von ihnen.

Wenn man die mystischen und religiösen Verpackungen abstreift, bleibt stets eine Art und Weise, wie man höheres Bewusstsein stimuliert, übrig – indem man Energie und Aufmerksamkeit zum Scheitelpunkt lenkt.

## Energie-Prinzip 14:
## Das höhere Bewusstsein öffnet sich am Scheitelpunkt des Kopfes

*Wenn man Energie zum Scheitelpunkt lenkt, stimuliert dies höhere Bewusstseinszustände.*

Christianes Geschichte:

*Ich »hatte alles«. Ich befand mich in einer liebevollen Beziehung mit einem wunderbaren, gut zu mir passenden und erfolgreichen Mann. Ich war Geschäftsführerin meiner eigenen Firma, leitete nationale und internationale Projekte in der Marktforschung für sogenannte »schnell drehende Konsumgüter«, und mein Leben hatte ebenfalls Fahrt: Ich spielte Hockey in der ersten Liga, liebte Freeride-Skifahren und Wellenreiten und verbrachte Urlaube an weit entfernten und traumhaften Plätzen. Es fühlte sich großartig an: Ich war erfolgreich, genoss wundervolle Zeiten, hatte gute Freunde und eine große Liebe in meinem Leben.*

*Und dennoch fehlte etwas. Wie konnte das sein?*

*Als ich versuchte, dieses nagende Gefühl anderen mitzuteilen, bekam ich ungefähr folgende Antwort: »Wo ist denn dein Problem? Du hast doch alles. Du brauchst dich doch nicht zu beschweren!« Es war schwer zu beschreiben, dass ich mir noch irgendetwas »mehr« wünschte, obwohl ich gar nicht genau sagen konnte, was dieses »Mehr« hätte sein können. Es fühlte sich an wie ein Loch in meinem Innern, und da ich nicht in der Lage war, das auszudrücken, fühlte ich mich allein und auch irgendwie falsch damit.*

*Ich schaute mich in verschiedenen Richtungen um, wurde Feng Shui-Beraterin, belegte Beziehungs- und Kommunikationstrainings und machte mehrere Ausbildungen in Chakra-Arbeit und Energetischem Heilen. Und dann landete ich eines Tages in einem Modul des Essence Trainings. Bei einer der Übungen – wir saßen mit geschlossenen Augen da – hörte ich die Anleitung: »Atme deine Energie nach oben zum Scheitelpunkt deines Kopfes. Atme in deine Krone.« So sehr ich mich bemühte: Alles, was ich spürte, waren Kopfschmerzen. Wie sollte das funktionieren? Heimlich »peilte« ich im Raum umher. Alle saßen mit geschlossenen Augen da und schienen sehr konzentriert zu sein. Hatte nur ich keine Ahnung, wie das geht?*

*»Und jetzt lenke dein Bewusstsein noch weiter nach oben.« Noch weiter nach oben? Ist da überhaupt etwas? Ich bezweifelte das, während meine Kopfschmerzen stärker wurden. Ich wusste wirklich nicht, was das sollte. Und dennoch drängte etwas in mir danach, weiterzumachen.*

*Lange Zeit blieben das »Nach-oben-Gehen« und das »Transzendente« für mich ein Mysterium. Ich dachte, dass ich einfach kein Talent dafür hätte. Ich würde ja gern berichten, dass dann ein »Knall-Peng«-Erleuchtungserlebnis eintrat und die Welt danach nie wieder dieselbe war. Aber so war es nicht. Was geschah, war, dass meine Kopfschmerzen langsam nachließen und ich oben auf meinem Scheitelpunkt ein Prickeln zu spüren begann. Diese besondere Art der »Jenseits«-Meditation wurde zu einer zunehmend friedvollen und gleichzeitig aufregenden Erfahrung.*

*Obwohl es ansonsten so schien, als veränderte sich wenig oder gar nichts, hatte mein System begonnen, sich umzuformen. Mein Bewusstsein war nur noch nicht in der Lage, die subtilen Veränderungen in meinem Energiefeld wahrzunehmen, die mich für etwas Größeres*

**Das Höhere Selbst**
Ein tiefgründiger Zustand höheren Bewusstseins öffnet sich am Scheitelpunkt. Wir nennen es das »Höhere Selbst«.

*vorbereiteten. Und dann öffnete sich plötzlich ein Raum: Ein neues Reich, eine größere Perspektive offenbarten sich. Dies geschah im Laufe der Zeit immer und immer wieder, und jedes Mal war ich voller Ehrfurcht, wenn ich solch neue Einsichten gewann und neue Ebenen des Glücks erreichte.*

## Heraus aus dem »normalen Wahnsinn« der Welt

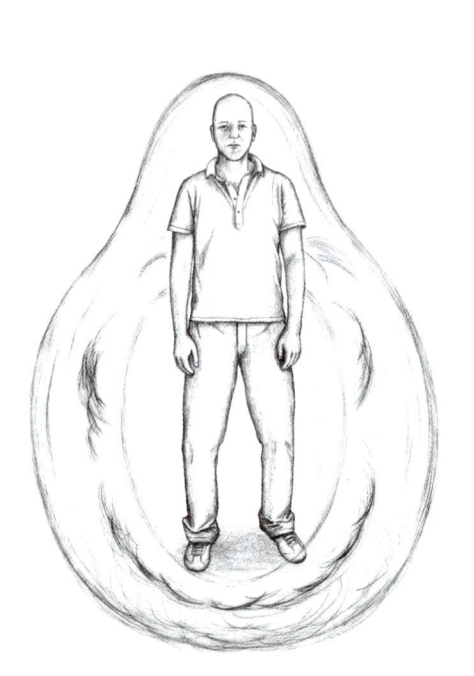

**Der »normale Wahnsinn«**
Der normale Zustand, in dem die meisten von uns leben – mit Energien, die nach unten polarisiert sind

**Darüber hinaus, zum Jenseitigen gehen**
Die Energien zum höheren Bewusstsein anheben

Jeder, der sich höheren Bewusstseinszuständen geöffnet hat, spricht davon, dass diese dich aus dem Gewöhnlichen herausheben. Sie bringen eine Klarheit und Weisheit mit sich, die dich über den »normalen Wahnsinn« der Welt emporheben. Du bist dann mit einem höheren Sinn des Lebens verbunden. Sie geben dir Bedeutung und Bestimmung, und sie bringen dich in Kontakt mit etwas, was man das Spirituelle, Mystische oder Transzendente nennen könnte. Diese Zustände eröffnen die erstrebenswertesten Qualitäten der menschlichen Natur wie Liebe, Weisheit, Mitgefühl, Altruismus und die Kraft der Vision.

Im »Energy Balancing« nennen wir das schlicht »Beyond«, das »Jenseitige«. Welchen Namen auch immer du verwendest – sei es Seele, Höheres Selbst, Erleuchtung oder Höheres Bewusstsein –, ist nicht wichtig: Uns ist wichtig, direkt in das Erleben des Transzendenten hineinzugehen, das sich hier öffnet.

»Energy Balancing« hat kein religiöses Gewand. Es destilliert viele Methoden in eine grundlegende Übungspraxis, um dich dabei zu unterstützen, die höhere Dimension dessen, der du bist, in dir zu wecken – indem du Energie die Wirbelsäule hinauf und über den Scheitelpunkt hinaus lenkst. »Energy Balancing« bietet einen wissenschaftlichen Zugang zum Spirituellen an.

Du hast bereits Erfahrungen mit dem Höheren gemacht, durch das »Kernkanal-Erlebnis« und die »Baum-Übung« in Kapitel 4. Jetzt schauen wir uns die tiefere Bedeutung dieser Arbeit und das Warum an, und wir werden einige Dinge hinzufügen, um sie noch wirkungsvoller werden zu lassen.

## »Invokation und Evokation« – Anrufung und Hervorrufung

Um dich besser für die nächste Übung vorzubereiten, möchten wir zunächst einige der Begriffe erklären, die wir verwenden.

**DEFINITION: Achtes Zentrum oder Höheres Selbst**

*Das achte Zentrum ist ein höherer Teil deines Selbst, der sich etwa 30 Zentimeter über deinem Kopf befindet, ein Energiewirbel, der in hoher Frequenz schwingt und höhere Aspekte des Bewusstseins beinhaltet.*

**DEFINITION: Brücke**

*Die Brücke ist ein Teil des Kernkanals. Stell dir vor, dass sich der Kernkanal vom Basis-Zentrum der Wirbelsäule über den Scheitelpunkt des Kopfes hinaus noch etwa 30 Zentimeter bis zum Höheren Selbst oder achten Zentrum fortsetzt. Diese Brücke verbindet das Kronen-Zentrum*

mit dem Höheren Selbst. Indem wir Energie durch diese Brücke nach oben lenken, stimulieren und öffnen wir die Brücke und stellen eine direktere Verbindung her.

### DEFINITION: Invokation – der Prozess des Hinaufreichens

*Anrufen ist der Teil, den **du** beiträgst. Es ist deine spezielle Art, zu rufen und »Hallo« zu sagen: »Hallo, Höheres Ich/weiser Teil in mir/Höheres Selbst/Existenz/Geist/Gott, sei jetzt bei mir.« Du sendest Worte, eine Absicht, ein Gefühl und einen Energiestrom nach oben und lässt dadurch einen energetischen Pfad entstehen.*

### DEFINITION: Evokation – was hervorgerufen wird, ist die Antwort, die zurückkommt

*Das ist die Magie. Es kann ein Gefühl, eine Erkenntnis, ein Bild oder eine Vision sein – wir wissen es erst, wenn es geschieht. Es kann so subtil sein wie der Duft einer winzigen Blume, den man in der Brise kaum wahrnimmt, oder es ist so mächtig wie ein einschlagender Blitz. Das Wichtigste sind Vertrauen, Hingabe und Loslassen.*

### ENERGIE-PRINZIP 15:
### Invokation und Evokation

*Die Beziehung zwischen Anrufen und Hervorrufen ist die von Ursache und Wirkung. Wenn du dich nach oben wendest, wird die Energiewelt antworten.*

# Die Magie beginnt

Durch Invokation und Evokation beginnt die Magie. Die höhere Dimension wird aktiver. Tatsache ist, dass das Höhere immer schon aktiv war. Obwohl es versucht, nach unten zu reichen, ist das Untere so beschäftigt und lärmend, so sehr auf anderes gerichtet, dass wir das Höhere oft nicht bemerken und es größere Schwierigkeiten hat, durchzukommen. In dem Moment, in dem du deine Energien willentlich nach oben bewegst, bist du aufmerksam und beginnst, den Kanal zu öffnen. Ob du dich ganz allgemein nach oben öffnest oder vom »Jenseitigen« spezifische Einzelheiten erbittest: Du wirst nun offen für die Magie.

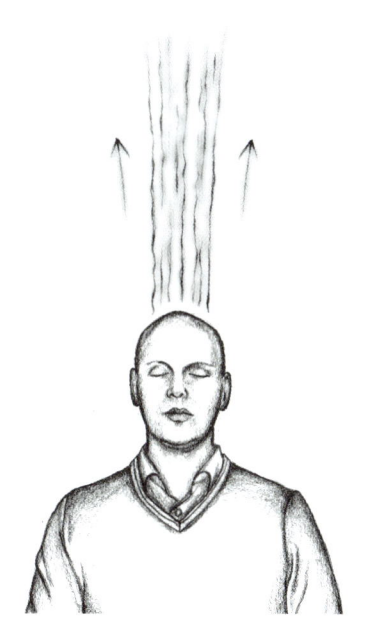

**Invokation – Anrufen**
Invokation ist ein »Nach-OBEN-Rufen« zum Höheren Selbst.

## Übung 15.1 Finde Zugang zum Transzendenten – begegne der Magie

### 1. Geh über die Brücke nach OBEN zum Höheren Selbst

*Wenn du die Energie bei der Bewegung nach OBEN in deinen Scheitelpunkt bringst, visualisiere, wie sie durch den Scheitelpunkt und darüber hinaus in die Brücke strömt. Stell dir ungefähr 30 Zentimeter über deinem Kopf eine Lichtkugel vor. Sieh sie als eine Erweiterung des Kernkanals. Stell dir vor, dass der Kernkanal sich von der Basis der Wirbelsäule über den Scheitelpunkt bis hinauf zu dieser Lichtkugel erstreckt. Wir können uns das als ein achtes Zentrum oder ein Höheres Selbst vorstellen.*

### 2. Stell den Kontakt zum Transzendenten her

*Stell dir vor, dass du Kontakt mit dem Jenseitigen, dem Transzendenten herstellst. Vielleicht magst du hier Qualitäten wie Weisheit, Liebe, Mitgefühl, Weitblick oder Kraft visualisieren. Vielleicht siehst du es als dein wahres Zuhause, dein ultimatives Selbst oder als eine Tür zum »Spirit«, der geistigen Welt. Das sind alles Namen, um* unterschiedliche Aspekte dieses vielfältigen Spektrums anzusprechen. Lass die Erfahrung deine eigene sein, bleibe nicht an den Bezeichnungen, die wir verwenden, hängen. Noch einmal: Finde heraus, was für dich passt. Wichtig ist, dass du offen dafür bist, Zugang zu etwas Höherem zu finden.

### 3. Invokation – rufe das Transzendente an

*Du kannst einfach sagen: »Hallo, Höheres Ich/weiser Teil in mir/Höheres Selbst/Existenz/Geist/Gott, sei jetzt mit mir.« Oder du kannst spezifischer sein und die Absicht halten, Führung, Unterstützung und Hilfe bei einem bestimmten Thema zu bekommen: »Höheres Selbst, hilf mir _____ zu verstehen.«*

### 4. Evokation – werde empfänglich für die Antwort

*Sei, so weit wie möglich, ohne Erwartungen oder Forderungen. Es handelt sich nicht um einen Prozess, bei dem es um Wollen oder Tun geht. Jetzt liegt es nicht mehr an dir. Du hast deinen Teil erfüllt. Du hast die Energie nach oben gesendet. Du hast authentisch gefragt und eine Einladung und Absicht losgeschickt. Jetzt lass los und sei empfänglich. Auf seine eigene Weise und in seiner eigenen Zeit beginnt die Magie des Transzendenten in dir zu arbeiten. Es hat begonnen.*

**Evokation – Hervorrufen**
Evokation ist die Antwort von OBEN auf unseren Ruf.

### 5. Die höhere Dimension antwortet

*Es ist einfach verblüffend, welche Dinge sich zu öffnen beginnen. Das geschieht nicht immer prompt. Es geschieht vielleicht nicht im selben Moment, in dem deine Aufwärtsbewegung stattfindet, aber der Fluss beginnt. Die Antwort kommt vielleicht sofort oder einen Tag oder eine Woche oder einen Monat später. Aber wenn du mit dem Anrufen beginnst, wird etwas hervorgerufen.*

### Kurzanleitung

1. Geh über die Brücke nach OBEN zum Höheren Selbst
2. Stell den Kontakt zum Transzendenten her
3. Invokation – rufe das Transzendente an
4. Evokation – werde empfänglich für die Antwort
5. Die höhere Dimension antwortet

Wenn du dem Transzendenten zuhörst, sei mit all deinen Sinnen offen. Die Antwort kommt vielleicht in Form eines Bildes oder eines Gefühls. Sie kommt vielleicht als körperliche Empfindung oder in Worten. Du kannst sie vielleicht hören oder sehen. Vielleicht ist da plötzlich ein Erkennen oder ein Geruch oder ein Geschmack. Einige dieser Zeichen verstehst du vielleicht nicht gleich. Sei geduldig. Es ist so, als lerntest du eine neue Sprache. Mit der Zeit wirst du deine Wahrnehmungen verstehen und übersetzen lernen.

## Um eine »Berührung« des Transzendenten zu erkennen, achte auf einige der folgenden Dinge:

- das Empfinden einer höheren Schwingung
- das Gefühl, leichter und heller zu sein
- Erkenntnis, Klarheit oder Information
- ungewöhnliche Gefühle oder Empfindungen im Körper
- ein größeres Bild von dir und den Situationen, in denen du dich befindest
- mehr Abstand von deinen eigenen Gedanken und Gefühlen
- sogenannte »Zufälle«, die auftreten und Verbindungen, Informationen oder Menschen mit sich bringen, die eine besondere Bedeutung haben
- ein Bewusstsein, dass du mehr als das »kleine Selbst« bist, mehr als die Persönlichkeit mit all ihren Mustern, ihrem Lärm, ihrer Geschäftigkeit und ihren Gedanken

- das Empfinden von tieferer Bedeutung, von etwas Größerem, das im Gange ist
- ein Sinn für Bestimmung
- und viele weitere Arten und Weisen, in denen das »Jenseitige« sich dir vielleicht zeigt und die wir nicht aufgeführt haben. Sei einfach aufmerksam für »The Touch of Magic« – die Berührung durch die Magie

Dein praktischer Verstand sagt nun vielleicht: »Diese wunderschönen, erkenntnisreichen Zustände mögen ja in Ordnung sein für eine glückselige Meditation. Aber was ist mit meinem Alltag, meiner Arbeit, meinen familiären Verpflichtungen?«

Stell dir vor, wie es wäre, wenn du all dies in deinem Alltag präsent hättest. Die ultimative energetische Fertigkeit sind diese höheren Bewusstseinszustände! Du beginnst, auf einem hohen Niveau von Intelligenz, Liebe und Kraft zu leben, das sich in jeden Bereich deines Lebens ergießt, und du gehst mit all diesen Bereichen auf eine völlig neue, positive und lebensbejahende Art und Weise um.

**Höheres Selbst, das im normalen Leben präsent ist**

Indem du mit dem Transzendenten arbeitest, wird das Höhere Selbst immer präsenter in deinem Alltag.

Christianes Geschichte:

*Die Verbindung mit höheren Ebenen hatte tatsächlich sofortige Auswirkungen auf mein Alltagsleben. Die Begegnungen mit anderen Menschen wurden aufregender. Meine Erfahrungen in der Natur wurden reichhaltiger. Die Meditationen wurden zur reinen Freude. Und der Zugang zu dem, was wir das Höhere Bewusstsein nennen, gab mir eine kontinuierliche Führung in meinem Leben. Ich treffe jetzt weisere Entscheidungen. Ich fühle mich bei meiner Arbeit mehr im Fluss. Und mein Glücksgefühl wird zunehmend unabhängig von äußeren Umstän-*

*den und den Handlungen anderer Menschen. Mein Leben ist so viel erfüllter als vor zehn Jahren.*

*Aber am Wichtigsten ist für mich, dass ich den Sinn meines Lebens gefunden habe: anderen dabei zu helfen, ebenfalls diese Verbindung zu finden. Das ist sowohl mein zentraler Antrieb als auch mein innerer Friede geworden. Ich habe ein tiefes Empfinden dafür, weshalb ich hier bin und worum es in diesem Leben geht. Ich fühle mich mit etwas Größerem verbunden und spüre, dass ich es nicht allein vollbringe – eine höhere Macht unterstützt mich.*

*Heute ist »Beyond«, das Transzendente, ein sehr natürlicher Teil von mir und eine meiner größten Kostbarkeiten. Ich gebe Seminare, um andere dabei zu unterstützen, sich wieder mit ihrem Höheren Selbst zu verbinden, Zugang zum Höheren zu bekommen und Inspiration und Intuition zurückzugewinnen. Das Leben ist jetzt wirklich aufregend! Auch wenn es unterwegs manchmal lange zu dauern schien, war diese Verbindung das Wichtigste, was ich je in meinem Leben erreicht habe: Ich habe mich selbst gefunden – mein wahres Wesen.*

Das ist das eigentliche Ziel des »Energy Balancing« – dieses wundervolle ICH zu erwecken.

## Dritter Abschnitt

# Die Vertikale
## Die Ebene des Bewusstseins:
## OBEN, JENSEITIG und UNTEN

### Teil II – UNTEN

# 16 Bringe das Höhere nach UNTEN – lass es Wirklichkeit werden

## Spiritualität ist greifbar

Margarethas Geschichte:

*Ich bin sieben Jahre alt und sitze in der Kirche. Die Sonntagspredigt meines Vaters ist ein schwaches Murmeln im Hintergrund, meine Aufmerksamkeit ist auf etwas anderes gerichtet: Ich bin von den riesigen farbigen Glassteinen fasziniert, durch die das Licht in die Kirche fällt. Die Farben sind so intensiv und glitzern wie die Facetten überdimensionaler Diamanten. Während ich dieses wunderbare Lichterspiel anschaue, läuft kontinuierlich ein Schauer meine Wirbelsäule hinunter, und auf meinem Kopf kribbelt es stark. Etwas Höheres ist anwesend. Ich denke nicht darüber nach. Es fühlt sich einfach natürlich und greifbar an. Gott – das Höhere – ist eine Erfahrung in meinem Körper.*

*Obwohl ich diese erhabenen Zustände immer wieder erlebte, wenn ich Musik hörte oder in der Natur war, verblasste die Erfahrung langsam und ging fast verloren. 27 Jahre später öffnete sich meine Verbindung zu diesem »Größeren« wieder, doch diesmal sehr viel stärker. In einer Energiesitzung »sprang« plötzlich mein Kronen-Zentrum wieder auf, und Energie überflutete mein System. Sie war so stark, dass meine Arme sich wie von allein weit zu den Seiten öffneten – ich konnte nichts dagegen tun. Wie Leonardo da Vincis vitruvianischer Mensch stand ich da und begann zu lachen und zu zittern und hatte kein Gefühl mehr für Raum und Zeit. Mächtige Energien strömten wie Champagnerperlen durch meinen gesamten Körper. Von diesem Moment an war mein Leben nicht mehr dasselbe ...*

## ENERGIE-PRINZIP 16:
## Die Körperlichkeit der Spiritualität

*Spiritualität ist eine Erfahrung im Körper.*

Das »Jenseitige« zu erleben, ist eine der wichtigsten und erhebendsten Erfahrungen, die ein menschliches Wesen je machen kann. Es öffnet wahrhaft außergewöhnliche Dimensionen der Intelligenz, der Liebe, der Kraft und des Lebenssinns. Diese Erfahrung verändert dich für immer. Du hast neue Energie, einen breiteren Blickwinkel, ein besseres Verständnis für das Leben und seine vielen Situationen. Du beginnst buchstäblich, auf einer höheren Ebene des Bewusstseins zu leben, die alles andere in deinem Leben verändert.

Aber selbst das ist noch nicht das Endziel. Wir nennen es den »Punkt auf halber Strecke«. In der zweiten Hälfte der Reise geht es darum, dieses Bewusstsein wieder nach unten zu bringen, es in deinem Körper und Verstand und in deinen Gefühlen zu leben.

Wie wir in Margarethas Geschichte gehört haben, wird diese Energieflut von oben zu einer physischen und greifbaren Erfahrung. Sie beginnt, in deinem Körper zu leben. Du lernst, sie in die Praxis umzusetzen, sie in deinen Handlungen auszudrücken, und gestattest ihr, dein Leben zu transformieren. Jeder einzelne Aspekt deines Lebens und deines Seins wird schließlich diese Erfahrung in sich tragen.

## ENERGIE-PRINZIP 17:
## Das Höhere manifestieren

*Wir sind hier, um die höheren Energien unserer Seele nach unten zu holen und ihnen in unserem Körper und Verstand, in unseren Gefühlen und Handlungen eine Form zu geben.*

Wenn sich das »Jenseitige«, das Transzendente öffnet, erwachst du zu einem höheren Gefühl von Bestimmung. Du weißt, dass du aus einem bestimmten Grund hier bist und dass alles, was geschieht, eine tiefere Bedeutung hat.

Wenn du diese Verbindung zum Lebenssinn hast, bist du gefordert, diese Bestimmung auch zu leben. Es ist eine Sache, sich eine bessere Welt auszumalen. Es ist eine andere Sache, sich hinauszubegeben und es tatsächlich umzusetzen.

Das ist die Herausforderung des »Nach-UNTEN-Gehens«: dies Wirklichkeit werden zu lassen. Gute Ideen sind im Allgemeinen nutzlos, wenn man sie nicht umsetzt. Wie es in einem alten Sprichwort heißt: »Die Straße zur Hölle ist mit guten Vorsätzen gepflastert.« Gute Ideen ohne eine geerdete und realistische Anwendung können nicht nur nutzlos sein, sie können sogar destruktiv sein.

> *»Nach UNTEN« bedeutet, die höherfrequente Energie und das Bewusstsein des Jenseitigen in diese Welt, in diesen Körper und in diese Persönlichkeit zu bringen. Es bedeutet, unsere Seele hier auf der Erde zu leben.*

Jeder von uns sieht sich mit der Aufgabe konfrontiert, die höheren Aspekte unseres Selbst, mit denen wir gelegentlich in Kontakt treten, hier in dieser Welt zu leben. Wer hat noch nicht damit gerungen, einen wunderschönen Gedanken zu haben, aber nicht in der Lage zu sein, ihn gut ausdrücken zu können? Oder damit, eine Intention zu haben, aber sie nicht so voll und ganz realisieren zu können, wie man es sich vorgenommen hatte. Oder eine Abhängigkeit zu haben – Essen, Zigaretten, Alkohol, Drogen – oder einfach nur eine schlechte Angewohnheit, die man ändern wollte, und sie gewinnt immer wieder die Oberhand? In all diesen Fällen waren wir nicht in der Lage, unser höheres Wissen zu erden.

## »Geerdet sein«

Die Formulierung »Geerdet sein« drückt einen Grundgedanken des »UNTEN« aus. Wenn wir das Wort »transzendent« als Schlüsselwort für das »Jenseitige« verwenden und damit auf etwas hinweisen, das uns Flügel verleiht und in eine höhere Dimension hebt, dann ist »Geerdet sein« das andere Ende der Fahnenstange. Es lässt uns real bleiben. Es verbindet uns mit unserem Körper. Es bringt uns in Kontakt mit der Natur und der natürlichen Welt. Es handelt von praktischen und greifbaren Dingen, nicht im Sinne von etwas Banalem oder von harter Arbeit, sondern eher als Verkörperung von etwas Höherem, als Ausdruck des Formlosen in einer Form. Es ist die Fähigkeit, dieses idealere ICH, wie auch die höheren Gedanken und Gefühle, hinunter zu bringen und wirklich fähig zu sein, das ICH zu leben, dieses große, wunderbar reiche ICH hier in der Welt.

Wir wollen diesen Zustand des »Geerdet seins« erkunden. Du hast dich sicherlich schon einmal schwindlig oder benommen gefühlt. Ob es nun geschah, weil du zu schnell aufgestanden bist, krank warst oder eine bewusstseinsverändernde Substanz zu dir genommen hattest, in diesem Moment warst du auf jeden Fall nicht geerdet. Du warst instabil, wackelig auf den Beinen und fragil.

**Sich erden**
Höhere Energien kommen hinunter, durchdringen den Körper und erden.

## Definition: Erdung

*Erdung ist die Fähigkeit, höher schwingende Energien, Gedanken und Gefühle hinunter zu holen und sie hier in dieser Welt zu erden. Das Erden lässt uns real bleiben, verbindet uns mit dem Körper und bringt uns in Kontakt mit der Natur und der natürlichen Welt.*

Jetzt vergleiche das mit einem Moment, in dem du geerdet warst. Vielleicht hast du Sport getrieben und gingst ganz in deinem Spiel auf. Deine Füße waren fest im Boden »verankert«. Du hast deine Schritte einwandfrei gesetzt. Du warst flink, dynamisch und im Gleichgewicht. Jede Bewegung war koordiniert, du hast die Erde benutzt, um kraftvoll zu springen, zu rennen und nach vorn zu drängen. Ein schönes Gefühl, nicht wahr?

Eine Sportlerin, die dynamisch und geerdet ist

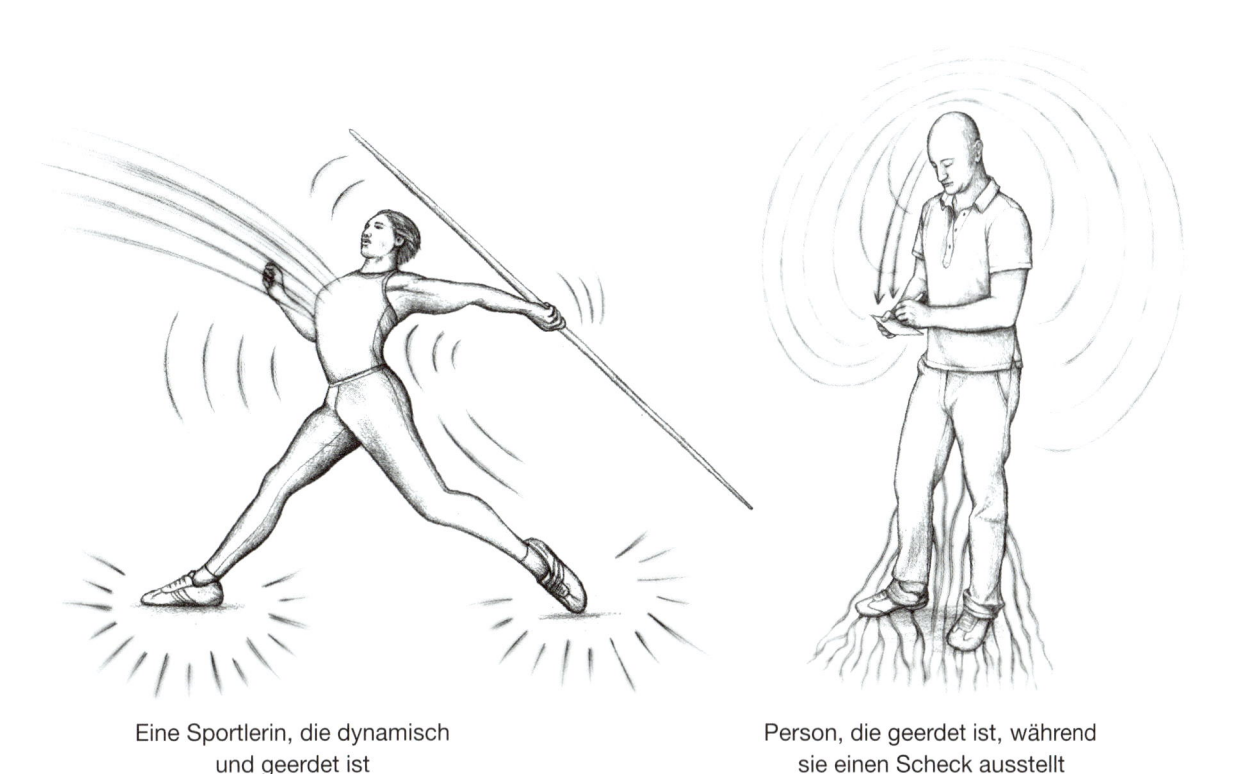

Person, die geerdet ist, während sie einen Scheck ausstellt

Schauen wir uns jetzt einen weiteren Aspekt des »Geerdet seins« an: das Gefühl, praktisch und realistisch zu sein. Vielleicht war das in einem ganz normalen Moment, als du beispielsweise einen Scheck ausstelltest oder die Rechnungen bezahltest. In diesem Moment hattest du alles im Griff: Dein Geldfluss war geregelt, du kümmertest dich verantwortungsvoll um deine Verpflichtungen, und du hattest dieses gute Gefühl, das entsteht, wenn du die volle Übersicht hast.

Schauen wir uns jetzt einen weiteren Aspekt der Erdung an. Ob nun beim Graben in deinem Garten, beim Wandern in den Bergen oder als du deine Füße im Sandstrand vergrubst – ganz sicher hast du Momente erlebt, in denen du auf die Natur eingestimmt warst, in denen du in deinem Körper warst und deine Sinne spürtest und ein »Einssein« mit der Welt der Natur empfandest. Was für ein wundervolles Gefühl! Es lässt einen so zufrieden und vollständig sein.

Auch wenn die drei oben angeführten Beispiele verschiedene Aspekte des Erdens ansprechen, gibt es einen gemeinsamen Nenner: Du bist präsent, im Hier und Jetzt. Du bist mit dem Moment verbunden und mit dem, was du tust. In jedem Beispiel bist du im Fluss, eingestimmt, ausbalanciert, verbunden und zentriert.

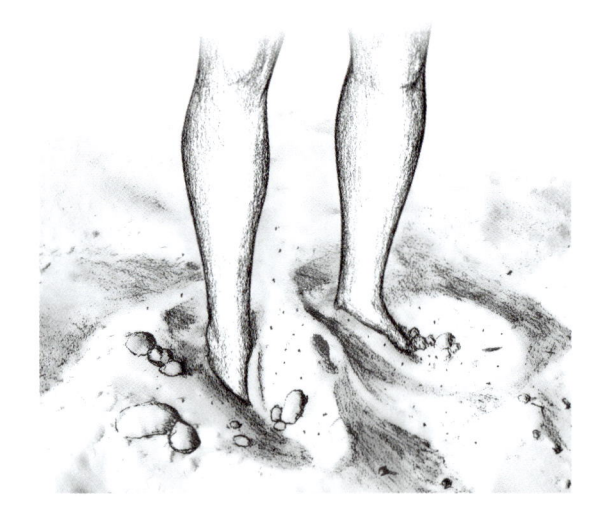

Person, die dadurch, dass sie mit den Füßen im Sand steht, geerdet ist

## Hier ein paar Stichpunkte, die das »Geerdet sein« beschreiben:

- du stehst mit beiden Beinen auf dem Boden, sowohl in der Realität als auch im übertragenen Sinn
- du bist pragmatisch
- du bist im Hier und Jetzt
- du bist realistisch
- du bist mit der Erde verbunden, mit diesem Moment, mit den Energien um dich herum
- du bist fest in deinem Körper verankert

Warum solltest du das wollen? Warum ist es wichtig für dich? Und warum ist es eine energetische Fertigkeit?

Wenn du geerdet bist, stehst du in Verbindung mit diesem Moment und der Welt um dich herum. Du bist nirgendwo anders mit deinen Gedanken. Du bist präsent und aufmerksam, und das macht dich effektiv.

Hier ist ein Beispiel dafür: Bist du je Auto gefahren und hast gleichzeitig mit dem Handy telefoniert? Oder noch schlimmer, hast du je versucht, eine Telefonnummer zu wählen, während du Auto fuhrst? Das ist ein Moment, in dem du nicht auf das Auto und die Straße achtest. Deine Aufmerksamkeit ist anderswo. Wusstest du, dass schwindelerregende 28 Prozent der Autounfälle aufgrund von Telefonaten mit dem Handy oder beim Eintippen einer SMS ins Handy passieren?

## »Nicht geerdet sein«

Beim Autofahren können die Folgen des »Nicht geerdet und präsent«-Seins katastrophale Ausmaße annehmen. Bei den meisten anderen Aktivitäten sind die Folgen nicht so offensichtlich, aber für uns dennoch destruktiv. Auf jeden Fall verpassen wir einfach den Moment. Warst du je an einem wunderschönen Ort in der Natur, aber in Gedanken so beschäftigt mit etwas anderem, dass du kaum die Schönheit um dich herum wahrnahmst? Häufiger machen wir Fehler, wenn wir nicht geerdet sind, sind ungeschickt, denken Dinge nicht zu Ende oder trampeln auf anderen oder einer Situation herum, weil wir nicht auf diese eingestimmt sind.

Ein weiteres Beispiel dafür, nicht geerdet zu sein, ist ein Mensch, der den Kopf in den Wolken hat. Du kennst vielleicht jemanden, der von einer großen Idee fasziniert war, und es war wirklich eine hervorragende Idee. Aber sie war nicht lebensnah, sie war nicht realistisch oder praktisch. (Vielleicht hast du es auch an dir selbst erlebt.) Nicht, dass Ideen praktisch sein müssen. Es ist in der Tat so, dass die meisten guten Ideen als Träume, weit entfernt von der Realität, beginnen. Aber dann übernimmt jemand diese Idee, bringt sie in die Realität und beginnt sie auszubauen. Du kennst wahrscheinlich den Ausdruck »Hans Guck-in-die-Luft« oder die Redewendung, dass jemand im »Lala-Land« lebt, also verrückt ist. Das bezieht sich auf jemanden, der ganz weit draußen ist, nicht realistisch, nicht verbunden oder geerdet (eben »ver-rückt«) ist. Man hat bei ihm das Gefühl, dass er in einer Fantasiewelt, getrennt von der Realität, lebt.

Ungeerdete Person, deren Energien um ihren Kopf herum schwirren

Oder hast du schon einmal jemanden gefragt, wie es ihm geht, und der Betreffende beginnt, dir eine Geschichte zu erzählen, die kein Ende nimmt, so als müsstest du jede kleine Einzelheit hören, damit du sie verstehst? Dabei hätte eigentlich eine Antwort aus drei Worten, wie beispielsweise »Ich bin traurig« mehr gesagt, wäre geerdeter und effektiver gewesen. Was wir da zu hören bekommen, nennen wir »Geschichten«. Menschen verbringen viel Zeit damit, Geschichten zu erzählen.

Kontrastiere »Lala-Land« mit einer Person, die geerdet ist: Die Person ist hier, verbunden und in Kontakt mit dem Jetzt. Ein geerdeter Mensch ist ein effektiver Mensch. »Geerdet sein« hat nichts damit zu tun, zu handeln. Du kannst einfach SEIN, nichts tun, aber dadurch effektiv sein, dass du im Hier und Jetzt präsent bist. Und weil du im Kontakt mit dem Hier bist, bist du auch effektiv in deinen Reaktionen auf das Jetzt.

Hier ist eine einfache Übung. Versuche jemandem, der sich in seiner Geschichte verliert, Folgendes zu sagen: *»Ich möchte wirklich gern mehr über dich erfahren, aber ich verliere mich in all diesen Worten und Details. Kannst du mir stattdessen in drei Worten umreißen, wie du dich wirklich fühlst?«*

Wie kannst du feststellen, wann du nicht geerdet bist?

## Hier ein paar Stichpunkte, die das »Nicht geerdet sein« beschreiben:

Du fühlst dich vielleicht…

- unbeholfen
- nicht verbunden
- in Gedanken/im Kopf, denkst an etwas anderes in Vergangenheit oder Zukunft
- nicht mit deinen Sinnen verbunden
- übermäßig zerbrechlich
- nicht stark oder vital genug, ohne Durchhaltevermögen

# Situationen, in denen du vielleicht nicht geerdet bist:

- in Konferenzen und Meetings
- wenn du aufgrund von Krankheit, Schlafmangel, Drogen geschwächt bist
- nach vielen Stunden am Computer
- wenn du nach dem Aufwachen nicht im Körper bist

Ich, Kabir, musste lachen, als ich zum ersten Mal den Ausdruck »death by meeting« hörte – »Tod durch Meetings«. Ich habe in viel zu vielen Konferenzen und Meetings gesessen, die die »Hölle auf Erden« waren. Das hat schon was! Eine Gruppe von Menschen, die alle mental werden und dann gegenseitig ihr Mental-Sein nähren, bis du so ungeerdet, so im Kopf bist, dass du nur noch schreien möchtest.

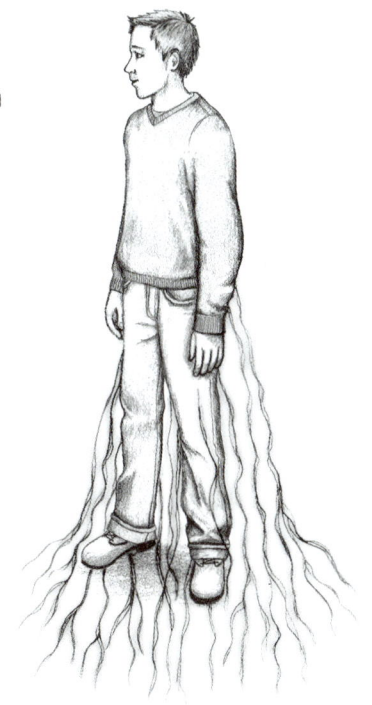

**Die Energetik des »Geerdet seins«**
Wenn du geerdet bist, strömt die Energie in deinen Kernkanal und verankert sich durch das Basis-Zentrum am unteren Ende der Wirbelsäule in der Erde.

# Vier einfache Wege, sich zu erden

Also, was können wir dagegen tun, nicht geerdet zu sein? Du kannst einfach die Energie nach unten schicken. »Geerdet sein« ist ein Zustand, in dem die Energie nach unten fließt und sich über die Basis am unteren Ende der Wirbelsäule durch die Beine hindurch in der Erde verankert. Das ist ein energetischer Zustand, der einfach herbeizuführen ist.

## Übung 16.1 Atme es nach unten

1. Atme tief ein und betone dabei das Ausatmen. Wenn du ausatmest, stell dir vor, wie die Energie deine Wirbelsäule hinunterfließt bis zum Basis-Zentrum, das am Steißbein unten an deiner Wirbelsäule sitzt. Das Basis-Zentrum enthält einen großen Vorrat an Lebensenergie, die man Kundalini-Energie nennt.

2. Stell dir das Basis-Zentrum als ein Becken vor, das die Lebenskraft enthält. Fülle dieses Becken mit deinem Atem, bis du das Gefühl hast, dass es voll und mit Lebenskraft aufgeladen ist.

3. Dann lass den Atem weiter in die Erde gehen. Fühle, wie du dich mit der Erde verbindest. Erde dich.

Energien nach unten atmen

## Übung 16.2 Bring deine Energie nach unten

1. Strecke deine Arme vor deinem Oberkörper aus, Handflächen zeigen nach unten, und »fege« oder streiche langsam die Energie hinunter zu deinem Basis-Zentrum. Tu das mehrere Male.

2. Jetzt geh mit den Händen überall dorthin, wo sie im oberen Bereich deines Energiefeldes hinreichen können – weit vor dich, zu den Seiten und über den Kopf – und wiederhole diese Bewegungen nach unten. Stell dir vor, dass du dich aus deinem Verstand holst und hinunter in den Körper bringst.

Deine Energie nach unten bringen

*3. Öffne mit den Händen die Energien um dein Basis-Zentrum herum und erweitere so diesen Bereich.*

*4. Setze das Hinunterstreichen in Richtung Füße fort, um dich zu erden. Nimm dir die Zeit, um den Fluss durch deine Beine und durch deine Gelenke in die Erde zu spüren.*

*5. Stell dir einen Punkt – wie ein imaginäres Gravitationszentrum – einige Zentimeter tief in der Erde vor, in das hinein du dich entspannen und in dem du dich verankern kannst.*

## Übung 16.3  Lass deine Wurzeln wachsen

*1. Nimm eine Hand vor deinen Körper und die andere hinter deinen Rücken, Handflächen zeigen nach unten, und bewege sie sanft hinunter in Richtung Basis-Zentrum und noch tiefer. Stell dir vor, dass deine Hände dabei helfen, die Energien der Basis nach unten zu öffnen.*

*2. Verbinde dich mit der Erde. Stell dir vor, ein Baum zu sein, und »sieh« vor deinem geistigen Auge, wie deine »Wurzeln« tief in der Erde verankert sind. Fühle, wie dir das Erdung, Stabilität und Nahrung gibt.*

Deine Wurzeln wachsen lassen

## Übung 16.4  Pumpe dein Basis-Zentrum auf

*1. Stell dich mit leicht gebeugten Knien hin und halte die Hände auf Höhe des Beckens. Halte die Handflächen parallel zum Boden.*

*2. Nun beginne, deinen Körper nach unten zu bewegen, so als wolltest du die Luft in Richtung Boden drücken. Komme beim Einatmen hoch und drücke beim Ausatmen wieder nach unten. Beginne langsam und intensiviere dann die Bewegung.*

Deine Basis aufpumpen

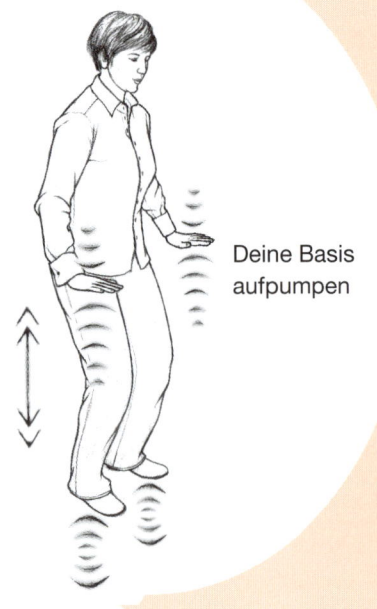

3. Füge dieser rhythmischen Bewegung einen tiefen Klang »HUH« hinzu – jedes Mal, wenn du nach unten pumpst. Lass den Ton tief aus deinem Körper kommen.

4. Entspanne dich und fühle die Schwingung der aufgeheizten Energie.

## Vier schnelle Wege, sich zu erden

Und wenn du wirklich nur wenige Minuten Zeit hast, um dich zu erden, kannst du auch eine der folgenden schnellen Versionen nehmen.

### Übung 16.5  Lass die Arme fallen

Bring deine Arme ganz weit über den Kopf und halte sie einen Moment lang. Atme. Dann lass die Arme zu den Seiten hinunterfallen. Fühle die Schwerkraft.

### Übung 16.6  Stampfe auf den Boden

Stampfe so fest du kannst auf den Boden (wenn du Schuhe mit hohen Absätzen trägst, solltest du sie besser vorher ausziehen ☺). Trete gegen den Boden, bis sich deine Füße warm und energiegeladen anfühlen.

## Übung 16.7   Bewege dich einfach

*Bewege dich. Einfach den Körper zu bewegen bringt dich in ihn zurück.*

## Übung 16.8   Stimme dich auf das Physische ein

*Verbinde dich mit der physischen Welt um dich herum, selbst wenn es ein künstlicher Geschäftsraum mit Kunststoffmöbeln ist. Fühle einfach die Erde, auf der dieser Raum ruht, selbst wenn sie 20 Stockwerke weiter unten liegt.*

Und wenn du ganz mutig bist, kannst du dich in einer ungeerdeten Situation, bei der auch andere anwesend sind, mit einer fortgeschrittenen Intervention einbringen.

## Übung 16.9   Fortgeschrittene Erdungs-Intervention

*Wenn du dich dazu in der Lage fühlst, sage der Gruppe, dass sie alle in den Körper zurückkommen sollten, und bitte alle aufzustehen, den Körper zu bewegen und die Übung mit dem Fallenlassen der Arme zu machen. Sag so etwas wie: »Leute, ich muss eine kurze Pause machen. Ich fühle mich so verkopft und nicht mehr mit meinem Körper verbunden. Ich muss mich wieder erden. Ich denke, das geht uns allen so. Könnten wir nicht bitte alle einen Moment aufstehen und zusammen eine kurze Übung zum Erden machen?«*

# 17 Energie und Bewusstsein – deine höhere Berufung

## Der höhere Sinn und Zweck des »Energy Balancing«

Die Welt der Energie ist unglaublich! In dem Moment, in dem du die Augen öffnest und verstehst, was vor sich geht, erscheint eine ganz neue Dimension des Lebens. Sie ist wundervoll, magisch, verrückt und manchmal ganz einfach seltsam. Aber wie sie auch sein mag, das Bewusstsein für Energie verändert dich für alle Zeit. Wenn du Energie erst einmal »begreifst«, betrittst du für immer eine andere Dimension des Lebens: Du bekommst einen Röntgen-Einblick in das, was in Situationen wirklich vor sich geht, und erhältst neue Fertigkeiten, mit den Dingen umzugehen.

Da du nun in der Welt der Energie lebst, erkennst du, dass das nicht einfach nur ein weiterer, interessanter Ort ist, sondern dass du den Fuß auf einen Pfad gesetzt hast, der dich zu etwas hinführt. Wenn du dich für die Welt der Energie öffnest, beginnt eine Reise. Wohin führt sie dich?

Wie du überall in diesem Buch gelesen hast, gibt es verschiedene Schichten von Energie, und im Zentrum befindet sich dein Kern, das »Goldene Wesen« deiner Essenz. Energie enthüllt, dass du ein immenses Wesen bist. Dein Potenzial an Bewusstsein, Liebe, Intelligenz und Schöpferkraft ist unermesslich.

### ENERGIE-PRINZIP 18:
### Der höhere Ruf der Energie

*Energie strebt danach, höhere Schwingung und höheres Bewusstsein zu entfalten.*

Das Ziel des »Energy Balancing« ist es, die Unermesslichkeit deines Bewusstseins zu entfalten – und dieses Bewusstsein in der unmittelbarsten, bodenständigsten und praktischsten Weise zu leben, während du in Beziehung stehst, arbeitest, kommunizierst und gestaltest.

Wenn du in die Welt der Energie eintauchst, erkennst du, dass die Entfaltung des Bewusstseins ein Lernprozess ist. Du erkennst das »lernende Universum«, dass das gesamte Universum sich weiterentwickelt und diese Existenz dich in immer großartigere Höhen des Bewusstseins und der Entfaltung des Seins trägt.

Du erkennst, dass du dich in einem einzigartigen Klassenzimmer des lernenden Universums befindest – dem, was wir die »Erdenschule« nennen. Hier erhältst du spezifische Unterweisungen über das Leben, das Bewusstsein und darüber, wer du bist. Das Verständnis für Energie ist hier eine der grundlegenden Lektionen, eine Lektion, die dir einen Schlüssel zu vielen anderen Lektionen in die Hand gibt. Dadurch bekommst du ein Bezugssystem, das dir zeigt, wie und warum die Dinge so sind, wie sie sind, das dir eine Vorstellung davon gibt, wie es weitergeht, und dir dafür die Werkzeuge verleiht.

Jetzt ist es an dir, weiterzugehen, die Energie an jedem Tag, in jedem Augenblick zu nutzen, wenn du mit dem Leben und den unzähligen Situationen, in denen du dich befindest, tanzt. Hier kommt das Bewusstsein ins Spiel – sich immer bewusster zu werden, was vor sich geht. Die Reise in die Energie ist eine Reise in das Bewusstsein. In dem Maß, in dem du bewusster wirst, nimmst du auch in größerem Maß die Energie wahr. Wenn du die Energie nutzt, wirst du bewusster. Dies sind zwei Pole des gleichen Phänomens.

## Wie kannst du weiter vorgehen?

Wenn du bis hierher gelesen hast, dann hat die Energie dich angesprochen. Sie ist mehr geworden als ein Konzept, sie ist ein lebendiger Funke, der im Inneren lebendig ist und heller brennen möchte.

Wie kannst du weiter vorgehen? Natürlich möchten wir nicht versäumen, dir vom »Energy Balancing«-Institut und dem kompletten »Energy

Balancing«-Training zu erzählen. Dies ist ein einzigartiger Zugang in die Welt der Energie. Du kannst ein Basisprogramm absolvieren, das dir das ABC der Energie vermittelt, und du kannst ein Training für Fortgeschrittene durchlaufen, um ein zertifizierter »Energy Balancer« zu werden und mit anderen arbeiten zu können.

Wir möchten auch nicht versäumen, dich zu ermutigen, die »Essence Training Inner Work School« kennen zu lernen, in der du die tiefe Arbeit des Erwachens beginnen kannst. Das Essence Training ist ein mächtiger Umwandlungsprozess. Es beruht auf der »Science of Human Potential«, der Wissenschaft vom menschlichen Potenzial, und verbindet Energie, Innere Arbeit und Meditation in einem der wirkungsvollsten Programme, die für die persönliche Transformation zur Verfügung stehen. Sowohl das »Energy Balancing«-Programm als auch das Essence Training gehören zu den erstklassigen Trainings der Welt im Bereich der Energie und des Bewusstseins. Mehr darüber in Kapitel 20.

Natürlich hätten wir gern, dass du kommst und mit uns vor Ort arbeitest. Aber wir sind realistisch. Die Leser dieses Buches befinden sich überall verstreut auf diesem Planeten. Und es gibt derzeit viele großartige Lehrer und Programme. Ob du nun diese Arbeit bei uns machst oder mit jemand anderem – wir möchten dich zu drei Dingen ermutigen:

## 1. Meditation

Das Erste ist Meditation. Meditation ist der Prozess, bei dem du deine Aufmerksamkeit nach innen lenkst und auf dein inneres Leben eingestimmt wirst.

Wir können das Loblied auf die Meditation gar nicht laut genug singen. Für uns ist sie eine absolut fundamentale Praxis, die den Verstand und die Gefühle beruhigt, den Lärm der inneren und der äußeren Welt klärt, uns hilft, das Zentrum und das Gleichgewicht zu finden und letztlich die Türen zum höheren Bewusstsein aufschließt.

Wir wissen auch, dass die meisten Menschen, die das Meditieren ausprobieren, nicht dabei bleiben. Der Grund ist, dass am Anfang das Chaos und die Spannungen des inneren Lebens so unbequem sind, dass wir uns dem lieber

Eine Gruppenmeditation am Strand

nicht stellen möchten und stattdessen wegrennen, indem wir uns mit anderen Dingen ablenken.

**DEFINITION: Meditation**

*Meditation ist der Prozess, bei dem du deine Aufmerksamkeit nach innen lenkst und auf dein Innenleben, insbesondere auf deine höheren Aspekte, eingestimmt wirst. Meditation ist außerdem eine kraftvolle Methodik, die Energien durch gewisse Kanäle lenkt, um höhere Ebenen der Energie, der Wahrnehmung und des Bewusstsein zu öffnen.*

»Energy Balancing« spielt eine wichtige Rolle bei der Meditation, denn es richtet die vielen unausgeglichenen Energien in uns aus und integriert sie. Dadurch, dass »Energy Balancing« zu innerer Balance führt, erschafft es die Basis, auf der Meditation beruht.

Wir können dich nur ermutigen, das Meditieren zu erlernen und die Meditation zu einem Bestandteil deines täglichen Lebens zu machen. Eine halbe Stunde meditieren pro Tag ist eines der größten Geschenke, das du dir selber machen kannst, und eines, das wächst und für immer Früchte trägt.

Die lateinische Wurzel des Wortes Meditation ist »mederi« oder »medicare« – die gleiche Wurzel wie im Wort Medizin –, und sie bedeutet heilen, kurieren, genesen. Meditation ist eine Form der Medizin für die Seele. Genauso wie es verschiedene Arzneimittel für die Bedürfnisse des Körpers gibt, gibt es verschiedene Meditationen für die Bedürfnisse der Psyche. Du musst sie ausprobieren, um herauszufinden, was am besten zu dir passt. Wenn du jemanden findest, der die Wissenschaft der Meditation versteht und dir die richtige Meditation »verschreiben« kann, um so besser.

Es gibt viele Menschen und Organisationen, die Meditationskurse anbieten. Du kannst auch zu unserem regelmäßig stattfindenden Meditations-Retreat im Essencia Retreat Center in der Karibik kommen.

## 2. Innere Arbeit

Zusätzlich zur Meditation möchten wir dich zur Inneren Arbeit ermutigen. Innere Arbeit ist der Vorgang, dich selbst zur Reife zu bringen. Du arbeitest an dem gesamten Spektrum dessen, was du bist, vom Physischen über das Emotionale und Mentale bis zum Spirituellen. Du arbeitest daran, ungesunde Emotionen, Gedankenmuster und energetische Störungen loszulassen, die du aus der Vergangenheit mit dir herumträgst. Und, was am wichtigsten ist, du erkennst die vielen Stärken und Qualitäten, die du hast, und was es bedeutet, sie zur Reife zu bringen und zu leben.

Innere Arbeit bedeutet, zu wachsen. Wenn wir das englische »growing up« wörtlich übersetzen, bedeutet es »nach oben wachsen«. Wenn wir also »erwachsen werden« oder »heranwachsen« sagen, beziehen wir uns dabei auf den Prozess, zu einem reifen, bewussten, leistungsfähigen und ganzen Menschen heranzuwachsen. Es ist ein willentliches Unterfangen – du entscheidest dich dafür, zu wachsen, und du »bewirtschaftest« und »bepflanzt« und »jätest« willentlich den Garten deiner Psyche.

# Die Seele und die Essenz

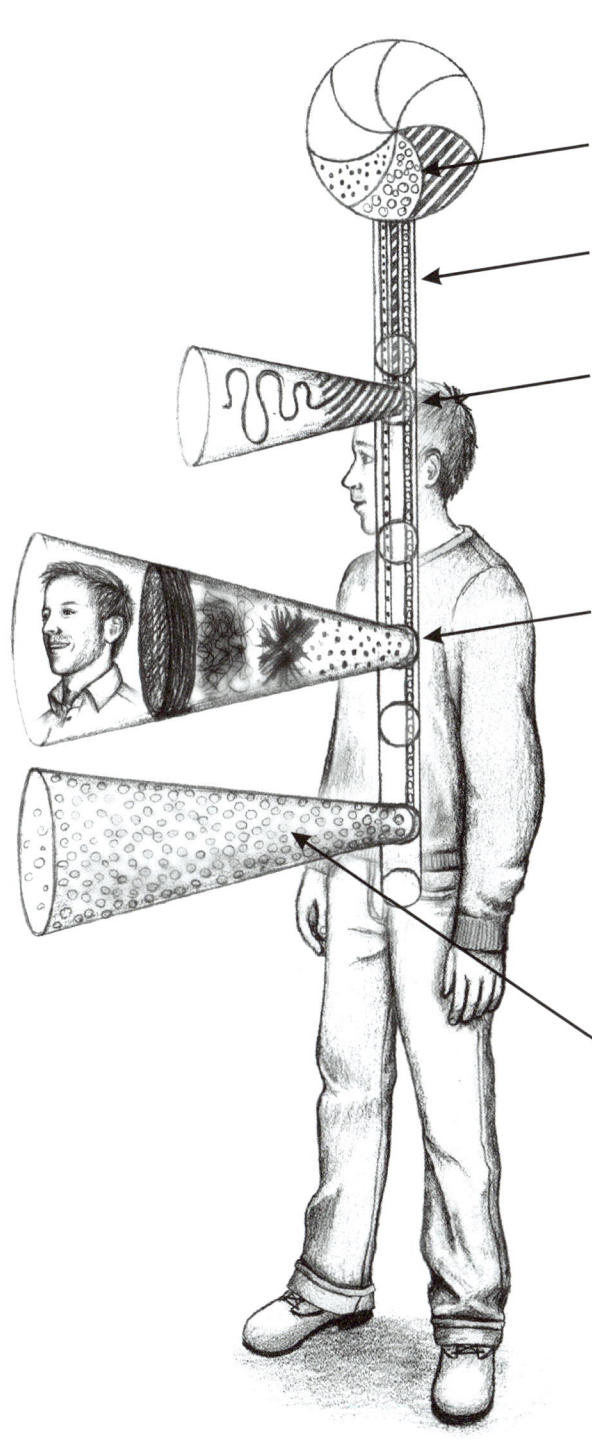

Aspekte der Seele oder Seelen-Qualitäten ...

... fließen den Kernkanal hinunter ...

... wo sie sich in den Wurzeln der Chakras verankern, um sich dort nach und nach als Essenz-Qualitäten zu entfalten.

Diese Entfaltung geschieht durch bestimmte Arten von Lebenslektionen und Problemen.

Wunden
Zorn
Abwehr
Persönlichkeit

Einige der Dinge, die in Chakras gehalten werden und die wir durcharbeiten, um Essenz zu entfalten.

Schritt für Schritt reift das Chakra heran, öffnet sich, übernimmt seine volle Funktionsfähigkeit und stellt die reichhaltige Kapazität dieses Seelen-Aspektes zur Verfügung.

**DEFINITION: Innere Arbeit**

*Innere Arbeit ist der Vorgang, dich willentlich selbst zur Reife zu bringen, indem du direkt an den verschiedenen Komponenten deiner Psyche »arbeitest«.*

Heutzutage gibt es überall viele gute Lehrer und Programme. Du musst ein bisschen ausprobieren, um herauszufinden, was für dich passt, und das Oberflächliche von den guten Angeboten sortieren, aber spring hinein und fang an. Ein guter Beginn ist die Arbeit mit dem Inneren Kind und mit der familiären Vergangenheit. Wir sagen das, weil so viele der Themen, die wir mit uns herumtragen, aus der Kindheit stammen. Deine Familienvergangenheit zu heilen (auch wenn du aus einer sogenannten »guten« Familie kommst) ist entscheidend für die innere Entwicklung.

## 3. Chakra-Psychologie

Die dritte Sache, zu der wir dich ermutigen möchten, ist die tiefgehende Erforschung der Chakras. Die Chakras sind ein wichtiger Aspekt unseres Energiekörpers. Sie spielen eine zentrale Rolle für die Innere Arbeit, die Meditation und dafür, Energie zu begreifen und zu bekommen. Wie wir bereits zu Beginn des Buches erwähnt haben, ist die Chakra-Arbeit so breit gefächert, dass wir beschlossen haben, diesem Thema irgendwann ein ganzes Buch zu widmen. Einige der fortgeschrittenen »Energy Balancing«-Trainings arbeiten mit den Chakras, und das »Essence Training« beruht vollständig auf den Chakras: Jedes seiner Module konzentriert sich jeweils auf ein Chakra.

**DEFINITION: Chakra-Psychologie**

*Die gerade neu entstehende Chakra-Psychologie kartiert das gesamte Spektrum des Bewusstseins von den frühesten evolutionären Ursprüngen bis hin zur Größe unserer Seele und darüber hinaus.*

Das sich neu entwickelnde Fachgebiet der Chakra-Psychologie umfasst das gesamte Spektrum des Bewusstseins von den frühesten evolutionären Ur-

## Chakra-Psychologie
### Das Chakrasystem

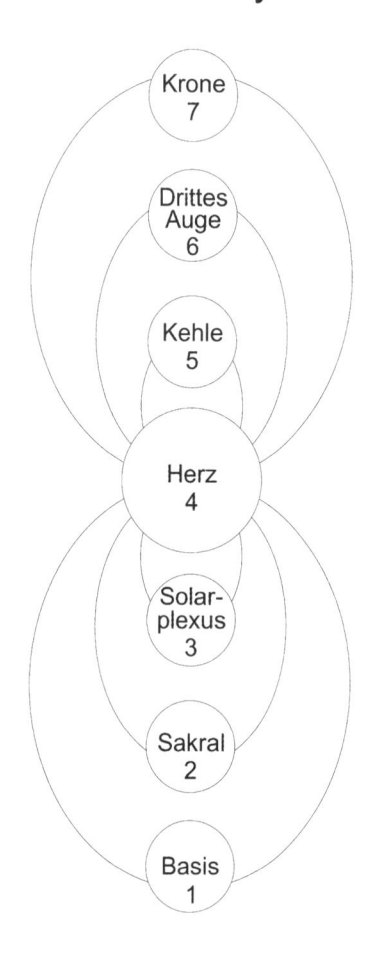

sprüngen bis hin zur Größe unserer Seele und darüber hinaus. Das Verständnis der Chakras ist ein Generalschlüssel zur Entfaltung unseres vollsten Potenzials. Wenn du dich kennen lernen willst, lerne deine Chakras kennen.

Diese drei Dinge – Meditation, Innere Arbeit und Chakra-Psychologie – werden dich zusammen mit dem Rahmenwerk der Energie an Orte bringen, von denen du früher nicht einmal zu träumen wagtest, und dir eine Erfüllung im Leben verschaffen, die jenseits all dessen liegt, was du je für möglich gehalten hast.

Wir möchten dich ermutigen, dich ganz und gar auf diese Reise einzulassen. Wir sehen jedes menschliche Wesen als einen Lichtpunkt im größeren Webteppich des Lebens, und wenn ein Mensch seine Schwingung anhebt, strahlt er das aus und beeinflusst das größere Ganze. Stell dir unseren Planeten vor mit Millionen von Menschen – eines Tages Milliarden von Menschen –, die sich ihrer Energie bewusst sind, lauter bewussten und reifen menschlichen Wesen. Das ist das höchste Ziel dieses Buches: Eine gereifte und erleuchtete planetarische Zivilisation. Übernimm darin deine Rolle.

Chakren (von oben nach unten):
- Krone 7
- Drittes Auge 6
- Kehle 5
- Herz 4
- Solarplexus 3
- Sakral 2
- Basis 1

**»Erleuchtete« Gruppenarbeit**
Ein »Essence Training«-Modul: eine Gruppe von Menschen, die zusammenarbeiten und ein Gruppenfeld erschaffen, das jeden anhebt

## Vierter Abschnitt

# Orchestriere deine Energien

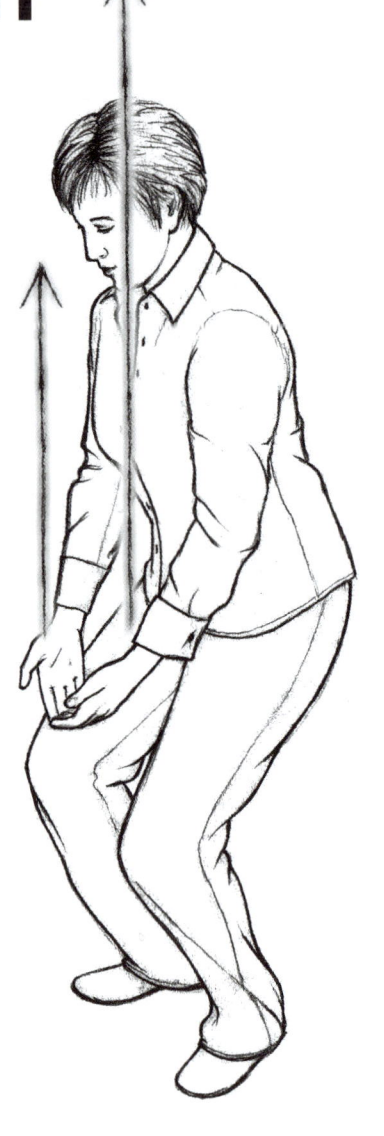

# 18 Unsere grundlegende »Energy Balancing«-Übung

## Warum sie so wirkungsvoll ist

Die komplette »Energy Balancing«-Übung (FEBE, von »Full Energy Balancing Exercise«, sprich »fiebie«) kombiniert die wichtigsten Richtungen und Bewegungen des »Energy Balancing« zu einer vollständigen und kraftvollen Übung. Diese kurze, nur zwei Minuten dauernde Sequenz hilft dir schnell, ins Gleichgewicht und ins Zentrum zu kommen. Sie wird deinen Verstand klären, deine Emotionen zentrieren und deine Energie ausbalancieren.

Sie ist nicht nur jedes Mal, wenn du sie ausführst, wirkungsvoll, sondern steigert sich noch in ihrer Wirkung. Jedes Mal, wenn du sie durchführst, »ätzt« du diese energetischen Pfade tiefer ein, die dich weiter in die Fülle dessen führen, wer du bist.

Allein schon die Durchführung der physischen Bewegungen ist wertvoll. Sobald du aber verstehst, was jede Bewegung bewirkt und wie die »richtige Aufmerksamkeit« – durch Präsenz und angewandte Achtsamkeit – Energie bewegt, wird sie dir noch größeren Nutzen bringen.

Es gibt verschiedene Versionen dieser Übung. Die komplette »Energy Balancing«-Übung (FEBE) deckt das volle Spektrum des »Energy Balancing« innerhalb von zwei Minuten ab, obwohl du sie auch mehrfach hintereinander wiederholen kannst. Die Schnellversion QEBE (sprich »kwiebie«) kann in 30 Sekunden durchgeführt werden. Dann gibt es noch die ausführliche Version der »Energy Balancing«-Übung, EEBE, die zwischen 10 und 30 Minuten dauern und auf deine jeweiligen Bedürfnisse abgestimmt werden kann.

## Links zu den Online-Videos von FEBE und QEBE

Videoclips zu diesen Übungen findest du auf unserer Website unter www.energybalancing.de. Diese Videos veranschaulichen den gesamten Prozess.

## Ein Überblick über die komplette »Energy Balancing«-Übung (FEBE)

Es gibt mehrere Stadien in der FEBE, die die Hauptthemen, die wir in früheren Kapiteln behandelt haben, reflektieren:

1. die Zentrierung, um deine Energien nach innen zu bringen
2. die Erdung, um deine Energien ins Hier und Jetzt zu holen
3. der Aufwärts-Strom, um Ausrichtung zu schaffen und das Herz zu erwecken
4. das Öffnen der Energien nach außen, um dich auszudehnen
5. das Hereinbringen der Energien, um wieder zu dir selbst zurückzukommen
6. das Anheben der Energien zur Krone und darüber hinaus, um das Höhere anzurufen (Invokation)
7. das Sich-Öffnen für die hervorgerufenen Energien (Evokation)
8. das Hinunterholen dieser Frequenzen, um sie zu verkörpern und zu erden
9. das Beenden durch erneutes Zentrieren, jetzt mit einem klaren und wohl definierten Feld

Such dir als Vorbereitung für die FEBE-Übung einen ruhigen Platz, an dem du nach Möglichkeit nicht durch klingelnde Telefone, Elektronik oder durch jemanden, der dich womöglich beim Üben unterbricht, gestört werden kannst.

# Das Ausführen der kompletten »Energy Balancing«-Übung

**Übung 18.1   Die komplette »Energy Balancing«-Übung (FEBE)**

1. **Zentriere dich (INNEN)**

*Stehe schulterbreit. Lege deine Hände auf dein Herz, schließ deine Augen und zentriere dich.*

2. **Erde dich (UNTEN)**

*Atme ein. Während du ausatmest, beuge sanft deine Knie und bewege deine Hände, Handflächen parallel zum Boden, langsam hinunter in Richtung deiner Basis.*

3. **Hebe die Energie zum Herzen (OBEN)**

*Beim nächsten Einatmen benutze deine Hände, Handflächen zeigen nach oben zur Decke, um die Energie im Kernkanal bis zum Herzen anzuheben.*

4. **Öffne dich (AUSSEN)**

*Während des Ausatmens bewege deine Hände von deinem Herzen aus langsam nach vorn und zu den Seiten, um dich nach außen hin zu öffnen. Handflächen zeigen dabei nach oben.*

5. **Bring Energie zu deinem Kern (INNEN)**

*Komm beim Einatmen mit deinen Händen im Bogen wieder zur Mitte und zu deinem Herzen, zum Zentrum, zurück.*

6. **Reiche hinauf zum Transzendenten (OBEN)**

*Atme aus und hebe die Energie mit deinen Hände vom Herz über deinen Kopf hinauf, so hoch wie du kannst, um das Höhere anzurufen. Handflächen zeigen dabei nach oben (Invokation).*

### 7. Lade das Höhere ein (UNTEN)

*Atme ein und bringe die Energien deiner Krone hervor, indem du langsam deine Arme zu den Seiten hin öffnest (Evokation).*

### 8. Erde das Höhere (UNTEN)

*Sobald deine Arme die Höhe des Herzens erreichen, atme aus, drehe deine Handflächen zur Erde und setze die Bewegung in Richtung Basis nach unten fort.*

### 9. Wiederhole den Zyklus zwei Mal

*Setze den Zyklus fort, indem du die Energie nach OBEN hebst zum Herzen (Punkt 3) und wiederhole die Abfolge von Punkt 3 bis Punkt 8 weitere zwei Mal.*

### 10. Ruhe im ZENTRUM

*Beende deinen letzten Durchgang, indem du deine Energie nach OBEN zum Herzen hebst und dann, ausatmend, deine Hände auf deinem Herzen ruhen lässt. Komm zu deinem Zentrum zurück.*

#### Kurzanleitung

1. *Zentriere dich (INNEN)*
2. *Erde dich (UNTEN)*
3. *Hebe die Energie zum Herzen (OBEN)*
4. *Öffne dich (AUSSEN)*
5. *Bring Energie zu deinem Kern (INNEN)*
6. *Reiche hinauf zum Transzendenten (OBEN)*
7. *Lade das Höhere ein (UNTEN)*
8. *Erde das Höhere (UNTEN)*
9. *Wiederhole den Zyklus zwei Mal (Punkt 3 bis Punkt 8)*
10. *Ruhe im ZENTRUM*

1. Zentriere dich (INNEN)

2. Erde dich
(UNTEN)

3. Hebe die Energie zum Herzen (OBEN)

4. Öffne dich (AUSSEN)

5. Bring Energie zu deinem Kern (INNEN)

6. Reiche hinauf zum Transzendenten (OBEN)

7. Lade das Höhere ein (UNTEN)

8. Erde das Höhere (UNTEN)

9. Wiederhole den Zyklus zwei Mal (Punkt 3 bis Punkt 8)

10. Ruhe im ZENTRUM

## Die Schnellversion der »Energy Balancing«-Übung (QEBE)

Die QEBE hebt dich in 30 Sekunden mit zwei simplen Bewegungen, die wir »One Sweep – One Flow« oder sinngemäß »Ein Fegen – ein Fließen« nennen, aus dem »normalen Durcheinander« heraus.

## Die ausführliche Version der »Energy Balancing«-Übung (EEBE)

Die ausführliche Version der »Energy Balancing«-Übung (EEBE, von »Extended Energy Balancing Exercise«, sprich »iebie«) ist eine freiere Version der kompletten »Energy Balancing«-Übung. Wenn du mit deiner Energie arbeitest, wirst du manchmal spüren, dass eine Richtung oder ein Aspekt der Energie mehr Aufmerksamkeit braucht als andere. Vielleicht bist du zu weit im AUSSEN und brauchst mehr Zeit, um dich wieder ins Zentrum zu bringen. Vielleicht bist du auch zu sehr OBEN im Kopf und musst dich erden.

In dieser EEBE-Übung nimmst du dir bei jedem Schritt so viel Zeit, wie du brauchst. Sobald du denkst, dass du genug Zeit mit einem der Schritte verbracht hast, gehst du zum nächsten Schritt weiter. »Schneidere« dir die Übung für deine speziellen Bedürfnisse zurecht. Du kannst die Reihenfolge verändern oder nur die Schritte üben, die du im Moment gerade brauchst.

> **Übung 18.2  Die Schnellversion der »Energy Balancing«-Übung (QEBE)**
>
> **1. Nach UNTEN**
>
> *Stehe schulterbreit. Atme ein und bringe beim Ausatmen deine Hände, Handflächen nach unten, zu deiner Basis. Beuge dabei leicht deine Knie.*

## 2. Nach OBEN

*Atme ein und »fege« die Energie mit einer kraftvollen Bewegung, Handflächen nach oben, mit deinen Armen hinauf über deinen Kopf und strecke dich so weit, wie du bequem reichen kannst.*

## 3. Nach AUSSEN

*Während du ausatmest, öffne deine Arme zu den Seiten und setze die Bewegung langsam nach unten bis zu deiner Basis fort.*

## 4. WIEDERHOLUNG

*»Fege« die Energie wieder mit Schwung kräftig nach oben und außen und wiederhole die gesamte Bewegung noch mindestens zwei Mal.*

## 5. Nach INNEN

*Schließ deine Augen, um nach innen zu gehen und dein Zentrum wahrzunehmen.*

Nach UNTEN

Nach OBEN

Nach AUSSEN

WIEDERHOLUNG

Nach INNEN

## Über den Sinn und Zweck eines jeden der sieben Schritte der EEBE

| | |
|---|---|
| 1. Reinige dein Feld | Hilft dir, den »Müll« loszuwerden: Das können deine eigenen gestörten emotionalen oder mentalen Energien sein oder die Energien anderer Menschen, Maschinen oder aus der Umwelt. |
| 2. Geh nach INNEN und zentriere dich | Bringt dich in dein Inneres zurück, wenn du das Gefühl hast, zu sehr außerhalb deiner selbst zu stehen – was durch starke Emotionen, »In Beziehung mit anderen Stehen« oder durch Aktivitätssucht kommen kann. |
| 3. Lade deine Basis auf | Bringt dir Vitalität, wenn du dich energielos, müde, eingefroren, ängstlich, im Denken blockiert, kollabiert, bedürftig, schambehaftet oder schuldig fühlst. Aktiviert die Kundalini (Lebenskraft). |
| 4. Geh nach OBEN | Hilft dir, wenn du aus deinem Persönlichkeits-Chaos aussteigen willst. Unterstützt die vertikale Ausrichtung und die Verbindung zu deiner Essenz oder höheren Ressourcen. |
| 5. Verbinde dich mit dem JENSEITIGEN | Verbindet dich mit deinem Potenzial, mit höherer Weisheit, Intuition und Inspiration. |
| 6. Bringe das Höhere nach UNTEN | Verankert deine höheren Energien in deinem Körper. Bringt Bewusstsein, neue Einsichten und Perspektiven in dein System und dein Leben. Hilft dir, deine Vision zu manifestieren, in die Kraft zu kommen und proaktiv zu sein. |
| 7. Bilde einen »Ring-Pass-Not« | Hält deine Energie kraftvoll und vibrierend. Gibt dir klare Abgrenzung. Baut einen schützenden Rand um dein Feld. |

## Übung 18.3  Die ausführliche Version der »Energy Balancing«-Übung (EEBE)

### 1. Reinige dein Feld und werde das »Zeugs« los

- **Reinige das Feld:** *Verwende deine Vorstellungskraft und visualisiere das »Zeugs«, das dein Energiefeld verstopft. Bewege deine Hände, Handflächen nach vorn, weg vom Körper und durch dein gesamtes Feld. »Sieh« vor deinem geistigen Auge, wie du den Staub und den energetischen Müll hinauskehrst.*

### 2. Geh nach INNEN und zentriere dich in deinem Kernkanal

- **Sammle deine Energien:** *Breite deine Arme nach vorn aus, die Handflächen sind zum Körper gerichtet. Nun beginne, deine Energien von rundum einzusammeln und sie langsam in deinen Körper hineinzubringen.*

- **Ruhe in deinem Kernkanal:** *Lege eine Hand auf dein Brustbein und eine auf dein Schambein, parallel zu deinem Kernkanal. Nimm dir einen Moment Zeit, um in den Kern hineinzuatmen. Fühle den Frieden, der im »Zentriert sein« und dem »In mir selbst Ruhen« liegt.*

### 3. Lade deine Basis auf und entfache das Feuer

- **Pumpen:** *Wippe mit leicht gebeugten Knien und deinen Händen an den Seiten rauf und runter. Drücke die Energie mit deinen Handflächen nach unten zur Erde. Lass jedes Mal, wenn du Richtung Erde pumpst, ein tiefes »HUH« aus deiner Kehle kommen. Tu dies mindestens drei Minuten lang.*

### 4. Bewege die Ladung in deinem Kernkanal nach OBEN

- **Lade den Kernkanal zwischen Basis und Herz energetisch auf:** *Atme nun die Ladung, die du in deiner Basis aufgebaut hast, mit dem Einatmen nach oben zu deinem Herzen. Dann atme die Energie aus und hinunter zu deiner Basis. Wiederhole dies einige Male, bis du eine stärkere Schwingung in deinem Kernkanal spürst.*

- **Helfende Hände:** *Lass deine Hände beim Einatmen, Handflächen nach oben, die Energien von der Basis zum Herzen hochheben. Dreh deine Handflächen um und drücke die Energien beim Ausatmen wieder nach unten zu deiner Basis.*

*Wiederhole diese Sequenz in einer Tai Chi-artigen Bewegung mehrmals. Beende die Sequenz mit deinen Händen auf der Höhe deines Herzens.*

## 5. Verbinde dich mit dem Transzendenten, dem JENSEITIGEN

- **Vom Herzen nach OBEN zum Höheren Selbst:** *Lass den Atem in deinem Herzen jetzt sanfter werden, da du zu den subtileren Energien in deiner oberen Körperhälfte gehst. Atme aus und hebe dabei deine Energien mithilfe deiner Hände vom Herzen über den Scheitelpunkt und darüber hinaus nach oben.*

- *Atme tief ein und öffne deine Arme zu den Seiten und komm langsam wieder auf die Höhe des Herzens zurück.*

- *Hebe noch einmal die Energien von deinem Herzen hinauf zum Höheren Selbst, ungefähr 30 Zentimeter über deinen Kopf. Wiederhole dies mindestens drei Mal.*

- **Richte dich vertikal aus:** *Strecke nach der letzten Wiederholung deine Arme so hoch wie möglich über deinem Kopf aus, die Handflächen zeigen zueinander. Halte dies für einen Moment, atme so entspannt wie möglich und spüre die Ausdehnung.*

## 6. Bring das Höhere nach UNTEN und verankere es

- **Fächle das Höhere vom JENSEITIGEN hinunter zur Basis:** *Bring die Energien über deiner Krone langsam hinunter zur Basis. Die Handflächen zeigen zum Körper. Stell dir vor, dass du höhere Frequenzen – wie Licht, Bewusstsein und Weisheit – in dein Energiesystem fächelst. Wiederhole dies mehrere Male.*

- **Erde das Höhere:** *Setze das Hinunterstreichen bis zu deinen Füßen fort. Nimm dir Zeit, um den Fluss der höheren Energie durch deine Füße und Gelenke in die Erde hinein zu verstärken.*

- **Lass Wurzeln wachsen:** *Stell dir vor, du bist ein Baum und du siehst, wie deine »Wurzeln« ausgebreitet und tief in der Erde verankert sind. Fühle die Stabilität, die dir das gibt – verankere und entspanne dich dort hinein.*

## 7. Bilde einen eingrenzenden und schützenden »Ring-Pass-Not«

- **Strahle vom Zentrum aus:** *Visualisiere, wie deine Basis geerdet und dein Scheitelpunkt nach oben verbunden sind und wie dein Zentrum ungefähr 90 Zentimeter weit in alle Richtungen ausstrahlt.*

- **Definiere deine Abgrenzung:** *Um dein System zu unterstützen, diese wunderbare Energie besser einzugrenzen, bewege nun deine Hände von weit außen in Richtung Körper, Handflächen zeigen nach innen. »Sieh« vor deinem geistigen Auge, wie du den abgrenzenden Rand deines Feldes bis auf etwa 30 Zentimeter verdichtest.*
- *Bau dein gesamtes Feld so solide auf – vorn, hinten, seitlich, oben und unten.*
- *Sobald dein Energiefeld eine klare, gut definierte Abgrenzung geformt hat, lass deine Hände ruhen und entspanne dich.*
- **Schwinge mit dem Höheren und halte dein Zentrum:** *Stell dir vor, dass dein Feld nun mit den höheren Energien deines essenziellen Potenzials schwingt, und halte gleichzeitig einen gesunden »Ring-Pass-Not« aufrecht.*

### Kurzanleitung

1. *Reinige dein Feld und werde das »Zeugs« los*
2. *Geh nach innen und zentriere dich in deinem Kernkanal*
3. *Lade deine Basis auf und entfache das Feuer*
4. *Bewege die Ladung nach oben*
5. *Verbinde dich mit dem Transzendenten*
6. *Bring das Höhere nach unten und verankere es*
7. *Bilde einen eingrenzenden und schützenden »Ring-Pass-Not«*

# 19 Symptome und Themen zum schnellen Nachschlagen

Schlage Symptome und Themen nach – diagnostiziere die Energie – finde Lösungen!
Eine Liste, die dich schnell zu den Antworten führt, die du brauchst.

| Symptome | Mögliche energetische Ursache | Energetischer Lösungsvorschlag | Schlage nach |
|---|---|---|---|
| **Emotionen** | | | |
| Schwierigkeiten in Liebesbeziehungen | Übergriff durch Fürsorge, Liebe oder Aussaugen | Überprüfe, ob es eine Form der Verletzung aufgrund von Übergriffen durch Fürsorge, Liebe oder Aussaugen gibt. Nimm »gute« Energien an, blockiere »schädliche« Energien; unterscheide, welches was ist. | Kapitel 12 Übergriffe durch Fürsorge S. 193 Übergriffe durch Liebe S. 193 Übergriffe durch Aussaugen S. 194 |
| | | | Kapitel 6 Lass positive Energien hinein 6.2 S. 114 |
| Die »Flamme deines Herzens« anfachen | Herzfluss blockiert, begrenzt oder zurückgehalten | Öffne das Herz. Erwecke dein Herz. Entfache mehr Liebe. | Kapitel 7 Öffne dich wieder 7.2 S. 129 |
| | | | Kapitel 14 Entfache die Flamme deines Herzens 14.1 S. 217 Entzünde mehr Liebe 14.2 S. 218 |
| Unangenehme emotionale Symptome, die dich aus dem Gleichgewicht bringen, aber keine offensichtliche Ursache haben | Energieübertragung – unbewusst in Resonanz mit den Emotionen anderer sein; Aufnehmen von energetischem »Goop« – klebrigem Zeugs | Identifiziere die Quelle der unerwünschten emotionalen Energien. Reinige und kläre »Goop« aus deinem Energiesystem. | Kapitel 2 Deine Sensitivität für Energie S. 29–37 |
| | | | Kapitel 3 »Staube« dein Energiefeld ab 3.3 S. 51 Schöpfe die klebrige Masse raus 3.4 S. 59 |

| | | | |
|---|---|---|---|
| Emotionale Taubheit, eingefroren oder im Schock sein | Zu sehr INNEN – ungesundes INNEN; Feldkontraktionen | Öffne deine Kontraktionen durch »Schmelzen« und »Energie-Modellieren«. | **Kapitel 9**<br>Löse den ungesunden INNEN-Zustand auf 9.1 **S. 150**<br>Öffne dich durch »Energie-Modellieren« 9.2 **S. 152** |
| Sich übermäßig um andere kümmern oder allzu gefällig sein | Energiefeld ist dezentriert – zu weit im AUSSEN und nach vorn | Komm zu dir selbst zurück.<br>Lerne deinen Kernkanal kennen. | **Kapitel 4**<br>Bring dich ins Zentrum zurück 4.1 **S. 71**<br>Erlebe deinen Kernkanal 4.2 **S. 77** |
| Im Leben anderer überengagiert oder gefangen sein und umgekehrt | Übergriff durch Überwältigen | Finde heraus, warum Liebe und Fürsorge zu Schwierigkeiten führen können. | **Kapitel 12**<br>Übergriffe durch Überwältigen **S. 191** |
| Andere mit Emotionen überwältigen | Zu weit im AUSSEN – verliert Energie | Überprüfe Energie-Lecks. | **Kapitel 8**<br>Dichte dein Energie-Leck ab 8.2 **S. 144** |
| Im Drama der Emotionen gefangen sein | Überaktive untere Chakras | Bewege die Energie nach oben.<br>Geh auf eine höhere Ebene des Bewusstseins.<br>Entdecke den »Beobachter« in dir. | **Kapitel 14**<br>Entzünde mehr Liebe 14.2 **S. 218**<br>Vom Bauch zum Solarplexus 14.3 **S. 221**<br>Vom Drama zum Beobachter 14.5 **S. 225** |

## Macht und Kontrolle

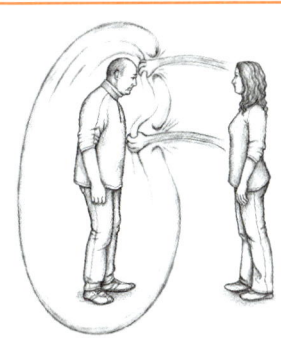

| | | | |
|---|---|---|---|
| Übermäßig dominierend oder kontrollierend – aggressiv, herrschsüchtig oder penetrant sein | Zu sehr im AUSSEN – »überdreht« im Solarplexus und aufgeladen in der Basis | Schlage bei den Übergriffen durch Aggression und Willenskraft nach.<br>Erfahre mehr über die »Kunst, eine Wirkung zu erzielen«.<br>Mach die Übung »Anbieten versus Aufzwingen«. | **Kapitel 4**<br>Bring dich ins Zentrum zurück 4.1 **S. 71**<br><br>**Kapitel 12**<br>Übergriffe durch Aggression **S. 187**<br>Übergriffe durch Willenskraft **S. 188**<br><br>**Kapitel 11**<br>Anbieten versus Aufzwingen 11.5 **S. 180** |

| | | | |
|---|---|---|---|
| Häufig in Konfrontationen enden | Unbewusst den Ärger anderer aufnehmen oder unbewusst Ärger aussenden | Reinige dich. Lies in Kapitel 10 über »Bewusste und unbewusste Urheberschaft« nach. | **Kapitel 3** »Staube« dein Energiefeld ab 3.3 **S. 51** Schöpfe die klebrige Masse raus 3.4 **S. 59** |
| | | | **Kapitel 10** Schöpferkraft **S. 159–169** |
| Andere manipulieren | Willen aufzwingen; Überschreiten der Grenzen anderer | Erfahre mehr über Übergriffe durch Willenskraft. Baue einen »Ring-Pass-Not«, um deine Energie einzugrenzen. Lerne, bewusster Anweisungen zu geben. | **Kapitel 12** Übergriffe durch Willenskraft **S. 188** |
| | | | **Kapitel 8** Baue einen »Ring-Pass-Not« 8.1 **S. 140** |
| | | | **Kapitel 11** Wie du Anweisungen gibst 11.4 **S. 178** |

## Selbstbewusstsein und Befähigung

| | | | |
|---|---|---|---|
| **Von anderen durch Willenskraft dominiert oder manipuliert werden** | Energetische Übergriffe und Verletzungen; unbewusste Urheberschaft | Erfahre mehr über energetische Übergriffe. Nimm dir deinen Raum zurück. Sage »Nein«. Baue einen »Ring-Pass-Not«. | **Kapitel 12** Übergriffe durch Aggression **S. 187** Übergriffe durch Willenskraft **S. 188** Übergriffe durch Aussaugen **S. 194** Durch Energie-Resonanz Macht über jemanden gewinnen **S. 195** |
| | | | **Kapitel 7** Persönlicher Raum **S. 125** Schütze dich selbst 7.1 **S. 127** Sage »Nein« 7.4 **S. 136** |
| | | | **Kapitel 8** Baue einen »Ring-Pass-Not« 8.1 **S. 140** |

| | | | |
|---|---|---|---|
| Andere laden ihre Emotionen oder »Geschichten« ab | Ungesundes INNEN; sich nicht den persönlichen Raum nehmen | Schütze dich selbst, indem du negative Energien nicht annimmst. Baue gesunde Abgrenzungen. | **Kapitel 7** Schütze dich selbst 7.1 S. 127 |
| | | | **Kapitel 8** Baue einen »Ring-Pass-Not« 8.1 S. 140 |
| Übersensitiv, schnell verletzt oder gekränkt sein, leicht »umgehauen« werden | Zu sehr INNEN – ungesunde Grenzen; zu viel nach INNEN nehmen | Komme durch »Schmelzen« wieder nach außen. Nimm den nächsten Schritt mit »Erlaube dir das LOS(!)legen«. | **Kapitel 4** Bring dich ins Zentrum zurück 4.1 S. 71 |
| | | | **Kapitel 8** Baue einen »Ring-Pass-Not« 8.1 S. 140 |
| | | | **Kapitel 9** Löse den ungesunden INNEN-Zustand auf 9.1 S. 150 |
| | | | **Kapitel 13** Erlaube dir das »LOS(!)legen« 13.1 S. 198 |
| Bedürfnis nach Schutz | Sich nicht schützen | Baue eine schützende Mauer. | **Kapitel 7** Schütze dich selbst 7.1 S. 127 |
| Bedürfnis nach Anerkennung | Zu sehr im AUSSEN – nicht verbunden mit deinem Kern | Mach die Kernkanal-Erfahrung. Hebe dein Bewusstsein vom Bauch zum Solarplexus an. Verbinde dich mit der Essenz, die du schon in dir trägst. | **Kapitel 4** Bring dich ins Zentrum zurück 4.1 S. 71 Erlebe deinen Kernkanal 4.2 S. 77 |
| | | | **Kapitel 14** Von Abhängigkeit zu Befähigung 14.3 S. 221 |
| | | | **Kapitel 13** Bring deine Essenz nach AUSSEN 13.3 S. 203 |

# Abgeschnittensein

| | | | |
|---|---|---|---|
| **Verlorene Verbindung zum Körper, ungeerdet** | Zu weit OBEN – nicht geerdet | Werde wieder körperlicher. Erde dich so viel wie möglich. | **Kapitel 4** Bring dich ins Zentrum zurück 4.1 **S. 71** |
| | | | **Kapitel 16** Übungen, um dich zu erden 16.1–16.9 **S. 254–257** |
| **Mental entfliehen** | Zu weit OBEN – und im Verstand | Kehre voll und ganz in das Hier und Jetzt zurück. Beteilige dich wieder an der Welt und werde effektiver. | **Kapitel 11** Übungen, um die richtige Wirkung zu erzielen 11.1–11.4 **S. 173–178** |
| **»Heiß gelaufener« oder »Spaghetti«-Verstand** | Dein Drittes Auge ist verwölkt oder überdreht | Reinige deinen Kopf und dein Energiefeld. Mach die »Baum-Übung«. | **Kapitel 3** »Staube« dein Energiefeld ab 3.3 **S. 51** |
| | | | **Kapitel 4** »Baum-Übung« 4.3 **S. 80** |
| **Tagträumen, unrealistisch oder »zu spirituell« sein** | Das Höhere ist abgetrennt vom Unteren – nicht effektiv | Erde dich und bring deine Ideen und Träume hinunter. Lerne mehr über das Senden von Energie mit der richtigen Wirkung an den richtigen Ort. | **Kapitel 16** Übungen, um dich zu erden 16.1–16.9 **S. 254–257** |
| | | | **Kapitel 11** Übungen, um die richtige Wirkung zu erzielen 11.1–11.4 **S. 173–178** |
| **Abgeschnitten von den guten Dingen im Leben, einsam, emotional verhungert** | Mauern haben dein Energiesystem verschlossen | Lerne, die guten Dinge wieder anzunehmen. Prüfe, welches deine guten Energiequellen sind. | **Kapitel 6** Lass positive Energien hinein 6.2 **S. 114** Liste guter Energiequellen **S. 116–117** |
| **Abgeschnitten vom tieferen Selbst, von tieferen Gefühlen** | Deine Berührbarkeit ist für dich und für andere unzugänglich | Lies mehr über »Bewusste Berührbarkeit«. Öffne dich wieder nach AUSSEN. | **Kapitel 7** Öffne dich wieder 7.2 **S. 129** |

# Mangel an Energie

| Sich »verstopft«, träge, chaotisch oder »vernebelt« fühlen | Energiefeld ist mit »energetischem Zeugs« verstopft | Überprüfe die Qualität der Energie der Menschen und Orte um dich herum. Reinige und »entstaube« dein Energiefeld von den Energien, die du identifiziert hast. | **Kapitel 2** Sensitivität für Energie  S. 29–37 |
|---|---|---|---|
| | | | **Kapitel 3** »Staube« dein Energiefeld ab 3.3  S. 51 |
| Antrieb verloren, müde, platt oder faul wie eine »Sofakartoffel« | Zu sehr UNTEN – Energie ist flach | Zentriere dich und komme zu dir selbst zurück. Erwecke deine Basis physisch und energetisch, um neue Energie zu finden. | **Kapitel 4** Bring dich ins Zentrum zurück 4.1  S. 71 |
| | | | **Kapitel 16** Pumpe dein Basis-Zentrum auf 16.4  S. 255 |
| Frustriert, hoffnungslos, traurig oder depremiert | Zu sehr UNTEN – Energie ist kollabiert | Hebe deine Energie nach OBEN. | **Kapitel 14** Bewege dich vom Niedrigeren zum Herzen 14.4  S. 223 |
| An Süchten leiden – Essen, Trinken, Drogen, Sex | Energie-Lecks; abgetrennt von deinen höheren Energien | Erfahre mehr über Energie-Lecks und schließe sie. Hebe dein Bewusstsein vom Niedrigeren zum Höheren an. Verbinde dich mit deiner Weisheit. Begegne deinem Höheren Selbst, um Inspiration und Lebenssinn zu finden. | **Kapitel 8** Dichte dein Energie-Leck ab 8.2  S. 144 |
| | | | **Kapitel 14** Bewege dich vom Niedrigeren zum Herzen 14.4  S. 223 Von der Persönlichkeit zur Weisheit 14.6  S. 228 |
| | | | **Kapitel 15** Begegne der Magie 15.1  S. 239 |

## Manifestation

| Zu viele Bälle gleichzeitig jonglieren, überdreht oder zerstreut sein in seinen Aktionen | Zu weit im AUSSEN und hypermäßig überdreht sein | Zentriere dich wieder. Erde dich und richte dich mit der »Baum-Übung« wieder aus. | **Kapitel 4**<br>Bring dich ins Zentrum zurück<br>4.1 **S. 71**<br>Erlebe deinen Kernkanal<br>4.2 **S. 77**<br>»Baum-Übung« 4.3 **S. 80** |
|---|---|---|---|
| **Sehnsucht danach, ein effektives, ermächtigtes Leben voller Freude zu erschaffen** | Zurückgehaltene Energien; eigenes Potenzial noch nicht voll erkannt oder genutzt | Werde zu deinem eigenen Meister: Lies mehr über Schöpferkraft und bewusste Urheberschaft. Lerne die Kunst, Energie vom Zentrum auszusenden und die Wirkung zu erzielen, die du möchtest. Unterstütze und stärke deine Essenz. | **Kapitel 10**<br>Schöpferkraft und bewusste Urheberschaft **S. 159–169**<br><br>**Kapitel 11**<br>Die Kunst, eine Wirkung zu erzielen **S. 170–185**<br><br>**Kapitel 14**<br>Die Veränderung im Bewusstsein **S. 209–229**<br><br>**Kapitel 13**<br>Die Kunst, deine Essenz nach AUSSEN zu bringen **S. 196–207** |

## Energien in Bewegung

| | | | |
|---|---|---|---|
| Die vier Richtungen des Energieflusses | | Die Komplette »Energy Balancing«-Übung (FEBE) und ihre Schnellversion (QEBE) stellen Ausrichtung und Gleichgewicht in deinem Energiesystem her. | **Kapitel 18**<br>Orchestriere deine Energien<br>**S. 266–277**<br>Die Komplette »Energy Balancing«-Übung (FEBE) 18.1 **S. 269**<br>Die Schnellversion (QEBE) 18.2 **S. 272** |
| Zeit für »mehr« | | Erfahre mehr über Sinn und Zweck jedes einzelnen der sieben Schritte der ausführlichen Version der »Energy Balancing«-Übung (EEBE) und probiere sie aus. | **Kapitel 18**<br>Ausführliche Version der »Energy Balancing«-Übung (EEBE) 18.3 **S. 275** |

## Bewusstseins-Wachstum

| | | | |
|---|---|---|---|
| Bewusstsein verändern und entwickeln | | Hebe deine Energien nach oben zu den höheren Ebenen des Bewusstseins. | **Kapitel 14**<br>Die Veränderung im Bewusstsein<br>**S. 209–229** |
| Begegne der Magie | | Erhalte Einsichten in die Bedeutung deines Höheren Selbst und des »Jenseitigen«, Transzendenten. | **Kapitel 15**<br>Begegne der Magie **S. 230–243** |
| Über die Persönlichkeit hinauswachsen – zur Weisheit | | Entdecke deine Krone als Zentrum für Weisheit, Intuition und Einsichten. | **Kapitel 14**<br>Bewege dich von den unteren sechs Zentren zur Krone 14.6 **S. 228** |
| Unterstützung für deine eigene persönliche und/oder spirituelle Entwicklung | | Lies mehr über die Werkzeuge und den Sinn und Zweck von »Energy Balancing«, Chakra-Psychologie, Meditation und Innerer Arbeit. | **Kapitel 17**<br>Energie und die Entfaltung deines Bewusstseins<br>**S. 258–265** |

# Wissen

**Die Seele und die Essenz**

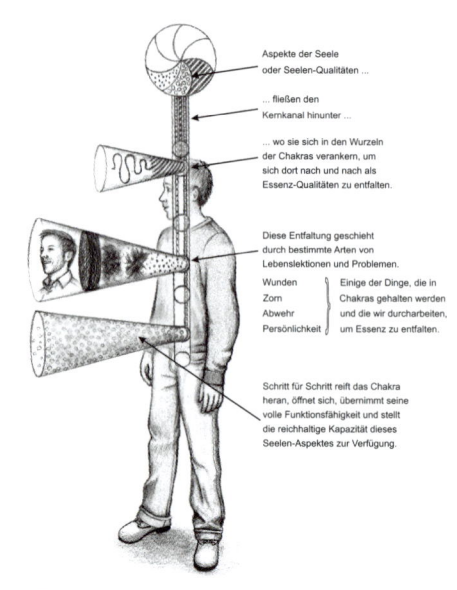

Aspekte der Seele oder Seelen-Qualitäten ...

... fließen den Kernkanal hinunter ...

... wo sie sich in den Wurzeln der Chakras verankern, um sich dort nach und nach als Essenz-Qualitäten zu entfalten.

Diese Entfaltung geschieht durch bestimmte Arten von Lebenslektionen und Problemen.

Wunden
Zorn
Abwehr
Persönlichkeit

Einige der Dinge, die in Chakras gehalten werden und die wir durcharbeiten, um Essenz zu entfalten.

Schritt für Schritt reift das Chakra heran, öffnet sich, übernimmt seine volle Funktionsfähigkeit und stellt die reichhaltige Kapazität dieses Seelen-Aspektes zur Verfügung.

| | | | |
|---|---|---|---|
| **Die Ebene der Aktion und die Ebene des Bewusstseins** | | Lies mehr über die Vertikale und die Horizontale, den zirkulären Fluss der Energie und über »INNEN OBEN-UNTEN-AUSSEN«. | **Kapitel 5**<br>Die vier Richtungen des Energieflusses  S. 88–101 |
| **Einen Energie-Begriff, ein Energie-Prinzip oder eine Definition nachschlagen** | | Du findest alle 18 Energie-Prinzipien auf einen Blick in Kapitel 20.<br>Der Index bietet Definitionen für die meisten der Energie-Begriffe an. | **Kapitel 20**<br>Alle 18 Energie-Prinzipien auf einen Blick  S. 287–289<br><br>**Kapitel 21**<br>Index für die wichtigsten Energie-Begriffe  S. 290–296 |
| **Mit »Energy Balancing« weitermachen** | | Auf unserer Website findest du aktuelle Programme in deiner Gegend sowie Online-Trainings. | Über das »Energy Balancing«-Institut  S. 301 |

# 20 Alle 18 Energie-Prinzipien auf einen Blick

| Nummer | Energie-Prinzip | Erläuterung | Illustration | Kapitel |
|---|---|---|---|---|
| 1 | Das menschliche Energiefeld ist eine Antenne | Das menschliche Energiefeld funktioniert wie eine Antenne mit höchster Sensitivität. | | 2 |
| 2 | Energie – das feine Gewebe, das allem zugrunde liegt | Der Begriff Energie, so wie wir ihn benutzen, bezieht sich auf eine feinstoffliche Welt von Kräften, die in uns existieren, zwischen uns und anderen Menschen fließen und überall und in allem vorhanden sind. | | 3 |
| 3 | Energie ist Substanz | Unsere Gedanken, unsere Gefühle und unsere gesamte Lebensenergie bestehen aus einer Substanz. | | 3 |
| 4 | Alles ist Schwingung | Nicht nur physische Materie, sondern auch die Lebensenergie, Gedanken und Gefühle sind alle aus Schwingungsfrequenzen in der Energie-Substanz zusammengesetzt. | | 3 |
| 5 | Energie folgt dem Bewusstsein | Die Energie fließt dorthin, wohin deine Aufmerksamkeit geht. | | 3 |

| Nummer | Energie-Prinzip | Erläuterung | Illustration | Kapitel |
|---|---|---|---|---|
| 6 | Die Übertragung von Energie | Energie kann zwischen Menschen, Orten und Dingen übertragen werden. | | 3 |
| 7 | Das Energiefeld hat Schichten | Ein Mensch ist wie eine Zwiebel aus vielen Schichten aufgebaut. | | 3 |
| 8 | Das Zentrum – ein energetischer Ort | Das Zentrum ist ein energetischer Ort in der Mitte deines Körpers. Es ist ein vertikaler Energiekanal, der vom untersten Ende der Wirbelsäule bis zum Scheitelpunkt des Kopfes verläuft. | | 4 |
| 9 | Das Zentrum – ein energetischer Zustand | Zentriert zu sein ist ein energetischer Zustand, bei dem deine Energie im Kernkanal verankert ist und in deinem gesamten Energiesystem Ausrichtung und Integration herbeiführt. | | 4 |
| 10 | Die vier Richtungen des Energieflusses | Die Energie fließt, relativ zum Menschen gesehen, in vier Hauptrichtungen. | | 5 |
| 11 | Wir sind machtvolle Energieübermittler | In jedem Moment senden wir von unserem Energiefeld kraftvolle Energien aus. | | 10 |
| 12 | Jede Schicht des menschlichen Energiefeldes kreiert | Jede Schicht kreiert und hat ihre ganz spezifische Auswirkung auf Situationen. | | 10 |

| Nummer | Energie-Prinzip | Erläuterung | Illustration | Kapitel |
|---|---|---|---|---|
| 13 | Energie hebt das Bewusstsein an | Der Prozess, Energie von einem niedrigeren zu einem höheren Zustand zu bewegen, hebt die Ebene des Bewusstseins an. | | 14 |
| 14 | Das höhere Bewusstsein öffnet sich am Scheitelpunkt des Kopfes | Wenn man Energie zum Scheitelpunkt lenkt, stimuliert dies höhere Bewusstseinszustände. | | 15 |
| 15 | Invokation und Evokation | Die Beziehung zwischen Invokation (Anrufen) und Evokation (Hervorrufen) ist die von Ursache und Wirkung. Wenn du dich nach oben wendest, wird die Energiewelt antworten. | | 15 |
| 16 | Die Körperlichkeit der Spiritualität | Spiritualität ist eine Erfahrung im Körper. | | 16 |
| 17 | Das Höhere manifestieren | Wir sind hier, um die höheren Energien unserer Seele nach unten zu holen und ihnen in unserem Körper und Verstand, in unseren Gefühlen und Handlungen eine Form zu geben. | | 16 |
| 18 | Der höhere Ruf der Energie | Energie strebt danach, höhere Schwingung und höheres Bewusstsein zu entfalten. | | 17 |

# 21 Index für die wichtigsten Energie-Begriffe

| Energie-Begriff | Definition | Kapitel |
|---|---|---|
| *Abgrenzung* | *Abgrenzung* bezieht sich auf den äußeren Rand des menschlichen Energiefeldes, wie die Eierschale, die den Inhalt eines Eies umgibt. | 7 |
| *(Bewusste Abgrenzung)* | *Bewusste Abgrenzung* ist die Fähigkeit, eine schützende *Mauer* aufzubauen und die Dinge nicht hineinzulassen, die nicht hinein sollen, oder deine *Energien* zurückzuhalten, damit sie nicht in unangemessener Weise hinausfließen (siehe auch *Mauern* und *Ring-Pass-Not*). | |
| *Abstauben* | Durch das *Abstauben* entfernst du das, was wir die erste *Schicht* von *Zeugs* nennen könnten – eine *Schicht*, die sich unaufhörlich jeden Tag und bei jeder Konversation ansammelt und täglich oder sogar mehrmals am Tag gereinigt werden muss (siehe auch *Zeugs* und *Goop*). | 3 |
| *Anhebung von Bewusstsein* | Der Prozess, Bewusstsein von einem niedrigeren zu einem höheren *Zentrum* zu bewegen, wird *Anhebung von Bewusstsein* genannt. | 14 |
| *Ausrichtung* | *Ausrichtung* bezieht sich auf einen Zustand des Energiefeldes, in dem alle Energiezentren ausgerichtet, balanciert und harmonisch sind und als ein integriertes Ganzes arbeiten. | 4, 14 |
| *AUSSEN* | 1) Die Richtung der Energien, die von deinem Feld nach *AUSSEN* in die Welt um dich herum fließen. Siehe Kapitel 10-13 über den »Energiefluss nach AUSSEN«: *Schöpferkraft,* das Beeinflussen der Welt um dich herum und das »Nach-außen-Bringen« deiner *Essenz*. | 5, 10-13 |
| | 2) Ein Bereich des Lebens: *AUSSEN* repräsentiert die Welt außerhalb deines Selbst – Menschen, Dinge und Orte. | 4 |
| | 3) Die ungesunde Position deines Energiefelds, wenn es zu weit außerhalb deines Selbst ist. Bezieht sich gewöhnlich darauf, dass das Feld zu weit vorn ist, kann sich aber auch auf jede andere Richtung beziehen, die dich aus dem *Zentrum* nach *AUSSEN* holt. | 9 |
| *Baum* | Der *Baum* ist eine Metapher und eine Übung, um sich zu »erden« (Wurzeln im Boden haben), im Kern zu zentrieren (Energie fließt wie in einem Baumstamm hinauf und hinunter) und mit dem Höheren verbunden zu werden (wie die Baumkrone, die sich zum Himmel darüber öffnet). | 4 |
| *Bewusste Urheberschaft* | *Bewusste Urheberschaft* liegt vor, wenn du dir der *Energien,* die du aussendest, bewusst bist und Übung darin bekommst, die gewünschte Wirkung zu erzielen (siehe auch *Schöpferkraft* und *Unbewusste Urheberschaft*). | 10 |

| | | |
|---|---|---|
| Brücke | Die *Brücke* ist der Teil des *Kernkanals,* der sich über den Scheitelpunkt (dem *Kronen-Zentrum*) hinaus noch etwa 30 Zentimeter bis zum achten Zentrum (oder *Höheren Selbst*) fortsetzt. Indem wir *Energie* über diese *Brücke* nach oben lenken, stimulieren und öffnen wir die *Brücke* und stellen eine direkte Verbindung zu höherem Bewusstsein und der Magie des *Jenseitigen* her (siehe auch *Kernkanal, Krone, Höheres Selbst* und *Das Jenseitige*). | 15 |
| Chakra-Psychologie | Die gerade neu entstehende *Chakra-Psychologie* erforscht die Energiezentren (Chakras) innerhalb des menschlichen Energiesystems und die Art und Weise, wie sie unsere Gefühle und Gedanken, den Körper, das Verhalten und unsere *Energie* beeinflussen. | 17 |
| dezentriert | Du bist *dezentriert,* wenn das Energiefeld sich vor oder hinter dich, über oder unter dich verlagert oder sich seitlich positioniert. Du bist dann nicht in deinem *Zentrum,* dem *Kernkanal,* verwurzelt (siehe auch *Zentrum* und *Kernkanal*). | 4 |
| Dynamisches Zentrum | *Dynamisches Zentrum* nennen wir die Erfahrung eines dynamischen Energieflusses, der durch deinen Kern strömt, vom untersten Ende deiner Wirbelsäule bis zu deinem Scheitelpunkt (siehe auch *Baum*). | 4 |
| Ebene des Bewusstseins | *Ebene des Bewusstseins* ist eine Art und Weise, die Welt zu betrachten, die sowohl Gefühle als auch Gedanken beinhaltet. Die *Ebenen des Bewusstseins* sind mit der Evolution verbunden und spiegeln frühere und spätere Entwicklungen in der Wahrnehmungsfähigkeit wider. Der Vorgang, *Energie* von einem niedrigeren zu einem höheren (Schwingungs-)Zustand zu bewegen, hebt die *Ebene des Bewusstseins* an. | 14 15 17 |
| Eigentümerschaft | *Eigentümerschaft* ist eine Haltung der Verantwortung gegenüber den Dingen, die wir erschaffen, ein »Sich-zu-eigen-Machen«. | 10 |
| Energie | *Energie* ist das feine Gewebe, das allem zugrunde liegt. Der Begriff, so wie wir ihn benutzen, bezieht sich auf eine feinstoffliche Kräftewelt, die in uns existiert, zwischen uns und anderen Menschen fließt und überall und in allem vorhanden ist. *Energie* ist Substanz. Unsere Gedanken, unsere Gefühle und unsere gesamte Lebensenergie sind Substanz. | 1, 2, 3 |
| Energie-Lecks | *Lecks* sind Stellen im Energiefeld, aus denen *Energie* nach außen entweicht und verloren geht (siehe auch *Ring-Pass-Not*). | 8 |
| Energie-Modellieren | Das *Energie-Modellieren* dient uns als Werkzeug, um den Fluss, die Form und Struktur einer *Energie* innerhalb des menschlichen Energiefeldes zu identifizieren. Du benutzt deine Hände und/oder deine Haltung, um die Struktur der *Energie* an einem bestimmten Ort oder in deinem gesamten Energiefeld zu modellieren. | 9 |
| Erdung | 1) Der Akt des »Erdens« bedeutet, etwas Höheres zu verkörpern und dem eine Ausdrucksform zu geben, was vorher formlos war. *Erdung* ist die Fähigkeit, deine höher schwingenden Gedanken und Gefühle sowie dein idealeres ICH hinunter zu holen. Es ist die Fähigkeit, wirklich dieses große, wundervoll reiche ICH hier in dieser Welt zu leben.<br><br>2) »Erden« bedeutet außerdem, sich mit der Erde und der Natur zu verbinden, voll und ganz in seinen Körper zu kommen und mit dem Praktischen und Handfesten umzugehen. | 16 |

| | | |
|---|---|---|
| *Essenz* | Die *Essenz* ist das wesentliche, elementare ICH: Es umfasst die strahlenden Qualitäten, mit denen jeder von uns geboren wird. Obwohl unsere *Essenz* EINS ist, teilt sie sich auf die gleiche Weise, wie Licht durch ein Prisma scheint und zu vielen Farben wird, in viele Qualitäten auf – zum Beispiel Vitalität, Freude, Kraft, Liebe, Kreativität, Intelligenz und Intuition (siehe auch *Goldenes Wesen*). | Einführung, 9, 13, 17 |
| *Evokation – Hervorrufen* | *Invokation* ist deine spezielle Art, das Transzendente, das *Jenseitige* zu rufen. Als *Evokation* – das, was hervorgerufen wird – bezeichnen wir die Antwort, die zurückkommt. Du wirst empfänglich für eine Antwort vom Höheren. Das ist die Magie. Was hervorgerufen wird, ist vielleicht ein Gefühl, eine Erkenntnis, ein Bild oder eine Vision, es kann subtil oder mächtig sein wie ein Blitzschlag (siehe *Invokation*). | 15 |
| *FEBE* | Die komplette »Energy Balancing«-Übung. Eine einfache, zwei Minuten dauernde Abfolge von Bewegungen, die alle Richtungen des Energieflusses abdeckt, um *Ausrichtung,* Balance und erhöhtes Bewusstsein herbeizuführen (siehe auch *QEBE*). | 18 |
| *Goldenes Wesen* | Gleichbedeutend mit *Essenz*. Das *Goldene Wesen* ist dein wesentliches und elementares Sein (siehe auch *Essenz*). | 9, 13, 15 |
| *»Goop« – das dichtere, klebrige Zeugs* | *Goop* ist energetischer Müll, der in dein Feld eintritt und es verschmutzt. Es ist eine Art von »stuff« – *Zeugs* – und mit »dust« – *Staub* – verwandt (leichtgewichtigeren Energien, die dein Feld verschmutzen). *Goop* hat mehr Substanz, ist aus starken Emotionen und Gedanken zusammengesetzt und beeinträchtig bestimmte Bereiche deines Feldes. Es kann stark zerstörerische Wirkungen auf dich haben (siehe auch *Zeugs* und *Schichten*). | 3 |
| *Höheres Selbst* | Das *Höhere Selbst* oder achte *Zentrum* ist ein *Energiewirbel* etwa 30 Zentimeter über deinem Kopf, ein höherer Teil deines Selbst, der in hoher Frequenz schwingt und höhere Aspekte des Bewusstseins trägt (siehe auch *Wirbel, Brücke* und *Das Jenseitige*). | 15 |
| *Horizontale* | Die *Horizontale* ist die Ebene der Aktion und der Beziehung. *Energie* fließt von uns nach AUSSEN in die Welt, und *Energie* von anderen und aus der Umgebung fließt nach INNEN, in uns hinein. Wenn du beispielsweise sprichst, wenn du dich mit anderen verbindest, wenn du mit jemandem in Beziehung stehst – ganz gleich, ob Liebe oder Ärger zwischen euch hin und her fließen –, ist es immer ein horizontaler Energiefluss. | 5 |
| *»Impacting«* | *»Impacting«* nennt sich der Prozess, *Energien* auszusenden, um auf die uns umgebende Welt einzuwirken und sie zu formen, also eine Wirkung zu erzielen (siehe auch *Schöpferkraft*). | 11 |

| | | |
|---|---|---|
| *INNEN* | 1) Die Richtung der Energien, die von anderen und aus deiner Umgebung nach *INNEN* in dich hineinfließen (siehe Kapitel 6 und 7 über den »Energiefluss nach INNEN«, das »Nach-INNEN-Lassen« und das »Nicht-nach-INNEN-Lassen« von *Energien* sowie über »Gesunde Grenzen«). | 5-9 |
| | 2) Ein Bereich des Lebens: *INNEN* findet dein inneres Leben statt. Dies ist die reiche Welt der Gedanken, Gefühle und Empfindungen. | 4 |
| | 3) Die ungesunde Position deines Energiefeldes, wenn dein Feld zu weit *INNEN* ist (kontrahiert, geschrumpft oder eingefroren). | |
| | 4) Eine Aktion für den Fall, dass du zu weit im *AUSSEN* warst, entfernt vom *Zentrum:* deine *Energien* zurück nach *INNEN* nehmen. | |
| Innere Arbeit | *Innere Arbeit* ist der Prozess, dich willentlich selbst zur Reife zu bringen, indem du direkt an den verschiedenen Komponenten deiner Psyche »arbeitest«. Das Ziel der *Inneren Arbeit* ist es, dich von einschränkenden Mustern zu befreien, dein Bewusstsein anzuheben und so vollständig und erfüllt wie möglich zu leben. | 17 |
| Innerer Sinn | Der *Innere Sinn* ermöglicht es uns, uns auf unser Innenleben einzustimmen – die reiche Welt unserer Gedanken, Gefühle und Energien. | 9 |
| Invokation – Anrufen | *Invokation* ist der Vorgang, nach oben zum Transzendenten, zum *Jenseitigen,* zu reichen. Es ist deine Art und Weise, »Hallo« zu sagen, eine bestimmte Frage zu stellen oder darum zu bitten, die Präsenz des *Jenseitigen* zu fühlen. Du sendest Worte, eine Absicht, ein Gefühl und einen Energiestrom nach oben und lässt dadurch einen energetischen Pfad entstehen. Durch *Invokation* beginnst du einen Prozess, der dich für die Magie zugänglich macht (siehe *Evokation*). | 15 |
| Das Jenseitige | *Das Jenseitige* repräsentiert eine Dimension höheren Bewusstseins, die jedem zur Verfügung steht. Meistens benutzt man dafür Namen wie Höhere Intelligenz, Seele oder Geist. Man findet Zugang dazu über einen vertikalen Energiekanal, der sich 30 Zentimeter über dem Kopf erstreckt und sich dort mit einem achten Chakra oder Energiezentrum verbindet. | 5, 15 |
| Kernkanal | Der *Kernkanal* ist ein senkrechter Energiekanal genau im *Zentrum* deines Energiekörpers, der sich vom untersten Ende der Wirbelsäule bis zum Scheitelpunkt erstreckt. Er verläuft parallel zur Wirbelsäule, sitzt aber davor, in der Mitte deines Rumpfes. | 4 |
| Krone | Die *Krone* ist ein Energiezentrum am Scheitelpunkt unseres Kopfes. Im »Energy Balancing« ist dieses *Zentrum* wichtig, weil es dazu benutzt wird, *Energie* nach *OBEN* zu atmen und Bewusstsein anzuheben. Die *Krone* ermöglicht es uns, über die *Brücke* das *Jenseitige* zu erfahren (siehe Kapitel 15, *Brücke* und *Das Jenseitige*).<br><br>Die *Krone* ist auch Teil der Zentrierungsübung, in der du *Energie* durch den *Kernkanal* hinauf zur *Krone* bringst, um sie wie ein Baumkronendach zu öffnen (siehe Kapitel 4, *Zentrum, Kernkanal, Baum, OBEN* und *Das Jenseitige*). | 14, 15, 4 |
| Ladung | *Ladung* ist ein Zustand der Fülle im Energiefeld – wie eine aufgeladene Batterie. *Ladung* bringt Vitalität in alles, was du tust. | 6 |

| | | |
|---|---|---|
| Mauern | Mauern sind schützende Schichten aus Energie innerhalb unseres Feldes, die unerwünschte Energien davon abhalten, hineinzukommen. Mauern sind notwendig für unseren Schutz. Sie können jedoch oft »einrasten« und an dieser Stelle unsere Lebensenergie beschränken und einkerkern. | 7 |
| Meditation | Meditation ist der Prozess, bei dem du deine Aufmerksamkeit nach innen lenkst und auf dein Innenleben, insbesondere deine höheren Aspekte, eingestimmt wirst. Es ist außerdem eine kraftvolle Methodik, die Energien durch gewisse Kanäle lenkt, um höhere Ebenen der Energie, der Wahrnehmung und des Bewusstseins zu öffnen. | 17 |
| Negative Energien | Negative Energien sind destruktiv und schränken den Fluss positiver Lebensenergie ein (siehe auch Positive Energien). | 7 |
| OBEN | 1) Die Richtung des Energieflusses in dir nach OBEN: Nach OBEN fließende Energien heben den Grad des Bewusstseins und der Schwingung an. Nach OBEN zu gehen verbindet dich mit den höheren Dimensionen des Lebens und verleiht dir Einsicht, Weisheit und höheres Verständnis (siehe Kapitel 14 und 15). | 5, 14, 15 |
| | 2) Ein Bereich des Lebens: OBEN repräsentiert eine Dimension höheren Bewusstsein, die jedem zur Verfügung steht. OBEN repräsentiert das Leben in deinen höheren Energiezentren und durch diese. Sie befähigen dich dazu, von einer höheren Perspektive aus zu denken und zu handeln – statt aus den unteren Zentren und ihren instinkthaften Mustern heraus zu leben. | 4 |
| | 3) Die ungesunde Position deines Energiefeldes, wenn du zu sehr OBEN bist. | 14 |
| | 4) Die Aktion für den Fall, dass deine Energien zu niedrig sind: die Energien nach OBEN zu höheren Orten des Bewusstseins bringen. | |
| Persönlicher Raum | Persönlicher Raum im Zusammenhang mit Energie bezieht sich auf das menschliche Energiefeld, das ungefähr 90 Zentimeter vom Körper in alle Richtungen ausstrahlt (siehe auch Ring-Pass-Not). | 7, 8 |
| Positive Energien | Positive Energien vitalisieren uns, bauen uns auf und sind gesunde Energien, die uns gut tun (siehe Negative Energien). | 6 |
| QEBE | Die Schnellversion der kompletten »Energy-Balancing«-Übung. Eine 30 Sekunden dauernde Energiefluss-Übung (»One Sweep – One Flow«), um dich aus dem normalen Zeugs herauszuheben (siehe auch FEBE). | 18 |
| Reinigung | Reinigung ist der Prozess, mit dem unerwünschte Energien aus unserem Energiefeld entfernt werden (siehe auch Zeugs, Goop und Schichten). | 3 |
| Ring-Pass-Not | Der Ring-Pass-Not (der Ring, der nicht zu übertreten ist), ist eine weiche Abgrenzung, die Energien innen hält. Er hält deine Energien davon ab, sich über einen bestimmten Punkt hinaus nach außen zu bewegen. | 8 |
| Schichten | Unser Energiefeld ist wie eine Zwiebel aus vielen verschiedenen Schichten aufgebaut. Die äußeren Schichten beinhalten vordergründigere und oberflächlichere Gefühle und Gedanken. Die tieferen Schichten beinhalten stärkere und bedeutsamere Gefühle und Gedanken. | 3 |

| | | |
|---|---|---|
| Schöpferkraft | Schöpferkraft ist unsere Fähigkeit, die Umgebung durch die *Energie,* die wir aussenden, zu formen und zu gestalten (siehe auch *Bewusste* und *Unbewusste Urheberschaft*). | 10 |
| Sensitivität (Sensitivität für Energie) | Jeder ist sensitiv für *Energie,* nur wissen es die meisten von uns nicht. Aus den unterschiedlichsten Gründen verlieren Menschen den Kontakt zu ihrer Sensitivität. Und doch hat jeder ein Gespür für die Myriaden von *Energien,* die vor sich gehen. Es mag vielleicht nur ein subtiles Gefühl im Körper sein oder eine Veränderung in deinen Emotionen, aber du reagierst ständig auf die *Energien,* die du empfängst. | 1, 2 |
| Stehaufmännchen | Eine Puppe, deren unteres Ende rund und mit Sand oder Wasser beschwert ist. Wenn du sie umstößt, richtet sie sich sofort wieder auf. Dies ist eine Metapher für das »Schnell-wieder-ins-Zentrum-Zurückkommen«. | 4 |
| Transformation | *Transformation* bezieht sich auf den Prozess, bei dem sich der Zustand deiner *Energie* ändert, meistens von einem niedrigeren zu einem höheren Status. Wenn du deine *Energie* transformierst, nimmt das Einfluss auf deine Wahrnehmung der Welt, dein Denken, deine Gefühle und Handlungen. | |
| UNTEN | 1) Die Richtung des Energieflusses in dir nach *UNTEN:* steht auch für Energien, die konkretisieren und erden. | 5 |
| | 2) Ein Bereich des Lebens: *UNTEN* repräsentiert, wie du hier und im Körper bist, in diesem Moment, im Hier und Jetzt. | 9 |
| | 3) Die ungesunde Position deines Energiefeldes, wenn es unterhalb des Zentrums »hängt«: zu weit unten oder ganz »schlapp«. | 4 |
| | 4) Die Aktion, deine höheren *Energien* in deinen Körper hinunter zu bewegen und noch weiter in Richtung Erde (sich »erden«). | |
| Übergriff | Alles, was ohne deine Bereitschaft in dein Energiefeld eindringt, kann ein energetischer *Übergriff* und eine Verletzung sein. Umgekehrt begehst du einen *Übergriff* an einer anderen Person, wenn du die Grenzen ihres Feldes ohne Erlaubnis übertrittst. | 7, 12 |
| Unbewusste Urheberschaft | Es handelt sich um *Unbewusste Urheberschaft,* wenn du dir der *Energien,* die du aussendest, und der Wirkung, die sie haben, nicht bewusst bist. | 10 |
| Verletzlichkeit (Bewusste Verletzlichkeit) | *Verletzlichkeit* ist unsere absolut fundamentale Zartheit, jene Eigenschaft, die uns berührbar und durch eine Vielzahl von Dingen beeinflussbar macht.<br><br>*Bewusste Verletzlichkeit* ist die Fähigkeit, unsere *Mauern* runterzulassen und uns berühren zu lassen. | 6 |

| | | |
|---|---|---|
| Vertikale | Die *Vertikale* ist eine *Ebene des Bewusstseins*. Sie ist eine innerliche Dimension, die mit der *Energie,* die in unserem *Kernkanal* fließt, und der Art, wie wir fühlen und denken, zu tun hat. Wie *Energie* hier fließt und wie sich dieser Fluss ändert, entscheidet über die Qualität unserer Gedanken und Gefühle.<br><br>Auch wenn wir die *Vertikale* als eine innerliche Dimension beschreiben, hat sie doch ebenso einen äußerlichen Aspekt, denn das *Vertikale* verbindet uns mit der Erde unter uns und öffnet uns für die Wunder des Bewusstseins über uns. | 5 |
| Wirbel (Energiewirbel) | Ein *Wirbel* ist ein Brennpunkt, an dem viele *Energien* zusammenströmen und sie Zustand und Form verändern. Ein menschliches Wesen ist ein mächtiger *Energiewirbel,* und innerhalb unseres Energiefeldes befinden sich viele kleinere *Energiewirbel*. | 5 |
| Zentrum | 1) Die ausbalancierte Position deines Energiefeldes: »zentriert« in Bezug auf alle Richtungen (siehe auch *dezentriert*).<br><br>2) Die Position des *Kernkanals* vor der Wirbelsäule, in dem *Energie* vertikal fließt (siehe auch *Kernkanal*).<br><br>3) Ein Raum und Gefühl tief in deinem Innern, wo du in Kontakt mit deinem ureigenen und wahren Sein bist (siehe auch *Goldenes Wesen*). | 4, 11 |
| Zeugs | Mit *Zeugs* (»Stuff«) meinen wir energetischen Abfall, der dein Energiefeld verschmutzt. *Zeugs* sind sowohl die Überreste deiner eigenen Gefühle und Gedanken als auch die anderer sowie unharmonische *Energien* von Maschinen, Handys, Computern und Ähnlichem. Es gibt zwei Arten von *Zeugs*: *Staub* sind leichtere *Energien,* die überall hingehen, *Goop* dichtere Emotionen und Gedanken, die einen Bereich im Besonderen schwer beeinträchtigen (siehe auch *Goop*). | 3 |
| Zirkulärer Fluss der Energie | »Energy Balancing« beruht auf vier Richtungen des Energieflusses: *INNEN, OBEN, UNTEN* und *AUSSEN*. Man spricht von einem zirkulären Energiefluss, wenn *Energie* auf gesunde Art und Weise in diese Richtungen fließt, dich nährt, erdet und verbindet.<br><br>Die komplette »Energy Balancing«-Übung (*FEBE*) gibt ein gutes Beispiel dafür, wie du diesen *zirkulären Energiefluss* in dein tägliches Leben integrieren kannst (siehe Kapitel 18). | 5, 18 |

# 22 Alle Energie-Übungen im Überblick

**Erster Abschnitt**
**Die Welt der Energie und du**

**2 Deine Sensitivität für Energie**
Übung 2.1: Fühle, was du fühlst  S. 34
Übung 2.2: Gefühle haben einen Ort  S. 34
Übung 2.3: Beobachte deine Hände und deinen Körper  S. 35
Übung 2.4: Denke in der Energiesprache  S. 36

**3 Reinige dein Energiefeld**
Übung 3.1: Erlebe das »Zeugs«  S. 41
Übung 3.2: Erlebe, wie Energie der Aufmerksamkeit folgt  S. 49
Übung 3.3: »Staube« dein Energiefeld ab  S. 51
Übung 3.4: »Scoop the Goop« – schöpfe die klebrige Masse raus  S. 59
Übung 3.5: Reinige dich in der Öffentlichkeit von Energien  S. 63
Übung 3.6: Weitere Werkzeuge für das Reinigen im Alltag  S. 64

**4 Zentriere dich selbst**
Übung 4.1: Bring dein Energiefeld ins Zentrum zurück  S. 71
Übung 4.2: Erlebe deinen Kernkanal  S. 77
Übung 4.3: Erde dich und dehne dich aus wie ein Baum (Baum-Übung)  S. 80
Übung 4.4: Die Zehn-Sekunden-Zentrierung  S. 83
Übung 4.5: Die Zwei-Sekunden-Zentrierung  S. 83
Übung 4.6: Zentriere dich beim Gehen  S. 84
Übung 4.7: Zentriere dich bei Aktivitäten  S. 86
Übung 4.8: Zentriere dich, während du in Beziehung trittst  S. 86

**5 Die vier Richtungen des Energieflusses**
Link zum Video der kompletten »Energy Balancing«-Übung (FEBE)  S. 101

Link zum Video der Schnellversion der »Energy Balancing«-Übung (QEBE)  S. 101

## Zweiter Abschnitt
## Die Horizontale
## Die Ebene der Aktion: INNEN und AUSSEN
### Teil I – INNEN

**6  Energien nach INNEN nehmen**
Übung 6.1: Ein Experiment für heute  S. 112
Übung 6.2: Lass positive Energien – das gute »Zeugs« – hinein  S. 114

**7  Energien nicht nach INNEN nehmen**
Übung 7.1: Schütze dich selbst  S. 127
Übung 7.2: Öffne dich wieder  S. 129
Übung für heute 7.3: Offen oder geschützt?  S. 130
Bewusstseinsübung 7.4: Sage »Nein«  S. 136

**8  Energie-Lecks und der »Ring-Pass-Not«**
Übung 8.1: Baue einen »Ring-Pass-Not«  S. 140
Übung 8.2: Dichte dein Energie-Leck ab  S. 144
Übung 8.3: Eine Energie-Leck-Bewusstseinsübung für heute  S. 145

**9  Das gesunde und das ungesunde INNEN**
Übung 9.1: Löse den ungesunden INNEN-Zustand auf  S. 150
Übung 9.2: Öffne den ungesunden INNEN-Zustand durch »Energie-Modellieren«  S. 152

## Die Horizontale
## Die Ebene der Aktion: INNEN und AUSSEN
### Teil II – AUSSEN

**10  Schöpferkraft – deine Macht, zu erschaffen**
Übung 10.1: Erforsche die Energie der Urheberschaft  S. 164
Übung 10.2 für heute: Beobachte Urheberschaft in Aktion  S. 166

Übung 10.3 für den Tag: Übernimm Verantwortung für deine Schöpfung **S. 167**

**11 Die Kunst, eine Wirkung zu erzielen**
Übung 11.1: Wirf den Energieball, finde die richtige Wirkung **S. 173**
Übung 11.2: Angemessene oder unangemessene Menge an Energie? **S. 175**
Übung 11.3: Schicke Energie an den richtigen Ort **S. 175**
Übung 11.4 für heute: Wie gibst du Anweisungen? **S. 178**
Übung 11.5: Sende Energie an den Rand des Energiefeldes **S. 180**
Übung 11.6: Lass den Pfeil los, kehre ins Zentrum zurück **S. 184**

**13 Die Kunst, deine Essenz nach AUSSEN zu bringen**
Übung 13.1: Erlaube dir das LOS(!)legen und Totalsein **S. 198**
Übung 13.2 für heute: »Totalsein« – Bestandsaufnahme **S. 200**
Übung 13.3: Bring deine Essenz nach AUSSEN **S. 203**

**Dritter Abschnitt**

**Die Vertikale – Die Ebene des Bewusstseins: OBEN, JENSEITIG und UNTEN**

**Teil I – OBEN und JENSEITIG**

**14 Nach OBEN – die Veränderung im Bewusstsein**
Übung 14.1: Entfache die Flamme deines Herzens **S. 217**
Übung 14.2: Entzünde mehr Liebe – atme Energie zu deinem Herzen **S. 218**

**Anhebung 1: Von der Abhängigkeit zur Befähigung**

Übung 14.3: Bewege dich vom Bauch-Zentrum zum Solarplexus **S. 221**

**Anhebung 2: Vom animalischen Mensch zum »Göttlich-Menschlichen«**

Übung 14.4: Bewege dich vom Niedrigeren zum Herzen **S. 223**

**Anhebung 3: Vom Drama zum Beobachter**

Übung 14.5: Bewege dich von den unteren fünf Zentren zum erwachten Dritten Auge **S. 225**

### Anhebung 4: Von der Persönlichkeit zur Weisheit
Übung 14.6: Bewege dich von den sechs unteren Zentren zur Krone  S. 228

**15   Das Transzendente – begegne der Magie des Höheren**
Übung 15.1: Finde Zugang zum Transzendenten – begegne der Magie  S. 239

## Die Vertikale – Die Ebene des Bewusstseins: OBEN, JENSEITIG und UNTEN
### Teil II – UNTEN

**16   Hole es nach UNTEN, lass es Wirklichkeit werden**
*Vier einfache Wege, dich zu erden*
Übung 16.1: Atme es nach unten  S. 254
Übung 16.2: Bring deine Energie nach unten  S. 254
Übung 16.3: Lass deine Wurzeln wachsen  S. 255
Übung 16.4: Pumpe dein Basis-Zentrum auf  S. 255

*Vier schnelle Wege, dich zu erden*
Übung 16.5: Lass die Arme fallen  S. 256
Übung 16.6: Stampfe auf den Boden  S. 256
Übung 16.7: Bewege dich einfach  S. 257
Übung 16.8: Stimme dich auf das Physische ein  S. 257
Übung 16.9: Fortgeschrittene Erdungs-Intervention  S. 257

### Vierter Abschnitt
## Orchestriere deine Energien

**18   Unsere grundlegende »Energy Balancing«-Übung und ihre Variationen: FEBE, QEBE und EEBE**
Übung 18.1: Die komplette »Energy Balancing«-Übung (FEBE)  S. 269
Übung 18.2: Die Schnellversion der »Energy Balancing«-Übung (QEBE)  S. 272
Übung 18.3: Die ausführliche Version der »Energy Balancing«-Übung (EEBE)  S. 275

# Das »Energy Balancing«-Institut

## Persönliches Training im »Energy Balancing«

- Du möchtest mehr über Energie erfahren?
- Du hättest gern die Fähigkeit, Energien zu analysieren und zu verstehen?
- Du möchtest lernen, deine Energie bewusst dafür zu nutzen, dein Leben optimaler zu gestalten?

Melde dich zu einem Kurs im »Energy Balancing« an – unsere Programme bringen die Inhalte dieses Buches auf eine ganz neue Ebene. Sie sind praxisorientiert, dynamisch und lebendig. »Energy Balancing« ist ein fundierter Schritt in die Welt der Energie, und die Fertigkeiten, die du erlernst, werden dich dein ganzes Leben lang begleiten.
Wir bieten sowohl für Einsteiger als auch für fortgeschrittene Anwender verschiedene »Vor Ort«- und Online-Trainings an.

## Fortgeschrittene »Energy Balancing«-Trainings

Unsere fortgeschrittenen Programme sind für Menschen gedacht, die bereits über Erfahrung in »Energy Balancing« verfügen und diese Arbeit vertiefen möchten. Diese Programme umfassen neben der Beschäftigung mit den Energiezentren (Chakras) die fortgeschrittene Arbeit am Energiefeld, an Beziehungen und an Handlungskompetenzen.

## Professionelle »Energy Balancing«-Trainings

Die professionellen Trainings in »Energy Balancing« lehren dich, als »Energy Balancer« mit anderen zu arbeiten. Im Rahmen von Supervisionen lernst du, anderen eine »Energy Balancing«-Sitzung zu geben, erwirbst aber auch fortgeschrittene Energiewerkzeuge, um deine Lebensqualität zu erhöhen. Wir bieten zudem Zertifizierungs-Programme an, um »Energy Balancing«-Gruppen zu leiten und andere in »Energy Balancing« auszubilden.

Auf unserer Website gibt es mehr Details:
www.energybalancing.de

ENERGY BALANCING

Dr. John Lerma
## INS LICHT

*Besuche von Engeln, Visionen vom Leben danach und andere Erlebnisse vor dem Übergang*

224 Seiten, Hardcover, silbernes Leseband
Amra Verlag, € 19,95

ISBN 978-3-939373-23-0

Die Berichte in diesem Buch stammen von Hospiz-Patienten während ihrer letzten Stunden, bevor sie ihre größte und heiligste Reise antraten. Sie geben Kraft und Hoffnung.

Mantak Chia
## KOSMISCHE ENTGIFTUNG

*Der taoistische Weg der inneren Reinigung*

224 Seiten, Hardcover, oranges Leseband
Amra Verlag, € 22,99

ISBN 978-3-939373-96-4

Jahrtausende altes chinesisches Wissen entgiftet und verjüngt und bringt erfüllende spirituelle Resultate. Mit einem Programm für die totale Körperreinigung!

Tom Kenyon
## AUFBRUCH INS HÖHERE BEWUSSTSEIN

*Wie wir die Herausforderungen unserer Zeit meistern*

256 Seiten, Hardcover, oranges Leseband (mit CD)
Amra Verlag, € 22,99

ISBN 978-3-95447-595-7

Erhebende Botschaften der Hathoren, die in Ägypten durch die Göttin Hathor wirkten. In Wort und Klang erweitern sie unser Bewusstsein. Mit Fotostrecke!

Textauszüge, Videos und Hörproben auf www.AmraVerlag.de

### LD Thompson
## WAS DIE SEELE SIEHT
*Wege zum inneren Frieden*

256 Seiten, Hardcover, oranges Leseband
Amra Verlag, € 19,95

**ISBN 978-3-939373-98-8**

Dein Leben wird von deiner Seele gestaltet, und je mehr du auf sie hörst und nach ihren Werten und Wünschen handelst, desto freudvoller wird dein Leben. Vorwort von Sabrina Fox.

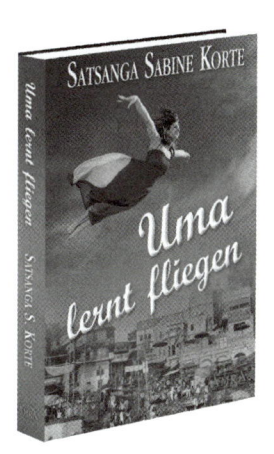

### Satsanga Sabine Korte
## UMA LERNT FLIEGEN
*Grenzenloser Mut zum Glücklichsein*

320 Seiten, Hardcover, weißes Leseband
Amra Verlag, € 19,95

**ISBN 978-3-939373-94-0**

Eine junge Frau geht auf eine Reise, auf der man nichts behalten kann. Sie führt sie bis nach Indien ins Allerheiligste des Mystikers OSHO. Der Roman einer Wahrheitssuche.

### Lee Carroll, Tom Kenyon u.a.
## NEUE ZEIT
*Kryon, Metatron, Hathoren und Maria Magdalena*

368 Seiten, Hardcover, oranges Leseband
Amra Verlag, € 22,99

**ISBN 978-3-95447-603-9**

Die Neue Zeit beginnt, in der sich fortschrittliche Seelen versammeln: visionäre Schöpfer, humanistische Aktivisten, soziale Unternehmer. Sie verkörpern den Neuen Menschen.

*Textauszüge, Videos und Hörproben auf www.AmraVerlag.de*

Kabir Jaffe & Ritama Davidson
**INDIGO-ERWACHSENE**
*Wegbereiter einer neuen Gesellschaft*

*Der Bestseller*

208 Seiten, Hardcover, oranges Leseband
Amra Verlag, € 19,99

ISBN 978-3-939373-10-0

Eine neue Art von Menschen tritt hervor, als nächster Schritt in der globalen Entwicklung. Sie sind visionär und kreativ, denken unabhängig. Bist auch du eine Indigo-Seele und weißt es nicht?

## Deine Energie in Aktion! »Energy Balancing« als Wandposter

*Mehrfarbig kolorierte Illustrationen, Übungen und Grundlagen des Buches. Für den eigenen Gebrauch oder als Trainingshilfe für Energie-Arbeiter, Therapeuten und jeden, der mit anderen Menschen arbeitet. Ein wahrer Blickfang!*

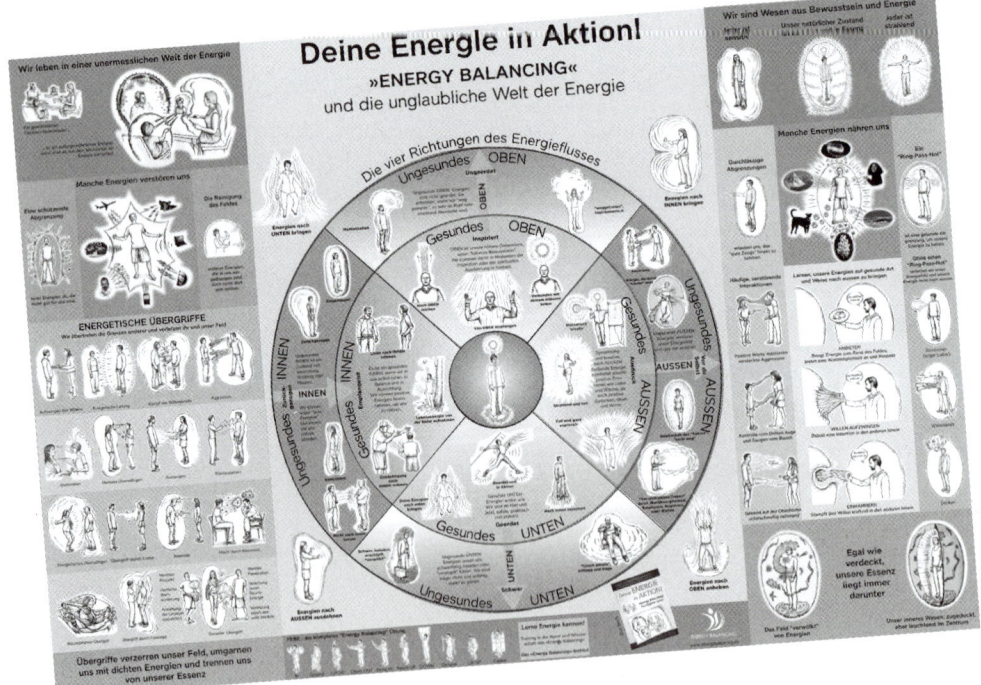

**Überall erhältlich!**
Bestell-Hotline +49 (0) 61 81 – 18 93 92
Innerhalb Deutschlands portofrei!

DIN-A1-Format: 59,4 x 84 cm
glänzendes Bilderdruckpapier
ISBN 978-3-95447-033-4
Amra Verlag, € 19,99